수학 실력 100% 충전

기본

- 교과서 개념을 다양한 기본 문제로 익힌다!

교과서 개념을 쉽게 이해하고 문제로
익힐 수 있습니다.

- 개념 유형 익히기로 개념 이해를 넓힌다!

중요한 유형 문제를 통해 개념을 깊이 이해하고
수학 실력을 향상시킬 수 있습니다.

- 실생활 · 서술형 문제로 응용력 향상!

실생활 · 서술형 문제 속 핵심을 체크하고, 힌트를
확인해 난계별로 쉽게 공부할 수 있습니다.

- 단원 평가로 학교 시험 100점 달성!

다양한 문제 유형 연습으로 학교 시험 100점을
달성할 수 있습니다.

- 연산 문제로 기본을 다진다!

연산 반복 학습을 통해 기본 개념을 완벽히
보충할 수 있습니다.

계단식으로 공부하는
초등 국어 문해력 충전

① 계단식 지문 이해 문제
- 계단식으로 문제를 구성하여 문해력이 쉽게 충전됩니다.
- 독서와 문학을 분리해서 집중적으로 공부할 수 있습니다.

학습 계단		계단 1	계단 2	계단 3
독서	설명글 주장글	• 중심 낱말 찾기 • 중심 문장 찾기	• 문단 요약하기 • 문단 간의 관계 파악하기	• 글의 짜임 알기 • 주제 찾기
문학	동시	말하는 이, 중심 대상 찾기	상황, 정서, 태도 파악하기	표현상 특징 파악하기
	동화	중심 인물, 배경 찾기	중심 사건, 갈등 파악하기	서술상 특징 파악하기

② 하루 1지문 8주 – 40일 학습

① **독서** : 국어, 수학, 사회, 과학, 예체능 전 과목의 지문을 고르게 선정하여 설명글 2지문, 주장글 1지문으로 한 주차를 구성하였습니다.

② **문학** : 동시와 전래 민요, 동요를 선정하고 전래 동화, 외국 동화, 현대 창작 동화 등 다양한 이야기를 실었습니다.

③ **생활문** : 각 주차에 1지문씩 총 8개가 수록되었습니다. (안내문, 편지글, 날씨 예보, 일기문, 초대장, 독서 감상문, 학급 회의, 학교 신문 등)

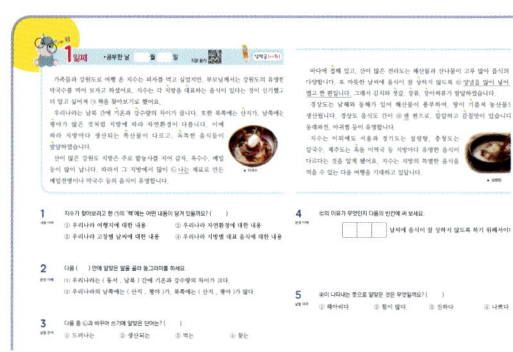

③ 어휘력 쑥쑥 키우기 + 하루 한자 쓰기

- 지문에서 배운 어휘를 다양한 유형의 문제로 복습할 수 있습니다.
- 지문의 중요 한자어를 뜻과 함께 써 보면서 쉽고 재미있게 익힐 수 있습니다.

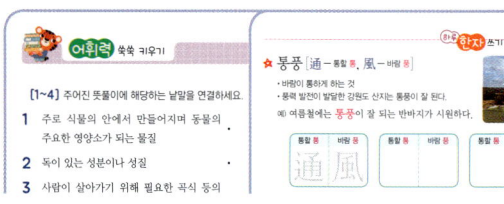

④ 국어 맞춤법 빵빵

초등학생이 헷갈려 하기 쉬운 국어 맞춤법을 재미난 실생활 이야기로 풀어 설명하였습니다.

⭐ 계단식으로 공부하는 **문해력 충전**

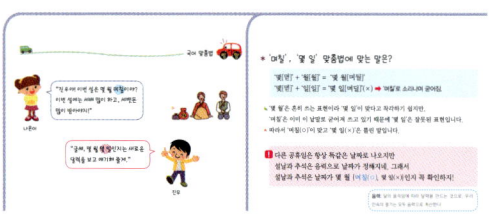

단계	추천 학습 대상
0단계	예비 초등
1단계	1학년 ~ 2학년
2단계	
3단계	3학년 ~ 4학년
4단계	
5단계	5학년 ~ 6학년
6단계	

수력충전

기본

초등 수학 5·2

자이스토리·수경출판사

수력충전의 차례

수학은 생각의
힘을 키우는게
중요해.

수력충전의 구성과 특징

STEP 1 교과서 개념 학습

★ 개념을 쉽게 이해할 수 있도록 간단하게 그림으로 정리했습니다.

★ 꼭 기억해야 할 내용은 캐릭터가 한 번 더 설명했습니다.

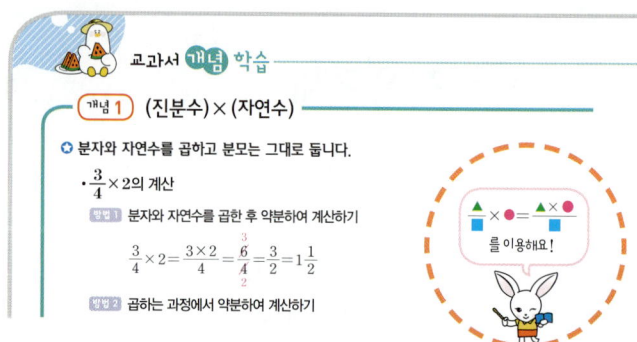

STEP 2 개념 문제 연습

★ 기본 문제를 통해 개념을 충실히 익히고 연산 능력을 익힐 수 있습니다.

★ 개념 체크

빈칸 채우는 문제로 개념을 다시 한번 체크할 수 있습니다.

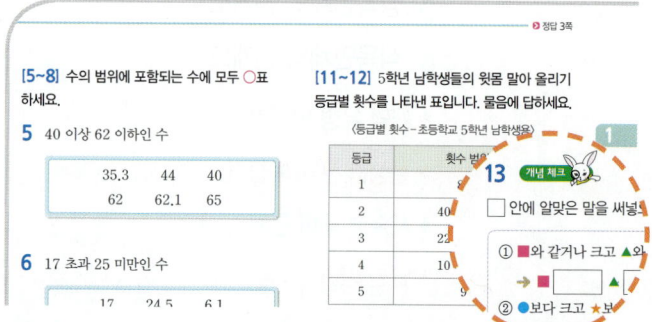

STEP 3 개념 유형 익히기

★ 한 번 더 생각해야 하는 문제로 수학의 생각하는 힘을 키울 수 있습니다.

★ 문제를 풀어가는 방법을 연습해 실력을 다집니다.

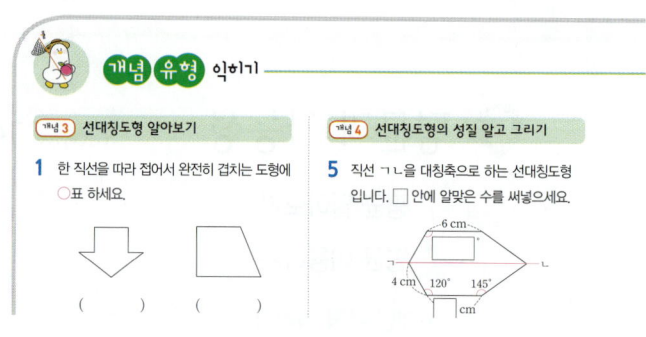

STEP 4 실생활 문제 다잡기

★ 핵심 체크

문제에서 묻고 있는 중요한 핵심을 찾아 해결 전략을 세우는 연습을 할 수 있습니다.

★ 단계별 해결

단계별로 친절하게 접근해 문제를 해결해 봅니다.

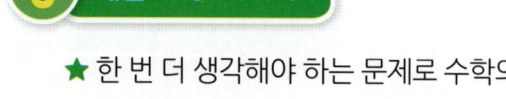
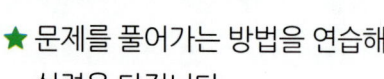

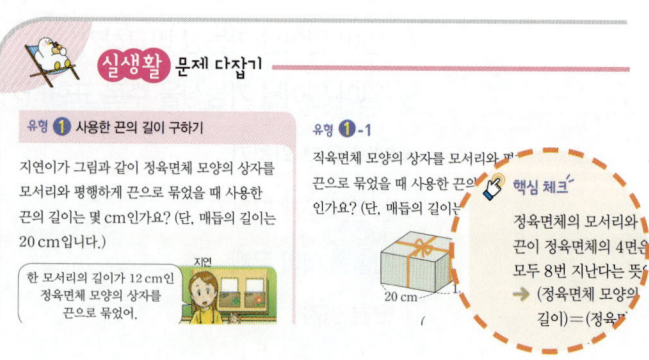

서술형 문제의 힌트 체크 방법과 풀이 방법 연습

↻ 힌트 체크

힌트가 되는 부분을 서술형 문제에서 찾아 풀이에 적용하는 연습을 할 수 있습니다.

⭐ 연습 문제

대표 문제와 쌍둥이 문제를 한 번 더 풀어 보며 서술형 문제를 완벽하게 정복할 수 있습니다.

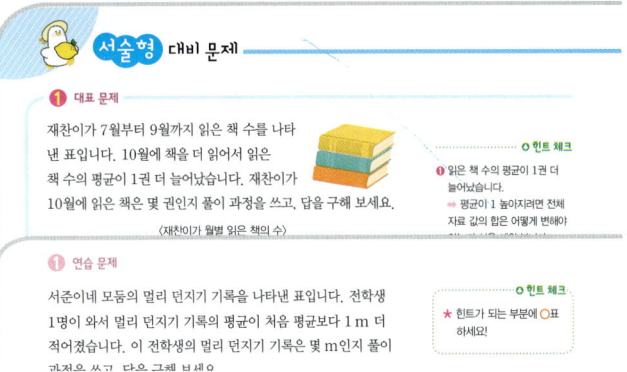

학교 시험을 100점 맞을 수 있는 문제로 구성

⭐ 시험에 꼭!

학교 시험에 반드시 출제되는 문제입니다.

⭐ 도전해 얍!

실력을 키울 수 있는 난이도 중상 수준의 문제입니다.

⭐ 서술형 문제

학교 시험에 자주 출제되는 서술형 문제입니다.

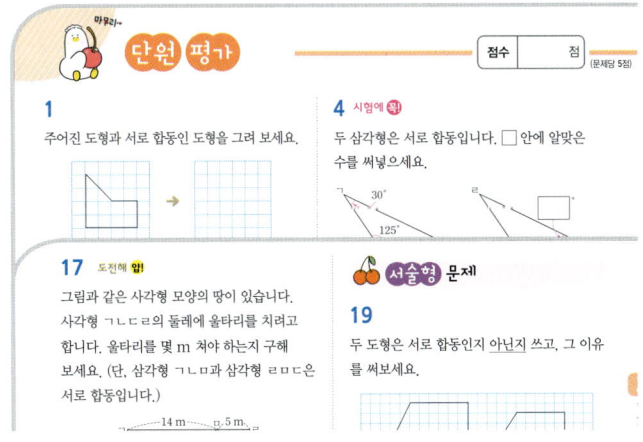

 **반복 연습으로 연산 실력 보충**

연산 반복 학습을 통해 개념을 이해하는 연산 실력이 대폭 향상됩니다.

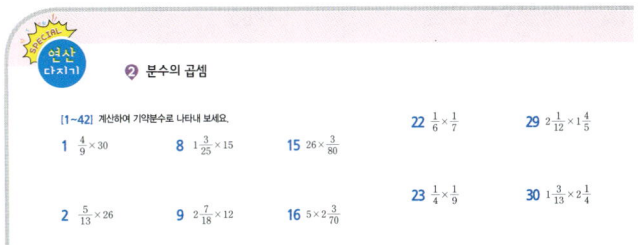

수력충전 학습 계획표

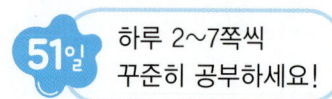

일	공부할 분량 학습 내용	쪽	스스로 평가 😝	🙂	😣
1	• 이상과 이하 • 초과와 미만	10~13			
2	• 수의 범위 활용하기	14~15			
3	*개념 유형 익히기	16~17			
4	• 올림 알아보기 • 버림 알아보기	18~21			
5	• 반올림 알아보기 • 올림, 버림, 반올림 활용하기	22~25			
6	*개념 유형 익히기	26~27			
7	*실생활 문제 다잡기	28~29			
8	*서술형 대비 문제	30~31			
9	*단원 평가 *연산 다지기	32~37			
10	• (진분수)×(자연수) • (대분수)×(자연수)	40~43			
11	• (자연수)×(진분수) • (자연수)×(대분수)	44~47			
12	*개념 유형 익히기	48~49			
13	• (진분수)×(진분수) • (대분수)×(대분수)	50~53			
14	• 세 분수의 곱셈	54~55			
15	*개념 유형 익히기	56~57			
16	*실생활 문제 다잡기	58~59			
17	*서술형 대비 문제	60~61			
18	*단원 평가 *연산 다지기	62~67			

일	공부할 분량 학습 내용	쪽	스스로 평가 😝	🙂	😣
19	• 도형의 합동 • 합동인 도형의 성질	70~73			
20	*개념 유형 익히기	74~75			
21	• 선대칭도형 알아보기 • 선대칭도형의 성질 알고 그리기	76~79			
22	• 점대칭도형 알아보기 • 점대칭도형의 성질 알고 그리기	80~83			
23	*개념 유형 익히기	84~85			
24	*실생활 문제 다잡기	86~87			
25	*서술형 대비 문제	88~89			
26	*단원 평가	90~93			
27	• (소수)×(자연수)	96~97			
28	• (자연수)×(소수)	100~101			
29	• (1보다 작은 소수)×(1보다 작은 소수) • (1보다 큰 소수)×(1보다 큰 소수)	102~105			
30	• 곱의 소수점의 위치	106~107			
31	*개념 유형 익히기	108~109			
32	*실생활 문제 다잡기	110~111			
33	*서술형 대비 문제	112~113			
34	*단원 평가 *연산 다지기	114~119			
35	• 직육면체 • 정육면체	122~123			
36	• 직육면체의 겨냥도 • 직육면체의 성질	124~127			

＊스스로 평가해 보고 O를 그리세요.

이렇게 공부하세요!

1 하루에 2~7쪽, 매일 30분~1시간씩 꾸준히 공부합니다.

2 개념을 확실하게 이해한 후에 개념 연산 문제를 풉니다.

3 개념 유형 익히기로 다양한 유형을 접하여 실력을 다집니다.

4 실생활 문제로 생활 속에서 찾을 수 있는 친숙한 주제의 문제를 학습합니다.

5 서술형 대비 문제는 아래와 같이 연습합니다.

- 문제를 천천히 읽으며 힌트를 찾아 보고, 중요 조건에 밑줄을 그어 보세요.
- 힌트를 통해 식을 세워 해결합니다.

6 단원 평가는 학교 시험처럼 시간을 재어 풀어 봅니다.

7 기초가 부족하다 느껴지면 연산 다지기로 연산력을 강화합니다.

8 틀린 문제는 꼭 다시 풀어 보고 시험을 준비하세요.

단원을 마무리 하면서 내 실력을 확인해 봐!

수의 범위와 어림하기

8세 이상 13세 이하 어린이의 입장료는 2000원이래.

이상은 같거나 큰 수, 이하는 같거나 작은 수를 말하는 거지?

아주 잘 알고 있네. 그럼 초과와 미만도 알아?

그건 말이지···. 지금부터 배우면 되겠다!

⭐ 이상과 이하는 기준이 되는 수를 포함해요!

- 이상: ~와 같거나 큰 수

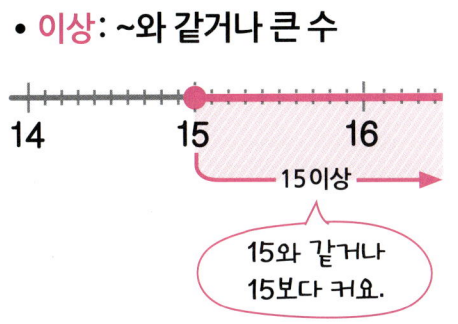

- 이하: ~와 같거나 작은 수

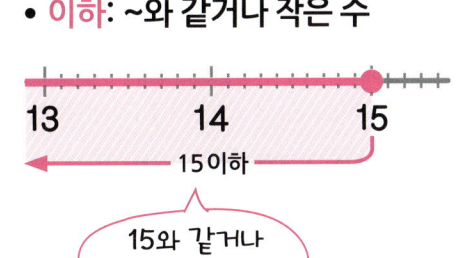

⭐ 초과와 미만은 기준이 되는 수를 포함하지 않아요!

- 초과: ~보다 큰 수

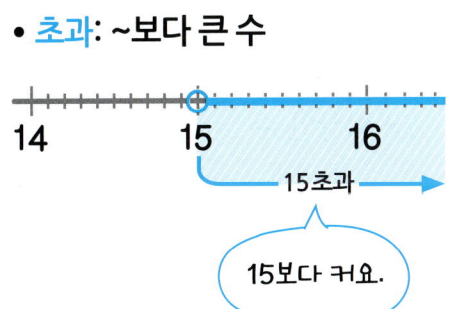

- 미만: ~보다 작은 수

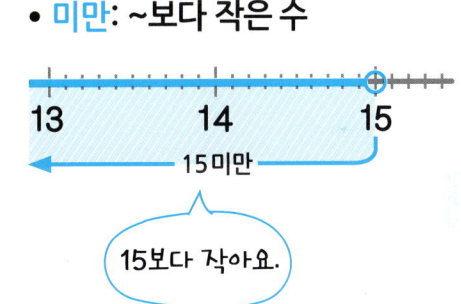

⭐ 반올림은 구하려는 자리 바로 아래 자리의 숫자를 확인해요!

0부터 9까지 10개의 수 중에서 반은 올리므로 반올림입니다.

VS

개념 1 이상과 이하

✪ **이상**

예 11과 같거나 큰 수를 11 **이상**인 수라고 합니다.
기준이 되는 수

→ 11, 11.5, 12, 13, …

→ 11 이상인 수는 11을 포함하므로 점 ●으로 나타내고 오른쪽으로 선을 긋습니다.

```
7   8   9   10   11   12   13   14
```

✪ **이하**

예 11과 같거나 작은 수를 11 **이하**인 수라고 합니다.

→ 11, 10.7, 10, 9, 8, …

11 이하인 수는 11을 포함하므로 점 ●으로 나타내고 왼쪽으로 선을 긋습니다.

```
7   8   9   10   11   12   13   14
```

이상인 수와 이하인 수에는 기준이 되는 수가 포함돼요.

참고 수직선은 오른쪽으로 갈수록 커지고, 왼쪽으로 갈수록 작아집니다.

[1~10] 수의 범위에 포함되는 수에 모두 ○표 하세요.

1 27 이상인 수

22	30	27	18	29	26

2 24 이상인 수

17	20.8	24
29.4	28	15

3 61 이상인 수

50	60.9	61.2
61	83	32.1

4 78 이상인 수

68.9	78	90
7.8	57.9	76

5 95 이상인 수

99.6	92	96.5
39	100	95

6 32 이하인 수

40	32	34	25	37	30

7 12 이하인 수

9.1 10 13
12 20.1 11.9

8 27 이하인 수

9 30.8 27
81 20.9 25.3

9 54 이하인 수

10.2 26 63.3
54 57.5 3.42

10 61 이하인 수

41 90.2 61
63 19 52.1

[11~12] 수의 범위를 수직선에 나타낸 것입니다. ☐ 안에 알맞은 말을 써넣으세요.

11
20 30 40

29 ☐ 인 수

12
40 50 60

44 ☐ 인 수

[13~16] 수의 범위를 수직선에 나타내 보세요.

13
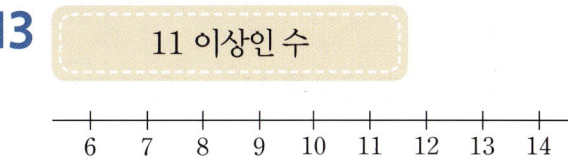
11 이상인 수

6 7 8 9 10 11 12 13 14

14
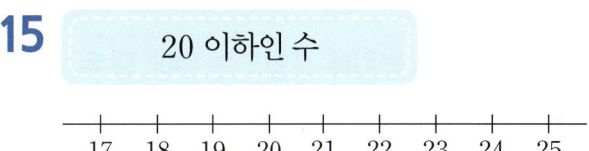
49 이상인 수

44 45 46 47 48 49 50 51 52

15
20 이하인 수

17 18 19 20 21 22 23 24 25

16
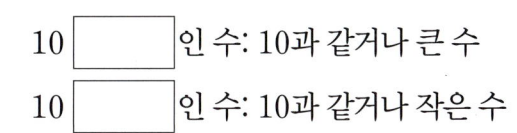
98 이하인 수

92 93 94 95 96 97 98 99 100

17 개념 체크

☐ 안에 알맞은 말을 써넣으세요.

10 ☐ 인 수: 10과 같거나 큰 수
10 ☐ 인 수: 10과 같거나 작은 수

개념 2 초과와 미만

⭐ 초과

㉖ 11보다 큰 수를 11 **초과**인 수라고 합니다.
 기준이 되는 수

→ 11.3, 12, 13, 14, …

→ 11 초과인 수는 11을 포함하지 않으므로
  점 ○으로 나타내고 오른쪽으로 선을 긋습니다.

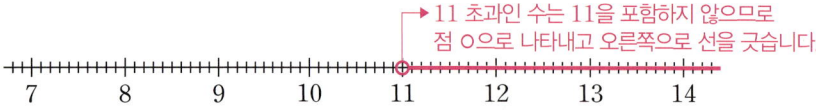

⭐ 미만

㉖ 11보다 작은 수를 11 **미만**인 수라고 합니다.

→ 10.9, 10, 9, 8, …

11 미만인 수는 11을 포함하지 않으므로
점 ○으로 나타내고 왼쪽으로 선을 긋습니다.

초과인 수와 미만인
수에는 기준이 되는
수가 포함되지 않아요.

[1~10] 수의 범위에 포함되는 수에 모두 ○표 하세요.

1 12 초과인 수

10	11	12	13	14	15

2 36 초과인 수

78	97.6	5.3
50	12	36

3 40 초과인 수

39.1	24	40.4
56	40	32

4 81 초과인 수

89	43	20.2
31	81	90.2

5 99 초과인 수

45	310	99
99.02	31	30.6

6 20 미만인 수

17	18	19	20	21	22

7 17 미만인 수

> 11.4   4.5   6
> 17   15   8.9

8 58 미만인 수

> 58   55.9   86
> 31.3   24   79

9 79 미만인 수

> 23   50.4   79
> 30   120.7   80.43

10 82 미만인 수

> 38   52.3   134
> 96   25   82

[11~12] 수의 범위를 수직선에 나타낸 것입니다. ☐ 안에 알맞은 말을 써넣으세요.

11
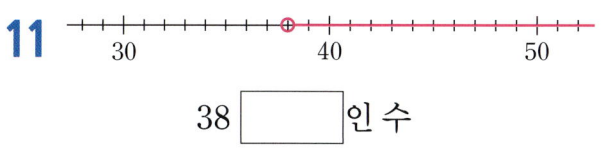

38 ☐ 인 수

12

63 ☐ 인 수

[13~16] 수의 범위를 수직선에 나타내 보세요.

13
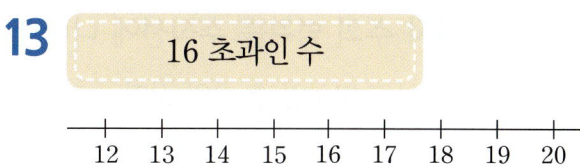
16 초과인 수

12 13 14 15 16 17 18 19 20

14
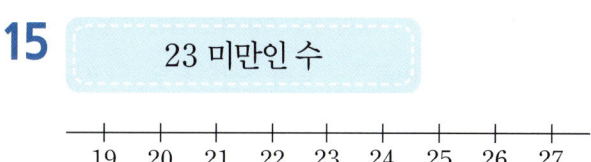
51 초과인 수

47 48 49 50 51 52 53 54 55

15
23 미만인 수

19 20 21 22 23 24 25 26 27

16
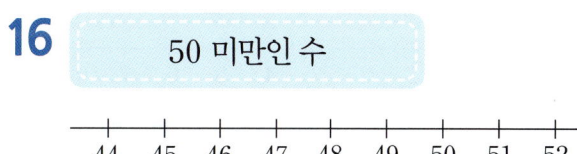
50 미만인 수

44 45 46 47 48 49 50 51 52

17 개념 체크

☐ 안에 알맞은 말을 써넣으세요.

> 10 ☐ 인 수: 10보다 큰 수
> 10 ☐ 인 수: 10보다 작은 수

개념 3 수의 범위 활용하기

✪ 두 가지 수의 범위를 수직선에 나타내기

① 2 **이상** 5 **이하**인 수: 2와 같거나 크고 5와 같거나 작은 수

② 2 **초과** 5 **미만**인 수: 2보다 크고 5보다 작은 수

③ 2 **이상** 5 **미만**인 수: 2와 같거나 크고 5보다 작은 수

④ 2 **초과** 5 **이하**인 수: 2보다 크고 5와 같거나 작은 수

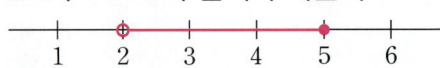

✪ 수의 범위를 활용하여 문제 해결하기

◉ 물건의 무게에 따른 배송료 알아보기

〈학생별 보내려는 물건의 무게〉

이름	솔비	창혁	우림	지연	윤기
무게(kg)	3	8	5	1.5	4

〈무게별 배송료〉

무게(kg)	배송료(원)
3 이하	4000
3 초과 5 이하	4500
5 초과 7 이하	5000

(우체국 택배 창구 접수, 등기 소포, 2025)

- 윤기가 보내려는 물건의 무게 범위는 3 kg 초과 5 kg 이하입니다.
- 윤기가 보내려는 물건의 무게 범위를 수직선에 나타내면 다음과 같습니다.

- 무게가 4 kg인 물건의 배송료는 4500원입니다.

[1~4] 수직선에 나타낸 수의 범위를 보고 ☐ 안에 알맞은 말을 써넣으세요.

1

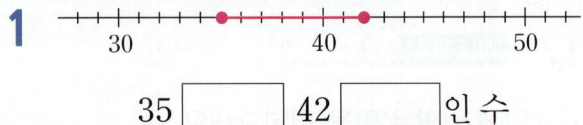

35 ☐ 42 ☐ 인 수

3

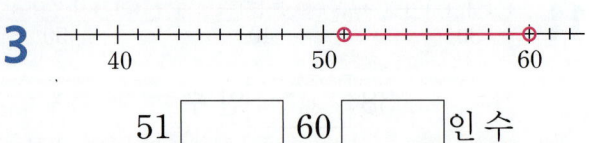

51 ☐ 60 ☐ 인 수

2

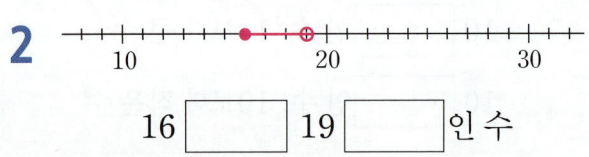

16 ☐ 19 ☐ 인 수

4

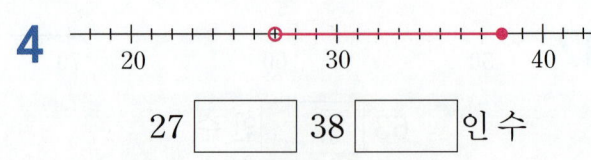

27 ☐ 38 ☐ 인 수

[5~8] 수의 범위에 포함되는 수에 모두 ○표 하세요.

5 40 이상 62 이하인 수

35.3	44	40
62	62.1	65

6 17 초과 25 미만인 수

17	24.5	6.1
23.7	25	62

7 95 이상 99 미만인 수

82.4	97	99
95	95.6	77.8

8 59 초과 66 이하인 수

62	66	77.5
59	59.3	46.3

[9~10] 수의 범위를 수직선에 나타내 보세요.

9 32 이상 37 미만인 수

```
29  30  31  32  33  34  35  36  37
```

10 17 초과 21 이하인 수

```
15  16  17  18  19  20  21  22  23
```

[11~12] 5학년 남학생들의 윗몸 말아 올리기 등급별 횟수를 나타낸 표입니다. 물음에 답하세요.

〈등급별 횟수 – 초등학교 5학년 남학생용〉

등급	횟수 범위(회)
1	80 이상
2	40 이상 79 이하
3	22 이상 39 이하
4	10 이상 21 이하
5	9 이하

11 종현이가 윗몸 말아 올리기를 39회 하였을 때, 종현이가 속한 횟수의 범위를 쓰고, 등급을 구해 보세요.

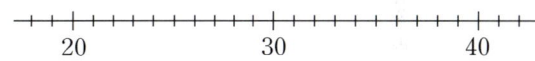 회 이상 □ 회 이하 → □ 등급

12 종현이가 속한 등급의 횟수 범위를 수직선에 나타내어 보세요.

```
20          30          40
```

13 개념 체크

□ 안에 알맞은 말을 써넣으세요.

① ■와 같거나 크고 ▲와 같거나 작은 수
→ ■ □ ▲ □ 인 수

② ●보다 크고 ★보다 작은 수
→ ● □ ★ □ 인 수

③ ■와 같거나 크고 ★보다 작은 수
→ ■ □ ★ □ 인 수

④ ●보다 크고 ▲와 같거나 작은 수
→ ● □ ▲ □ 인 수

   익히기

개념 1 이상과 이하

[1~3] 수지네 반 학생들의 50 m 달리기 기록을 조사하여 나타낸 표입니다. 물음에 답하세요.

〈수지네 반 학생들의 50 m 달리기 기록〉

이름	수지	재환	민유	예성	연서
기록(초)	10.0	9.7	10.6	11.2	8.9

1 50 m를 달리는 데 걸린 시간이 10초와 같거나 짧은 기록을 모두 써 보세요.

( )

2 □ 안에 알맞은 말을 써넣으세요.

10과 같거나 작은 수를 10 □ 인 수라고 합니다.

3 50 m를 달리는 데 걸린 시간이 10초 이하인 학생의 이름을 모두 써 보세요.

( )

4 22 이하인 수에 ○표, 22 이상인 수에 △표 하세요.

19	20	21	22
23	24	25	26

5 진수와 친구들이 놀이 기구를 타려고 줄을 서 있습니다. 이 놀이 기구를 탈 수 <u>없는</u> 사람의 이름을 모두 써 보세요.

이름	진수	민교	찬욱	지윤	환희
키(cm)	147.6	138.7	150.2	143.5	140.0

( )

개념 2 초과와 미만

6 45 미만인 수는 모두 몇 개인지 구해 보세요.

| 45 | 40 | 53 | 44 | 37 | 48 |

( )

7 40 초과인 수를 수직선에 바르게 나타낸 것을 고르세요. ( )

① 36 37 38 39 40 41 42 43

② 36 37 38 39 40 41 42 43

③ 36 37 38 39 40 41 42 43

④ 36 37 38 39 40 41 42 43

8 36인승 버스에 다음과 같이 사람들이 타고 있습니다. 정원을 초과한 버스를 모두 찾아 기호를 써 보세요.

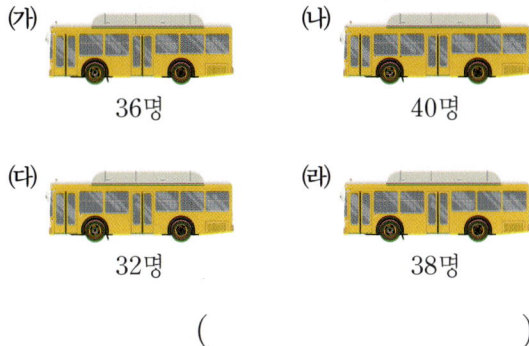

(가) 36명　　(나) 40명

(다) 32명　　(라) 38명

(　　　　　　　　)

개념 3 수의 범위 활용하기

9 수의 범위를 수직선에 나타내고 범위에 포함되는 자연수는 모두 몇 개인지 구해 보세요.

22 초과 27 이하인 수

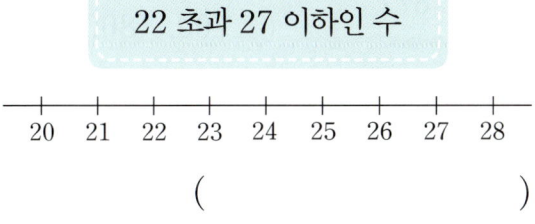

(　　　　　　　　)

10 33을 포함하는 수의 범위를 모두 찾아 기호를 써 보세요.

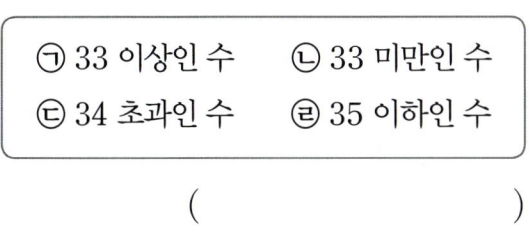

ⓐ 33 이상인 수　　ⓑ 33 미만인 수
ⓒ 34 초과인 수　　ⓓ 35 이하인 수

(　　　　　　　　)

11 수직선에 나타낸 수의 범위에 포함되는 가장 큰 자연수와 가장 작은 자연수의 합을 구해 보세요.

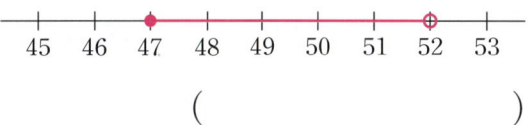

(　　　　　　　　)

12 혜수네 반 학생들의 앉은키를 조사하여 나타낸 표입니다. 앉은키가 77.5 cm 이상 80.5 cm 이하인 학생의 앉은키를 모두 써 보세요.

〈혜수네 반 학생들의 앉은키〉

이름	혜수	민채	세온	현태	재승
앉은키(cm)	80.5	76.4	77.5	79.2	81.2

(　　　　　　　　)

13 도시별 6월 최저 기온을 조사하여 나타낸 표입니다. 표의 빈칸을 채워 보세요.

〈도시별 6월 최저 기온〉

도시	서울	춘천	대전	인천	부산	제주
기온(℃)	15.2	9.9	13.1	15.5	16.6	11.3

(출처: 2025년 6월 최저 기온, 기상자료개방포털)

기온(℃)	도시
12 이하	
12 초과 14 이하	
14 초과 16 이하	
16 초과	

1
수의 범위와 어림하기

교과서 **개념**학습

개념 4 **올림 알아보기**

⭐ 구하려는 자리의 아래 수를 <u>올려서</u> 나타내는 방법을 <u>올림</u>이라고 합니다.

• 올림을 할 때 구하려는 자리의 아래 수가 모두 0이 아니면 구하려는 자리 수에 1을 더하고 그 아래 수는 모두 0으로 나타냅니다.

예
— 142를 올림하여 십의 자리까지 나타내기

142 → 150
↳ 십의 자리 아래 수인 2를 10으로 보고 올립니다.

— 142를 올림하여 백의 자리까지 나타내기

142 → 200
↳ 백의 자리 아래 수인 42를 100으로 보고 올립니다.

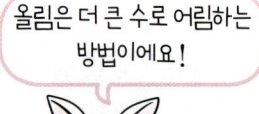
올림은 더 큰 수로 어림하는 방법이에요!

[1~2] 수를 올림하여 십의 자리까지 나타내 보세요.

1 385 → 3☐☐

2 5109 → 5 1☐☐

[3~5] 주어진 수를 올림하여 십의 자리까지 나타낸 수에 ○표 하세요.

3 127 (110, 120, 130)

4 252 (250, 260, 270)

5 367 (350, 360, 370)

[6~8] 주어진 수를 올림하여 백의 자리까지 나타낸 수에 ○표 하세요.

6 527 (400, 500, 600)

7 877 (700, 800, 900)

8 4955 (4900, 5000, 5100)

[9~11] 주어진 수를 올림하여 천의 자리까지 나타낸 수에 ○표 하세요.

9 23562 (23000, 24000, 25000)

10 33219 (32000, 33000, 34000)

11 44251 (43000, 44000, 45000)

[12~14] 올림하여 주어진 자리까지 나타내 보세요.

12

수	십의 자리	백의 자리
234		

13

수	십의 자리	백의 자리
408		

14

수	십의 자리	천의 자리
1902		

[15~17] 보기 를 참고하여 소수를 올림하려고 합니다. 물음에 답하세요.

보기

예 소수 2.316을 올림하여 주어진 자리까지 나타내기

일의 자리	2.316 → 3
소수 첫째 자리	2.316 → 2.4
소수 둘째 자리	2.316 → 2.32

15 4.153을 올림하여 일의 자리까지 나타내 보세요.

( )

16 4.153을 올림하여 소수 첫째 자리까지 나타내 보세요.

( )

17 4.153을 올림하여 소수 둘째 자리까지 나타내 보세요.

( )

[18~20] 주어진 수를 올림하여 소수 첫째 자리까지 나타내 보세요.

18

2.11 ( )

19

5.61 ( )

20

6.103 ( )

[21~23] 주어진 수를 올림하여 소수 둘째 자리까지 나타내 보세요.

21

1.627 ( )

22

3.298 ( )

23

4.371 ( )

24 개념 체크

☐ 안에 알맞은 말을 써넣으세요.

☐ 은 구하려는 자리 아래 수를 올려서 나타내는 방법입니다.

개념 5 버림 알아보기

○ 구하려는 자리의 아래 수를 버려서 나타내는 방법을 버림이라고 합니다.

• 버림을 할 때 구하려는 자리 수는 그대로 두고, 그 아래 수를 모두 0으로 나타냅니다.

예 ─ 142를 버림하여 십의 자리까지 나타내기

142 → 140
└─→ 십의 자리 아래 수인 2를 0으로 보고 버립니다.

─ 142를 버림하여 백의 자리까지 나타내기

142 → 100
└─→ 백의 자리 아래 수인 42를 0으로 보고 버립니다.

버림은 더 작은 수로 어림하는 방법이에요.

[1~2] 수를 버림하여 십의 자리까지 나타내 보세요.

1 176 → 1 ☐ ☐

2 4215 → 4 2 ☐ ☐

[3~5] 주어진 수를 버림하여 십의 자리까지 나타낸 수에 ○표 하세요.

3 123
(110, 120, 130)

4 214
(210, 220, 230)

5 363
(350, 360, 370)

[6~8] 주어진 수를 버림하여 백의 자리까지 나타낸 수에 ○표 하세요.

6 481
(300, 400, 500)

7 690
(600, 700, 800)

8 3416
(3300, 3400, 3500)

[9~11] 주어진 수를 버림하여 천의 자리까지 나타낸 수에 ○표 하세요.

9 21860
(20000, 21000, 22000)

10 34156
(33000, 34000, 34100)

11 51039
(50000, 50100, 51000)

[12~14] 버림하여 주어진 자리까지 나타내 보세요.

12

수	십의 자리	백의 자리
512		

13

수	십의 자리	백의 자리
4025		

14

수	백의 자리	천의 자리
1763		

[15~17] 보기를 참고하여 소수를 버림하려고 합니다. 물음에 답하세요.

보기

예 소수 5.269를 버림하여 주어진 자리까지 나타내기

일의 자리	5.269 → 5
소수 첫째 자리	5.269 → 5.2
소수 둘째 자리	5.269 → 5.26

15 2.836을 버림하여 일의 자리까지 나타내 보세요.

(   )

16 2.836을 버림하여 소수 첫째 자리까지 나타내 보세요.

(   )

17 2.836을 버림하여 소수 둘째 자리까지 나타내 보세요.

(   )

[18~20] 주어진 수를 버림하여 소수 첫째 자리까지 나타내 보세요.

18 1.03 (   )

19 5.55 (   )

20 6.082 (   )

[21~23] 주어진 수를 버림하여 소수 둘째 자리까지 나타내 보세요.

21 3.549 (   )

22 6.095 (   )

23 7.915 (   )

24 개념 체크

☐ 안에 알맞은 말을 써넣으세요.

☐ 은 구하려는 자리 아래 수를 버려서 나타내는 방법입니다.

개념 6 반올림 알아보기

☆ **반올림**: 구하려는 자리 바로 아래 자리 숫자가 0, 1, 2, 3, 4이면 버리고
5, 6, 7, 8, 9이면 올려서 나타내는 방법

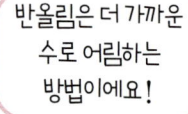

예 ─ 172를 반올림하여 십의 자리까지 나타내기

172 ➔ **170**
↳ 십의 자리 바로 아래인 일의 자리 숫자가 2이므로 버립니다.

└ 172를 반올림하여 백의 자리까지 나타내기

172 ➔ **200**
↳ 백의 자리 바로 아래인 십의 자리 숫자가 7이므로 올립니다.

반올림은 더 가까운
수로 어림하는
방법이에요!

참고 구하려는 자리의 아래 수가 모두 0이면 올림, 버림, 반올림해도 처음 수와 같습니다.
예 200을 올림하여 백의 자리까지 나타내기: 2<u>00</u> ➔ 200
200을 버림하여 백의 자리까지 나타내기: 2<u>00</u> ➔ 200
200을 반올림하여 백의 자리까지 나타내기: 2<u>00</u> ➔ 200

[1~2] 수를 반올림하여 십의 자리까지 나타내 보세요.

1 258 ➔ 2 ☐ ☐

2 1714 ➔ 1 7 ☐ ☐

[3~5] 주어진 수를 반올림하여 십의 자리까지 나타낸 수에 ○표 하세요.

3 127 (120, 130, 140)

4 242 (240, 250, 260)

5 379 (370, 380, 390)

[6~8] 주어진 수를 반올림하여 백의 자리까지 나타낸 수에 ○표 하세요.

6 482 (480, 490, 500)

7 542 (500, 540, 600)

8 2112 (2100, 2110, 2200)

[9~11] 주어진 수를 반올림하여 천의 자리까지 나타낸 수에 ○표 하세요.

9 13712 (13700, 13800, 14000)

10 70928 (70000, 70900, 71000)

11 92034 (92000, 92100, 93000)

[12~14] 반올림하여 주어진 자리까지 나타내 보세요.

12

수	십의 자리	백의 자리
692		

13

수	십의 자리	백의 자리
5708		

14

수	백의 자리	천의 자리
6093		

[15~17] 보기 를 참고하여 소수를 반올림하려고 합니다. 물음에 답하세요.

보기

예 소수 3.581을 반올림하여 주어진 자리까지 나타내기

일의 자리	3.581 → 4
소수 첫째 자리	3.581 → 3.6
소수 둘째 자리	3.581 → 3.58

15 2.149를 반올림하여 일의 자리까지 나타내 보세요. ( )

16 2.149를 반올림하여 소수 첫째 자리까지 나타내 보세요. ( )

17 2.149를 반올림하여 소수 둘째 자리까지 나타내 보세요.
( )

[18~20] 주어진 수를 반올림하여 소수 첫째 자리까지 나타내 보세요.

18 3.75 ( )

19 4.199 ( )

20 8.09 ( )

[21~23] 주어진 수를 반올림하여 소수 둘째 자리까지 나타내 보세요.

21 1.178 ( )

22 5.088 ( )

23 6.172 ( )

24 개념 체크

□ 안에 알맞은 말을 써넣으세요.

구하려는 자리 바로 아래 자리의 숫자가 0, 1, 2, 3, 4면 버리고 5, 6, 7, 8, 9면 올리는 방법을 □ 이라고 합니다

개념 7 올림, 버림, 반올림 활용하기

⭐ 올림 활용하기 → 일정한 묶음이나 단위로 파는 물건을 사는 경우 올림을 활용합니다.

예 문구점에서 색종이를 10장씩 묶음으로 판다고 합니다. 색종이가 57장 필요하다면 <u>최소 몇 장을 사야 하나요?</u>

10장씩 묶음으로 사고 남은 색종이도 사야 하므로 올림을 이용합니다.

57 → **60**
  └→ 7을 10으로 봅니다.

따라서 색종이를 최소 60장 사야 합니다.

> 색종이가 부족하지 않아야 하니 올림을 이용해요!

⭐ 버림 활용하기 → 물건을 상자에 담거나 포장하는 경우, 동전을 지폐로 바꾸는 경우 버림을 활용합니다.

예 풍선 1326개를 100개씩 묶음으로 포장했습니다. <u>묶음으로 포장한 풍선은 모두 몇 개인가요?</u>

100개보다 적은 풍선은 포장할 수 없으므로 버림을 이용합니다.

1326 → **1300**
  └→ 26을 0으로 봅니다.

따라서 묶음으로 포장한 풍선은 모두 1300개입니다.

> 100개씩 한 묶음으로 포장할 수 없는 것은 세지않아요.

⭐ 반올림 활용하기 → 길이나 무게를 재는 경우, 인구를 나타내는 경우, 약 얼마인지 어림하는 경우 반올림을 활용합니다.

예 야구장에 입장한 관람객의 수는 1608명입니다. <u>관람객의 수는 약 몇천 명이라고 할 수 있나요?</u>

1608이 1000에 가까운지 2000에 가까운지 구해야 하므로 반올림을 이용합니다.

1608 → **2000**
  └→ 백의 자리 숫자가 6이므로 올립니다.

따라서 관람객의 수는 약 2000명입니다.

[1~2] 학생 57명이 모두 보트를 타려고 합니다. 보트 한 대에 학생이 최대 10명까지 탈 수 있다면 보트는 최소 몇 대가 있어야 하는지 알아보려고 합니다. 알맞은 것에 ◯표 하세요.

1 학생 57명을 (올림 , 버림 , 반올림)하여 (50 , 60)명으로 생각합니다.

2 학생 57명이 모두 보트를 타려면 보트가 최소 (5 , 6)대 있어야 합니다.

[3~5] 어린이날에 나눠 줄 상품 한 개를 포장하는 데 리본 1 m가 필요합니다. 리본 765 cm로 상품을 최대 몇 개까지 포장할 수 있는지 알아보려고 합니다. 물음에 답하세요.

3 어떤 방법으로 어림해야 좋은지 ◯표 하세요.

(올림 , 버림 , 반올림)

4 위 **3**의 방법으로 어림하여 상품을 포장하는 데 사용하게 될 리본의 길이는 몇 cm인지 구해 보세요.

( )

5 리본 765 cm로 상품을 최대 몇 개까지 포장할 수 있나요?

( )

[6~7] 사과 578상자를 트럭에 모두 실으려고 합니다. 트럭 한 대에 100상자씩 실을 수 있을 때 트럭은 최소 몇 대가 필요한지 알아보려고 합니다. 물음에 답하세요.

6 어떤 방법으로 어림해야 좋은지 ◯표 하세요.

(올림 , 버림 , 반올림)

7 트럭은 최소 몇 대 필요한가요?

( )

8 재빈이와 친구들의 몸무게를 조사하여 나타낸 표입니다. 몸무게를 반올림하여 일의 자리까지 나타내 보세요.

〈재빈이와 친구들의 몸무게〉

이름	재빈	승훈	빛나	지은
몸무게(kg)	52.2	57.6	41.3	39.5
반올림한 몸무게(kg)				

9 지환이네 모둠 친구들의 멀리뛰기 기록을 나타낸 표입니다. 기록을 반올림하여 일의 자리까지 나타냈을 때, 어림한 기록이 가장 짧은 친구의 이름을 써 보세요.

〈지환이네 모둠 친구들의 멀리뛰기 기록〉

이름	지환	건우	혁재	서윤
기록(cm)	128.9	126.2	126.6	127.5

( )

10 개념 체크

올림, 버림, 반올림 중 어느 것을 활용하여 문제를 해결하면 좋은지 알맞은 것에 ◯표 하세요.

(1) 일정한 묶음이나 단위로 파는 물건을 사는 경우 ➡ (올림 , 버림 , 반올림)

(2) 물건을 상자에 담거나 포장하는 경우, 동전을 지폐로 바꾸는 경우 ➡ (올림 , 버림 , 반올림)

(3) 길이나 무게를 재는 경우, 인구를 나타내는 경우, 약 얼마인지 어림하는 경우 ➡ (올림 , 버림 , 반올림)

  익히기

개념 4 올림 알아보기

1 수를 올림하여 주어진 자리까지 나타내
보세요.

수	십의 자리	백의 자리
1624		

2 어림한 수의 크기를 비교하여 ○ 안에
>, =, <를 알맞게 써넣으세요.

725를 올림하여
십의 자리까지
나타낸 수   ○   713을 올림하여
백의 자리까지
나타낸 수

3 지호의 여행 가방 비밀번호를 올림하여
백의 자리까지 나타내면 2800입니다.
지호의 여행 가방 비밀번호를 구해 보세요.

내 여행 가방의
비밀번호는 ▨▨45야.

지호

(   )

개념 5 버림 알아보기

4 수를 버림하여 주어진 자리까지 나타내
보세요.

수	십의 자리	백의 자리
7109		

5 어림한 수의 크기를 비교하여 ○ 안에
>, =, <를 알맞게 써넣으세요.

1684를 버림하여
십의 자리까지
나타낸 수   ○   1609를 버림하여
백의 자리까지
나타낸 수

6 버림하여 백의 자리까지 나타내면 3600이
되는 자연수 중에서 가장 큰 수를 써 보세요.

(   )

개념 6 반올림 알아보기

7 수를 반올림하여 주어진 자리까지 나타내
보세요.

수	십의 자리	백의 자리
3528		

8 크레파스의 길이는 몇 cm인지 반올림하여 일의 자리까지 나타내 보세요.

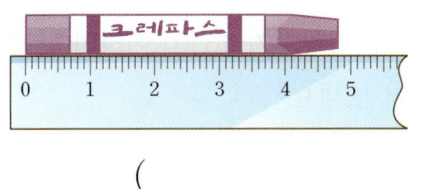

( )

9 오른쪽 수를 반올림하여 십의 자리까지 나타내면 8140이 됩니다. □ 안에 들어갈 수 있는 수를 모두 구해 보세요.

813□

( )

10 반올림하여 백의 자리까지 나타낸 수가 2300인 자연수는 모두 몇 개인지 구해 보세요.

( )

개념 7 올림, 버림, 반올림 활용하기

11 오늘 하루 축구장에 입장한 관람객 수는 40725명입니다. 관람객 수를 어림하여 백의 자리까지 나타내 보세요.

관람객 수 (명)	올림	버림	반올림
40725			

12 혜성이는 최대 얼마까지 바꿀 수 있는지 구해 보세요.

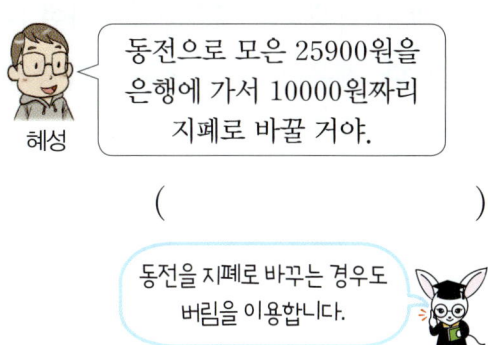

동전으로 모은 25900원을 은행에 가서 10000원짜리 지폐로 바꿀 거야.

혜성

( )

동전을 지폐로 바꾸는 경우도 버림을 이용합니다.

13 흰 바둑돌 276개와 검은 바둑돌 284개가 있습니다. 이 바둑돌을 섞어서 한 통에 100개씩 담으려고 합니다. 통은 최소 몇 개 필요한지 구해 보세요.

( )

14 어느 마을에 사는 사람 수는 5864명입니다. 이 사람 수를 어림하였더니 6000명이 되었습니다. 어떻게 어림하였는지 보기 의 방법을 활용하여 설명해 보세요.

보기

올림   버림   반올림

방법 1
....
....

방법 2
....
....

실생활 문제 다잡기

유형 ① 수의 범위 활용하기

근희네 반 학생들의 체온을 조사하여 나타낸 표입니다. 체온이 37 ℃ 초과인 학생의 이름을 모두 써 보세요.

〈근희네 반 학생들의 체온〉

이름	근희	연주	병찬	은율	재준
체온 (℃)	36.5	37.2	37.0	36.8	37.4

 핵심 체크

'● ℃ 초과'는 ●보다 큰 수를 찾으라는 뜻입니다. 체온을 조사하여 나타낸 표에서 37보다 큰 수를 찾습니다.

풀이

1단계 체온이 37 ℃ 초과인 수 찾기

표에서 37 초과인 수는

☐ , ☐ 입니다.

2단계 체온이 37 ℃ 초과인 학생 모두 구하기

따라서 체온이 37 ℃ 초과인 학생은

☐ , ☐ 입니다.

답 ....

유형 ①-1

은재네 반 학생들의 몸무게를 조사하여 나타낸 표입니다. 몸무게가 46 kg 이하인 학생의 이름을 모두 써 보세요.

〈은재네 반 학생들의 몸무게〉

이름	은재	남준	소정	윤하	상철
몸무게 (kg)	46.0	50.7	45.2	39.8	48.3

( )

유형 ①-2

통과 제한 높이가 3 m인 육교가 있습니다. 육교 아래를 통과할 수 있는 자동차를 찾아 기호를 모두 써 보세요.

〈자동차의 높이〉

자동차	㉠	㉡	㉢	㉣	㉤
높이(cm)	270	300	260	310	340

( )

유형 ② 필요한 금액 구하기

학생 892명에게 한 권씩 나누어 줄 공책을 사려고 합니다. 문구점에서 공책을 한 상자에 100권씩 담아 5000원에 판다면 공책을 사는 데 필요한 돈은 최소 얼마인가요?

👆 핵심 체크

'몇 권씩 담아 판다면~'은 일정한 묶음이나 단위로 물건을 사는 경우이므로 올림을 이용합니다.

풀이

1단계 사야 하는 공책 수 어림하는 방법 알아보기

공책을 모자라지 않게 사야 하므로
(올림 , 버림 , 반올림)해야 합니다.

2단계 공책을 사야 하는 최소 상자 수 구하기

892를 올림하여 백의 자리까지 나타내면
⬜ 입니다.

따라서 공책은 최소 ⬜ 개 사야 하므로
최소 ⬜ 상자를 사야 합니다.

3단계 공책을 사는 데 필요한 돈 구하기

최소 ⬜ 상자를 사야 하므로 필요한 돈은
최소 5000 × ⬜ = ⬜ (원)입니다.

답 ┈┈┈┈┈┈┈┈┈┈┈┈┈┈┈┈┈

유형 ②-1

제과점에서 쿠키 637개를 만들었습니다.
쿠키를 팔고 받게 되는 돈은 모두 얼마인가요?

쿠키를 한 봉지에 10개씩 담아.

쿠키 한 봉지를 4000원씩 받고 팔자.

(   )

유형 ②-2

대성이는 서점에서 8500원짜리 동화책 한 권과 6300원짜리 동시집 한 권을 샀습니다. 1000원 짜리 지폐로만 계산한다면 최소 얼마가 필요 한가요?

(   )

1 대표 문제

등산객 284명이 전망대에 오르는 케이블카를 타기 위해 줄을
서 있습니다. 케이블카 한 대에 탈 수 있는 정원이 10명일 때
등산객이 전부 전망대에 오르려면 케이블카는 최소 몇 번 운행
해야 하는지 풀이 과정을 쓰고, 답을 구해 보세요.

○ 힌트 체크

❶ 최소 몇 번 운행해야 하는지
➡ 일정한 묶음으로 나누어
전부 전망대에 올라야 하므로
올림을 활용합니다.

풀이

사람을 남김없이 모두 태워야 하므로 (올림 , 버림)을 이용합니다.

284를 올림하여 십의 자리까지 나타내면 [　　　] 입니다.

따라서 케이블카는 최소 [　　　] ÷ 10 = [　　　] (번) 운행해야 합니다.

답 _____

1 연습 문제

모빌 한 개를 만드는 데 철사 1 m가 필요합니다. 철사 941 cm
로 모빌을 최대 몇 개까지 만들 수 있는지 풀이 과정을 쓰고,
답을 구해 보세요.

○ 힌트 체크

★ 힌트가 되는 부분에 ○표
하세요!

풀이

답 _____

정답 7쪽

② 대표 문제

수 카드 4장을 한 번씩만 사용해 가장 큰 네 자리 수를 만들고,
만든 네 자리 수를 반올림하여 백의 자리까지 나타내려고 합니다.
풀이 과정을 쓰고, 답을 구해 보세요.

○ 힌트 체크

❶ 가장 큰 네 자리 수를 만들고
➡ 큰 수부터 차례대로 써서
수를 만듭니다.

❷ 반올림하여 백의 자리까지
➡ 십의 자리 숫자가 5보다
크거나 같은지, 작은지 확인합
니다.

풀이

9＞5＞4＞3이므로 만들 수 있는 가장 큰 네 자리 수는

[   ] 입니다.

만든 네 자리 수를 반올림하여 백의 자리까지 나타내면

십의 자리 숫자가 [   ] 이므로 (올림 , 버림)하여

[   ] 입니다.

답 ....

② 연습 문제

수 카드 4장을 한 번씩만 사용해 가장 큰 네 자리 수를 만들고,
만든 네 자리 수를 반올림하여 천의 자리까지 나타내려고 합니다.
풀이 과정을 쓰고, 답을 구해 보세요.

○ 힌트 체크

★ 힌트가 되는 부분에 ○표
하세요!

풀이

....

....

....

답 ....

점수 　　　 점

(문제당 5점)

1

관계있는 것끼리 이어 보세요.

8과 같거나 큰 수	●	●	8 초과인 수
8과 같거나 작은 수	●	●	8 이하인 수
8보다 큰 수	●	●	8 이상인 수
8보다 작은 수	●	●	8 미만인 수

2

수의 범위를 수직선에 나타내 보세요.

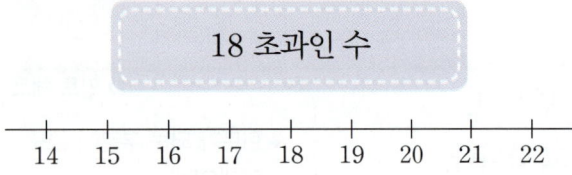

18 초과인 수

14　15　16　17　18　19　20　21　22

3　시험에 꼭!

수를 올림, 버림, 반올림하여 각각 백의 자리까지 나타내 보세요.

수	올림	버림	반올림
135			
4093			

4

소수를 버림하여 바르게 나타낸 사람은 누구인지 이름을 써 보세요.

4.28을 버림하여 소수 첫째 자리까지 나타내면 4.3이야.

재희

6.145를 버림하여 소수 둘째 자리까지 나타내면 6.14야.

은혁

(　　　　　　　)

5　시험에 꼭!

원중이네 반 학생들의 수학 점수를 조사하여 나타낸 표입니다. 수학 점수가 80점 이상 85점 미만인 학생의 이름을 모두 써 보세요.

〈원중이네 반 학생들의 수학 점수〉

이름	원중	형기	은샘	선재	요한
점수(점)	83	90	100	85	80

(　　　　　　　)

6

68을 포함하는 수의 범위를 모두 찾아 기호를 써 보세요.

ㄱ 68 이상 72 미만인 수
ㄴ 68 초과 75 이하인 수
ㄷ 67 초과 74 미만인 수
ㄹ 63 이상 67 이하인 수

(　　　　　　　)

7

어림한 수의 크기를 비교하여 큰 수부터 차례로 기호를 써 보세요.

> ㉠ 5100을 올림하여 천의 자리까지 나타낸 수
> ㉡ 5010을 버림하여 백의 자리까지 나타낸 수
> ㉢ 5008을 반올림하여 십의 자리까지 나타낸 수

( )

8

교실의 온도가 27 ℃ 이상일 때 에어컨이 작동된다고 합니다. 어느 날 1시간 간격으로 교실의 온도를 조사하여 나타낸 표입니다. 에어컨이 작동된 시각은 언제인지 모두 써 보세요.

〈교실의 온도〉

시각	오전 10시	오전 11시	낮 12시	오후 1시	오후 2시
온도(℃)	22	24	27	29	25

( )

9

수직선에 나타낸 수의 범위에 알맞은 자연수 중 가장 큰 수를 써 보세요.

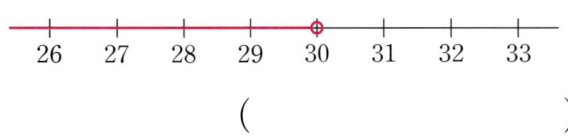

( )

[10~11] 대근이네 학교 남자 태권도 선수들의 몸무게와 몸무게에 따른 선수들의 체급을 나타낸 표입니다. 물음에 답하세요.

〈대근이네 학교 남자 태권도 선수들의 몸무게〉

이름	대근	명수	재석	형기	은찬
몸무게(kg)	35.7	37.2	34.9	33.8	36.0

〈체급별 몸무게 – 초등학교 남학생용〉

체급	몸무게 범위(kg)
핀급	32 이하
플라이급	32 초과 34 이하
밴텀급	34 초과 36 이하
페더급	36 초과 39 이하
라이트급	39 초과

(출처: 초등부 고학년부(5, 6학년) 남자, 대한 태권도 협회, 2025.)

10

대근이와 같은 체급에 속한 학생의 이름을 모두 써 보세요.

( )

11

명수가 속한 체급의 몸무게 범위를 수직선에 나타내 보세요.

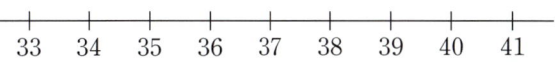

[12~13] 세 가지 물건을 사는 데 필요한 금액을 어림했습니다. 세 사람이 어림한 방법 중에서 누구의 방법이 가장 적절한지 알아보세요.

모자: 14900원　게임기: 9400원　필통: 3800원

온유

나는 14000원, 9000원, 3000원으로 어림했어. 26000원이면 살 수 있지 않을까?

나는 15000원, 10000원, 4000원으로 어림했어. 29000원이면 충분할 것 같아.
형준

태희

나는 15000원, 9000원, 4000원으로 어림했어. 28000원으로 물건을 사 볼 거야.

12

온유, 형준, 태희가 어림한 방법은 각각 무엇인지 써 보세요.

이름	온유	형준	태희
어림 방법			

13

세 가지 물건을 사는 데 누구의 어림 방법이 가장 적절한지 이름을 써 보세요.

(　　　　　　　)

14

시험에 꼭!

유리네 학교 5학년 학생이 모두 앉으려면 긴 의자는 최소 몇 개 필요한가요?

우리 학교 5학년 학생은 모두 263명이에요.

10명씩 앉을 수 있는 긴 의자에 모두 앉으세요.

유리

(　　　　　　　)

15

동전을 모은 저금통을 열어서 세어 보니 100원짜리 동전이 359개였습니다. 이것을 1000원짜리 지폐로 바꾸면 최대 얼마까지 바꿀 수 있나요?

(　　　　　　　)

16

어떤 수를 반올림하여 십의 자리까지 나타내었더니 460이 되었습니다. 어떤 수가 될 수 있는 수의 범위를 수직선에 나타내 보세요.

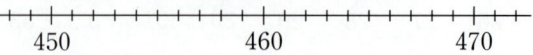

450　　　　460　　　　470

17

그림과 같은 직사각형 모양의 액자가 있습니다. 이 액자의 둘레가 몇 cm인지 반올림하여 일의 자리까지 나타내 보세요.

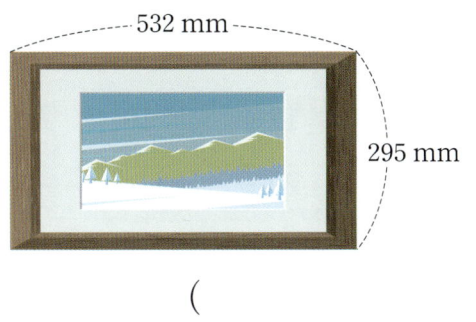

- 532 mm
295 mm

( )

18 도전해 얍!

은송이네 가족은 12세인 은송, 6세인 동생, 20세인 언니, 50세인 아버지, 48세인 어머니, 75세인 할머니로 모두 6명입니다. 은송이네 가족이 모두 박물관에 입장하려면 입장료로 얼마를 내야 하나요?

〈박물관 입장료〉

구분	어린이	청소년	성인
요금(원)	3000	5000	8000

- 어린이: 8세 이상 13세 이하
- 청소년: 13세 초과 20세 미만
- 성인: 20세 이상 65세 미만
- ※ 8세 미만과 65세 이상은 무료

( )

 서술형 문제

19

43 초과 50.5 미만인 자연수는 모두 몇 개인지 풀이 과정을 쓰고, 답을 구해 보세요.

풀이

답

20

주어진 수를 올림하여 십의 자리까지 나타낸 수와 버림하여 십의 자리까지 나타낸 수의 차는 얼마인지 풀이 과정을 쓰고, 답을 구해 보세요.

2736

풀이

답

① 수의 범위와 어림하기

[1~6] 수의 범위를 수직선에 나타내 보세요.

1

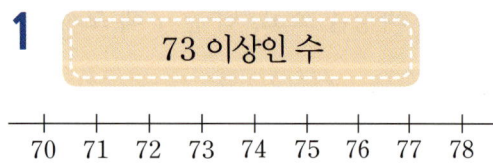

73 이상인 수

70 71 72 73 74 75 76 77 78

2

47 이하인 수

41 42 43 44 45 46 47 48 49

3

31 초과인 수

26 27 28 29 30 31 32 33 34

4

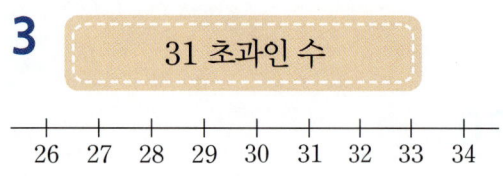

54 미만인 수

51 52 53 54 55 56 57 58 59

5

42 초과 46 이하인 수

39 40 41 42 43 44 45 46 47

6

65 이상 72 미만인 수

65 66 67 68 69 70 71 72 73

[7~12] 수의 범위에 포함되는 수에 모두 ○표 하세요.

7 19 초과인 수

| 90 | 12.4 | 19 |
| 6.7 | 53.2 | 41.1 |

8 66 미만인 수

| 66 | 64 | 61.3 |
| 56 | 43.69 | 79.6 |

9 73 이상 88 이하인 수

| 61 | 70.9 | 88 |
| 73 | 80.3 | 87.8 |

10 43 초과 57 미만인 수

| 54 | 78.9 | 57 |
| 52 | 50.5 | 43 |

11 62 이상 73 미만인 수

| 71.2 | 54 | 73.8 |
| 73 | 66.3 | 62 |

12 31 초과 46 이하인 수

| 34.5 | 46 | 47 |
| 25.7 | 31 | 49 |

[13~15] 올림, 버림, 반올림하여 각각 십의 자리까지 나타내 보세요.

13

수	올림	버림	반올림
102			

14

수	올림	버림	반올림
258			

15

수	올림	버림	반올림
1337			

[16~18] 올림, 버림, 반올림하여 각각 백의 자리까지 나타내 보세요.

16

수	올림	버림	반올림
415			

17

수	올림	버림	반올림
7865			

18

수	올림	버림	반올림
12488			

[19~21] 올림, 버림, 반올림하여 각각 천의 자리까지 나타내 보세요.

19

수	올림	버림	반올림
17211			

20

수	올림	버림	반올림
21312			

21

수	올림	버림	반올림
78045			

[22~24] 올림, 버림, 반올림하여 각각 소수 첫째 자리까지 나타내 보세요.

22

수	올림	버림	반올림
18.245			

23

수	올림	버림	반올림
1.328			

24

수	올림	버림	반올림
9.27			

분수의 곱셈

⭐ (진분수)×(자연수): 분모는 그대로, 분자와 자연수를 곱해요!

$$\frac{3}{5} \times 2 = \frac{3 \times 2}{5} = \frac{6}{5} = 1\frac{1}{5}$$

⭐ (자연수)×(대분수): 대분수를 가분수로 바꾸어 곱해요!

$$2 \times 2\frac{1}{3} = 2 \times \frac{7}{3} = \frac{14}{3} = 4\frac{2}{3}$$

⭐ (진분수)×(진분수): 분자는 분자끼리, 분모는 분모끼리 곱해요!

$$\frac{2}{3} \times \frac{4}{5} = \frac{2 \times 4}{3 \times 5} = \frac{8}{15}$$

참고 단위분수끼리의 곱셈

$$\frac{1}{2} \times \frac{1}{3} = \frac{1}{2 \times 3} = \frac{1}{6}$$

⭐ (대분수)×(대분수): 대분수를 가분수로 바꾸어 곱해요!

$$2\frac{1}{3} \times 1\frac{3}{4} = \frac{7}{3} \times \frac{7}{4} = \frac{49}{12} = 4\frac{1}{12}$$

대분수를 가분수로   가분수를 대분수로

개념 1 (진분수) × (자연수)

☆ 분자와 자연수를 곱하고 분모는 그대로 둡니다.

• $\dfrac{3}{4} \times 2$의 계산

방법 1 분자와 자연수를 곱한 후 약분하여 계산하기

$$\dfrac{3}{4} \times 2 = \dfrac{3 \times 2}{4} = \dfrac{\overset{3}{\cancel{6}}}{\underset{2}{\cancel{4}}} = \dfrac{3}{2} = 1\dfrac{1}{2}$$

$\dfrac{\blacktriangle}{\blacksquare} \times \bullet = \dfrac{\blacktriangle \times \bullet}{\blacksquare}$ 를 이용해요!

방법 2 곱하는 과정에서 약분하여 계산하기

$$\dfrac{3}{4} \times 2 = \dfrac{3 \times \overset{1}{\cancel{2}}}{\underset{2}{\cancel{4}}} = \dfrac{3}{2} = 1\dfrac{1}{2} \qquad \dfrac{3}{\underset{2}{\cancel{4}}} \times \overset{1}{\cancel{2}} = \dfrac{3 \times 1}{2} = \dfrac{3}{2} = 1\dfrac{1}{2}$$

참고 (단위분수) × (자연수)는 단위분수의 분자 1과 자연수를 곱하여 계산합니다.

예) $\dfrac{1}{4} \times 3 = \dfrac{1 \times 3}{4} = \dfrac{3}{4}$

$\dfrac{1}{4}$ $\dfrac{1}{4}$ $\dfrac{1}{4}$
0 ———————— $\dfrac{3}{4}$ 1

단위분수는 분자가 1인 분수예요.
→ $\dfrac{1}{2}, \dfrac{1}{4}, \dfrac{1}{7}, \dfrac{1}{9}, \cdots$

→ $\dfrac{1}{4} \times 3$은 $\dfrac{1}{4}$만큼 3번 이동했으므로 $\dfrac{3}{4}$입니다.

---

1 그림을 보고 □ 안에 알맞은 수를 써넣으세요.

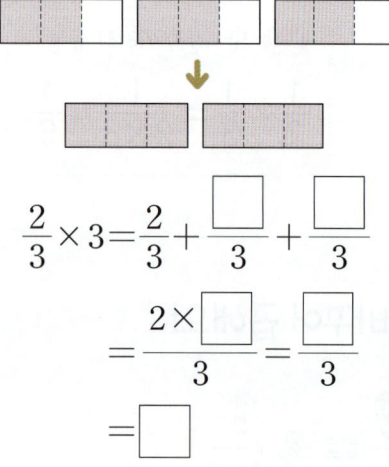

$$\dfrac{2}{3} \times 3 = \dfrac{2}{3} + \dfrac{\square}{3} + \dfrac{\square}{3}$$
$$= \dfrac{2 \times \square}{3} = \dfrac{\square}{3}$$
$$= \square$$

2 $\dfrac{3}{8} \times 6$을 두 가지 방법으로 계산하려고 합니다. □ 안에 알맞은 수를 써넣으세요.

방법 1 분자와 자연수를 곱한 후 약분하여 계산하기

$$\dfrac{3}{8} \times 6 = \dfrac{3 \times \square}{8} = \dfrac{\square}{\underset{4}{\cancel{8}}}$$
$$= \dfrac{\square}{4} = \square$$

방법 2 곱하는 과정에서 약분하여 계산하기

$$\dfrac{3}{8} \times 6 = \dfrac{3 \times \overset{\square}{\cancel{6}}}{\underset{4}{\cancel{8}}} = \dfrac{\square}{4} = \square$$

▶ 정답 11쪽

[3~6] 방법1 을 이용하여 계산하고 기약분수로 나타내 보세요.

3 $\dfrac{3}{4} \times 6 = \dfrac{\square \times \square}{4} = \dfrac{\square}{\overset{2}{\cancel{4}}}$

$= \dfrac{\square}{2} = \square$

4 $\dfrac{5}{8} \times 6$

5 $\dfrac{7}{9} \times 6$

6 $\dfrac{5}{6} \times 32$

[7~10] 방법2 를 이용하여 계산하고 기약분수로 나타내 보세요.

7 $\dfrac{3}{4} \times 10 = \dfrac{3 \times \square}{\overset{2}{\cancel{4}}} = \dfrac{3 \times \square}{2}$

$= \dfrac{\square}{2} = \square$

8 $\dfrac{4}{27} \times 9$

9 $\dfrac{2}{5} \times 15$

10 $\dfrac{5}{38} \times 12$

[11~14] 빈칸에 알맞은 수를 써넣으세요.

11
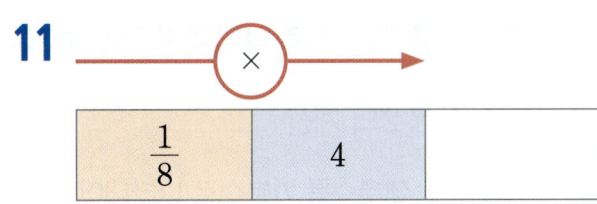

12
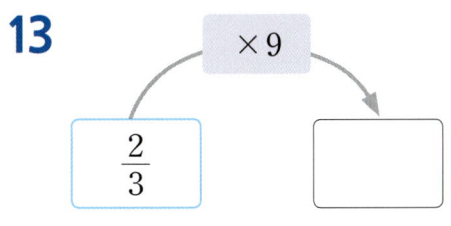

13
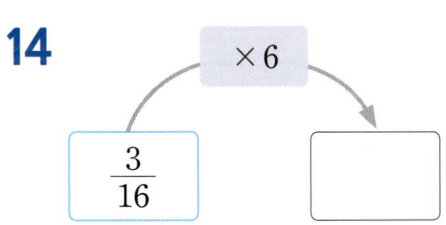

14

15 개념 체크

☐ 안에 알맞은 말을 써넣으세요.

(진분수) × (자연수)는 ☐ 는 그대로 두고 진분수의 ☐ 와 자연수를 곱하여 계산합니다.

개념 **2** (대분수) × (자연수)

✪ 대분수를 가분수로 나타내어 계산하거나, 자연수와 진분수의 합으로 바꾸어 계산합니다.

- $1\frac{1}{4} \times 2$의 계산

  방법 1 대분수를 가분수로 나타내어 계산하기

  $$1\frac{1}{4} \times 2 = \frac{5}{\cancel{4}_2} \times \cancel{2}^{1} = \frac{5}{2} = 2\frac{1}{2}$$

  대분수의 분모와 자연수를 약분할 때는 반드시 가분수로 바꾸고 약분해야 해요!

  방법 2 대분수를 자연수와 진분수의 합으로 바꾸어 계산하기

  $$1\frac{1}{4} \times 2 = (1 \times 2) + \left(\frac{1}{\cancel{4}_2} \times \cancel{2}^{1} \right) = 2 + \frac{1}{2} = 2\frac{1}{2}$$

  $1\frac{1}{4}$을 $1 + \frac{1}{4}$로 생각해서 계산해요.

[1~2] 그림을 보고 ☐ 안에 알맞은 수를 써넣으세요.

1

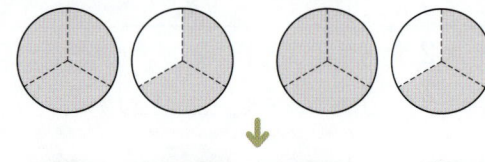

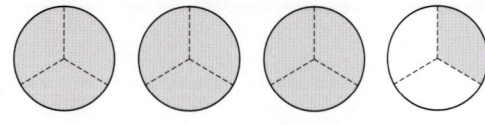

$$1\frac{2}{3} \times 2 = \frac{\boxed{}}{3} \times 2 = \frac{\boxed{}}{3} = \boxed{}\frac{\boxed{}}{3}$$

2

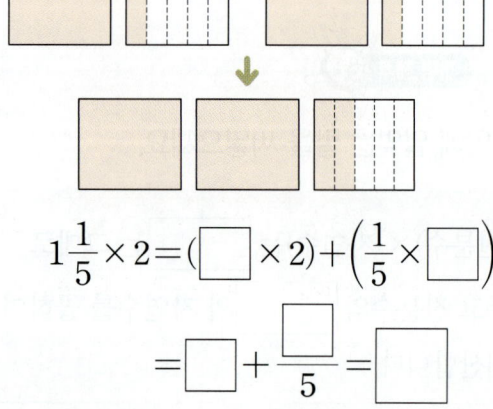

$$1\frac{1}{5} \times 2 = (\boxed{} \times 2) + \left(\frac{1}{5} \times \boxed{} \right)$$

$$= \boxed{} + \frac{\boxed{}}{5} = \boxed{}$$

3 $3\frac{1}{8} \times 4$를 두 가지 방법으로 계산하려고 합니다. ☐ 안에 알맞은 수를 써넣으세요.

방법 1 대분수를 가분수로 나타내어 계산하기

$$3\frac{1}{8} \times 4 = \frac{\boxed{}}{\cancel{8}_2} \times \cancel{4}^{1} = \frac{\boxed{}}{2}$$

$$= \boxed{}\frac{\boxed{}}{2}$$

방법 2 대분수를 자연수와 진분수의 합으로 바꾸어 계산하기

$$3\frac{1}{8} \times 4 = (3 \times \boxed{}) + \left(\frac{1}{8} \times \cancel{4}^{1} \right)_{\boxed{}}$$

$$= \boxed{} + \frac{1}{\boxed{}}$$

$$= \boxed{}$$

[4~7] 방법 1 을 이용하여 계산하고 기약분수로 나타내 보세요.

4 $1\dfrac{5}{6} \times 4 = \dfrac{\boxed{}}{\underset{3}{\cancel{6}}} \times \dfrac{\boxed{}}{\boxed{}}$

$= \dfrac{\boxed{}}{3} = \boxed{}$

5 $2\dfrac{5}{28} \times 7$

6 $2\dfrac{2}{15} \times 10$

7 $1\dfrac{4}{27} \times 18$

[8~11] 방법 2 를 이용하여 계산하고 기약분수로 나타내 보세요.

8 $1\dfrac{5}{8} \times 18 = \left(\boxed{} \times 18\right) + \left(\dfrac{\boxed{}}{\underset{4}{\cancel{8}}} \times \overset{9}{\cancel{18}}\right)$

$= \boxed{} + \dfrac{\boxed{}}{4}$

$= \boxed{} + \boxed{} = \boxed{}$

9 $1\dfrac{4}{35} \times 15$

10 $2\dfrac{2}{21} \times 28$

11 $2\dfrac{7}{8} \times 6$

[12~15] 빈칸에 알맞은 수를 써넣으세요.

12

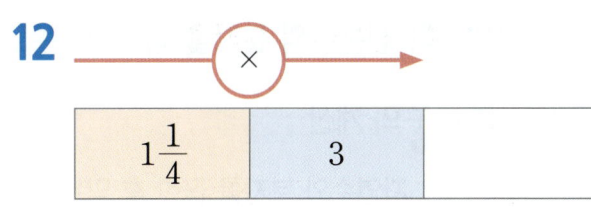

13

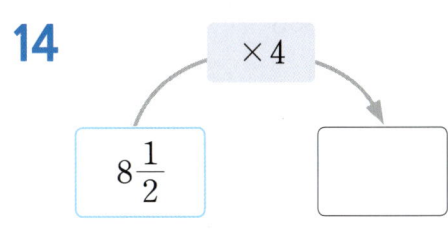

14

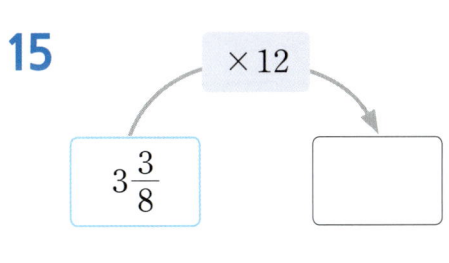

15

$\times 12$

$3\dfrac{3}{8}$

16 개념 체크

$\boxed{}$ 안에 알맞은 말을 써넣으세요.

(대분수)×(자연수)는 대분수를 $\boxed{}$로 나타내어 계산하거나, 대분수를 자연수와

$\boxed{}$의 합으로 생각하여 계산합니다.

개념 3 (자연수) × (진분수)

⭐ 자연수와 진분수의 분자를 곱하고, 분모는 그대로 둡니다.

• $3 \times \dfrac{5}{6}$의 계산

방법 1 자연수와 분자를 곱한 후 약분하여 계산하기

$$3 \times \frac{5}{6} = \frac{3 \times 5}{6} = \frac{\overset{5}{\cancel{15}}}{\underset{2}{\cancel{6}}} = \frac{5}{2} = 2\frac{1}{2}$$

> 두 수를 바꾸어 곱해도 계산 결과는 같아요.
> $3 \times \dfrac{5}{6} = \dfrac{5}{6} \times 3$

방법 2 곱하는 과정에서 약분하여 계산하기

$$3 \times \frac{5}{6} = \frac{\overset{1}{\cancel{3}} \times 5}{\underset{2}{\cancel{6}}} = \frac{5}{2} = 2\frac{1}{2} \qquad \overset{1}{\cancel{3}} \times \frac{5}{\underset{2}{\cancel{6}}} = \frac{1 \times 5}{2} = \frac{5}{2} = 2\frac{1}{2}$$

참고 자연수 ■와 진분수의 곱은 ■보다 작습니다.

$$예)\ \underset{2\frac{1}{2}}{3 \times \frac{5}{6}} < 3$$

---

1 그림을 보고 ☐ 안에 알맞은 수를 써넣으세요.

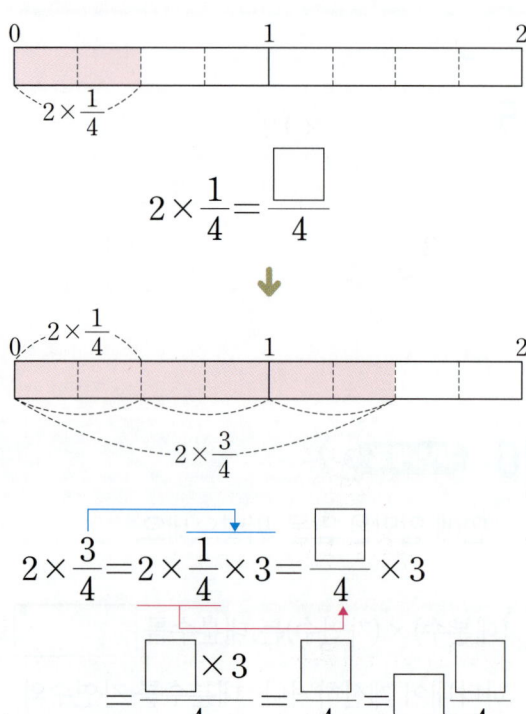

$$2 \times \frac{1}{4} = \frac{\square}{4}$$

$$2 \times \frac{3}{4} = 2 \times \frac{1}{4} \times 3 = \frac{\square}{4} \times 3$$

$$= \frac{\square \times 3}{4} = \frac{\square}{4} = \square\frac{\square}{4}$$

2 $10 \times \dfrac{4}{5}$를 두 가지 방법으로 계산하려고 합니다. ☐ 안에 알맞은 수를 써넣으세요.

방법 1 자연수와 분자를 곱한 후 약분하여 계산하기

$$10 \times \frac{4}{5} = \frac{10 \times 4}{5} = \frac{\overset{\square}{\square}}{\underset{1}{\cancel{5}}} = \square$$

방법 2 곱하는 과정에서 약분하여 계산하기

$$10 \times \frac{4}{5} = \frac{\overset{\square}{\cancel{10}} \times 4}{\underset{1}{\cancel{5}}} = \square$$

3 ☐ 안에 알맞은 수를 써넣으세요.

$$6 \times \frac{4}{9} = \frac{\overset{\square}{\cancel{6}} \times 4}{\underset{\square}{\cancel{9}}} = \frac{\square}{3} = \square$$

▶ 정답 12쪽

[4~7] 방법1 을 이용하여 계산하고 기약분수로 나타내 보세요.

4 $24 \times \dfrac{5}{16} = \dfrac{24 \times \boxed{}}{16} = \dfrac{\boxed{}}{\overset{\underset{2}{\cancel{16}}}{}}$

$= \dfrac{\boxed{}}{2} = \boxed{}$

5 $40 \times \dfrac{2}{15}$

6 $6 \times \dfrac{5}{22}$

7 $16 \times \dfrac{5}{14}$

[8~11] 방법2 를 이용하여 계산하고 기약분수로 나타내 보세요.

8 $12 \times \dfrac{3}{28} = \dfrac{\boxed{} \times 3}{\underset{7}{\cancel{28}}} = \dfrac{\boxed{}}{7} = \boxed{}$

9 $30 \times \dfrac{7}{54}$

10 $40 \times \dfrac{51}{64}$

11 $3 \times \dfrac{5}{72}$

[12~15] 빈칸에 알맞은 수를 써넣으세요.

12
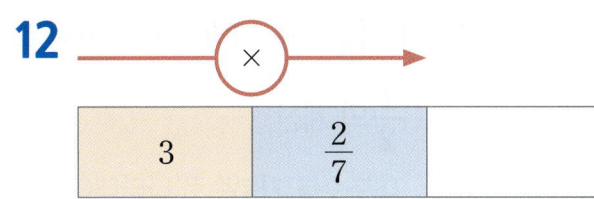

13
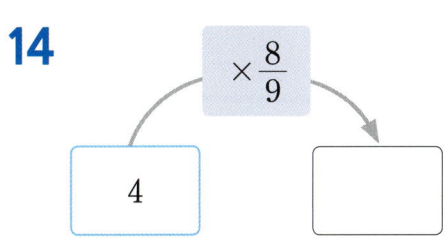

14
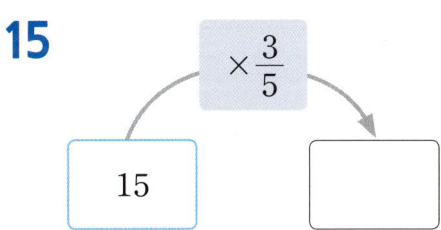

15

16 개념 체크

☐ 안에 알맞은 말을 써넣으세요.

(자연수) × (진분수)는 $\boxed{}$ 는 그대로 두고 자연수와 진분수의 $\boxed{}$ 를 곱하여 계산합니다.

개념 4 (자연수)×(대분수)

⭐ 대분수를 가분수로 나타내어 계산하거나, 자연수와 진분수의 합으로 바꾸어 계산합니다.

• $4 \times 1\frac{1}{2}$의 계산

방법 1 대분수를 가분수로 나타내어 계산하기

$$4 \times 1\frac{1}{2} = \overset{2}{4} \times \frac{3}{\underset{1}{2}} = 6$$

방법 2 대분수를 자연수와 진분수의 합으로 바꾸어 계산하기

$$4 \times 1\frac{1}{2} = (4 \times 1) + \left(\overset{2}{4} \times \frac{1}{\underset{1}{2}}\right) = 4 + 2 = 6$$

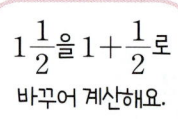

$1\frac{1}{2}$을 $1+\frac{1}{2}$로 바꾸어 계산해요.

참고 자연수 ■와 대분수의 곱은 ■보다 큽니다.

예 $\underset{6}{4 \times 1\frac{1}{2}} > 4$

[1~2] 그림을 보고 ☐ 안에 알맞은 수를 써넣으세요.

1
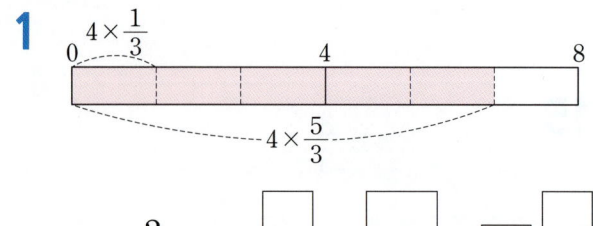

$$4 \times 1\frac{2}{3} = 4 \times \frac{\square}{3} = \frac{\square}{3} = \square\frac{\square}{3}$$

2
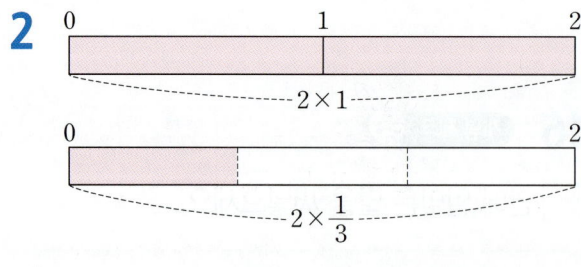

$$2 \times 1\frac{1}{3} = (2 \times 1) + \left(\square \times \frac{1}{3}\right)$$
$$= 2 + \frac{\square}{3} = \square$$

3 $2 \times 3\frac{1}{4}$을 두 가지 방법으로 계산하려고 합니다. ☐ 안에 알맞은 수를 써넣으세요.

방법 1 대분수를 가분수로 나타내어 계산하기

$$2 \times 3\frac{1}{4} = \overset{1}{2} \times \frac{\square}{\underset{2}{4}} = \frac{\square}{2}$$
$$= \frac{\square}{2}$$

방법 2 대분수를 자연수와 진분수의 합으로 바꾸어 계산하기

$$2 \times 3\frac{1}{4} = (2 \times \square) + \left(\overset{1}{2} \times \frac{\square}{\underset{2}{4}}\right)$$
$$= \square + \frac{\square}{2} = \square$$

[4~7] 방법1 을 이용하여 계산하고 기약분수로 나타내 보세요.

4 $2 \times 2\dfrac{5}{6} = \overset{1}{2} \times \dfrac{\boxed{}}{\underset{3}{6}} = \dfrac{\boxed{}}{3} = \boxed{}$

5 $42 \times 3\dfrac{2}{7}$

6 $15 \times 1\dfrac{2}{35}$

7 $11 \times 2\dfrac{5}{33}$

[8~11] 방법2 를 이용하여 계산하고 기약분수로 나타내 보세요.

8 $6 \times 1\dfrac{1}{30} = \left(6 \times \boxed{}\right) + \left(\overset{\boxed{}}{6} \times \dfrac{1}{\underset{\boxed{}}{30}}\right)$

$= 6 + \dfrac{1}{\boxed{}} = \boxed{}$

9 $30 \times 1\dfrac{7}{39}$

10 $20 \times 3\dfrac{17}{55}$

11 $3 \times 1\dfrac{2}{15}$

[12~15] 빈칸에 알맞은 수를 써넣으세요.

12
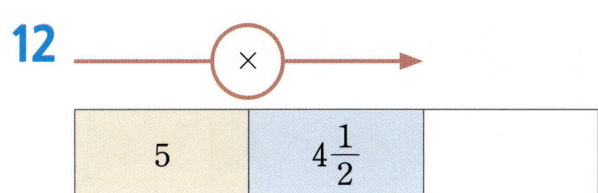

13
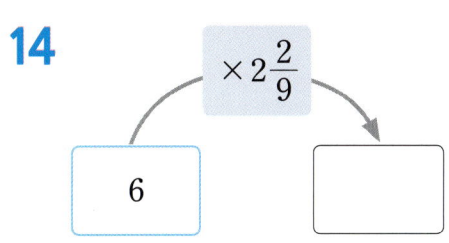

14
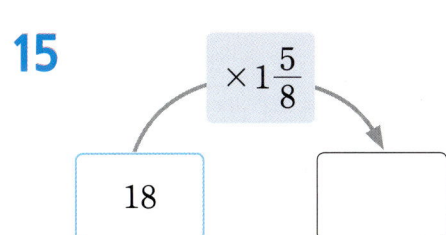

15

$\times 1\dfrac{5}{8}$

18

16 개념 체크

☐ 안에 알맞은 말을 써넣으세요.

(자연수) × (대분수)는 대분수를 $\boxed{}$ 로 나타내어 계산하거나, 대분수를 자연수와

$\boxed{}$ 의 합으로 생각하여 계산합니다.

개념 유형 익히기

개념 1 (진분수) × (자연수)

1 그림을 보고 □ 안에 알맞은 수를 써넣으세요.

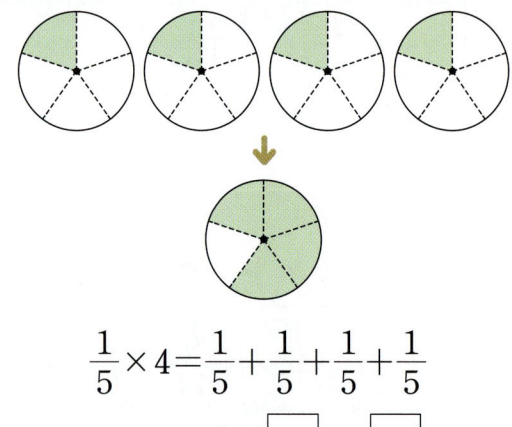

$$\frac{1}{5} \times 4 = \frac{1}{5} + \frac{1}{5} + \frac{1}{5} + \frac{1}{5}$$

$$= \frac{1 \times \boxed{}}{5} = \frac{\boxed{}}{5}$$

2 오른쪽 정삼각형의 둘레는 몇 m인가요?

$\frac{7}{12}$ m

(   )

3 진화네 반 학생들이 피자를 먹으려면 피자는 모두 몇 판 필요한지 식을 쓰고, 답을 구해 보세요.

한 명이 피자 한 판의 $\frac{1}{8}$씩 먹기로 해요.

우리 반 학생은 모두 32명이에요.

진화

식

답

개념 2 (대분수) × (자연수)

4 계산 결과를 찾아 이어 보세요.

$2\frac{1}{15} \times 5$ •

$3\frac{1}{8} \times 2$ •

$4\frac{1}{6} \times 9$ •

• $6\frac{1}{4}$

• $10\frac{1}{3}$

• $37\frac{1}{2}$

5 계산 결과가 <u>다른</u> 식을 쓴 사람의 이름을 써 보세요.

연우: $1\frac{5}{9} \times 6$

민기: $2\frac{2}{3} \times 4$

채연: $5\frac{1}{3} \times 2$

(   )

6 수 카드 5 , 6 , 9 를 한 번씩만 사용하여 만들 수 있는 가장 큰 대분수와 10의 곱을 구해 보세요.

(   )

개념 3 (자연수) × (진분수)

7 계산을 바르게 한 것을 찾아 ○표 하세요.

$$8 \times \frac{5}{12} = \frac{5}{6}$$

$$7 \times \frac{9}{14} = 4\frac{1}{2}$$

(   )   (   )

8 계산 결과가 큰 것부터 차례로 기호를 써 보세요.

$$\bigcirc \ 8 \times \frac{5}{7} \quad \bigcirc \ 16 \times \frac{3}{8} \quad \bigcirc \ 21 \times \frac{2}{9}$$

(   )

9 색종이 20장을 가지고 있습니다. 이 중 전체의 $\frac{4}{5}$를 사용했다면 사용한 색종이는 몇 장인지 식을 쓰고, 답을 구해 보세요.

식 _____

답 _____

10 준상이 어머니가 청소를 하면서 사용한 물은 몇 L인지 구해 보세요.

준상이 어머니

욕조에 들어 있는 물 16 L 중에서 청소를 하면서 전체의 $\frac{7}{8}$만큼을 사용했어.

(   )

개념 4 (자연수) × (대분수)

11 ㉠, ㉡, ㉢에 알맞은 수의 합을 구해 보세요.

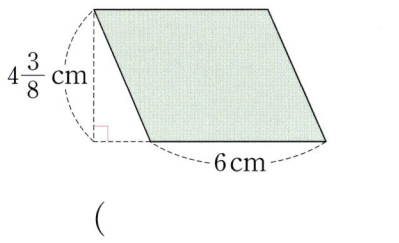

$$8 \times 3\frac{1}{2} = \overset{\textstyle ㉠}{8} \times \frac{㉡}{\underset{1}{2}} = ㉢$$

(   )

12 계산 결과를 비교하여 ○ 안에 >, =, <를 알맞게 써넣으세요.

$$9 \times 4\frac{1}{6} \quad \bigcirc \quad 14 \times 2\frac{3}{4}$$

13 평행사변형의 넓이는 몇 cm^2인가요?

$4\frac{3}{8}$ cm

6 cm

(   )

14 찬욱이네 집에서 시청까지의 거리는 찬욱이네 집에서 법원까지의 거리의 $2\frac{6}{7}$배입니다. 찬욱이네 집에서 시청까지의 거리는 몇 km 인가요?

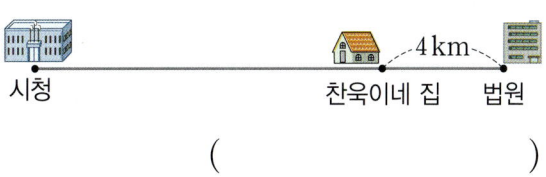

시청   찬욱이네 집   법원

4 km

(   )

개념 5 (진분수)×(진분수)

⭐ (단위분수)×(단위분수)는 분자 1은 그대로 두고, 분모끼리 곱하여 계산합니다.

• $\dfrac{1}{3} \times \dfrac{1}{2}$의 계산

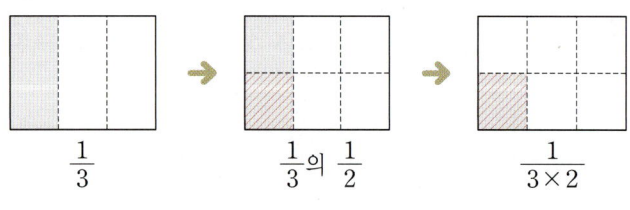

$\dfrac{1}{3}$ 　　 $\dfrac{1}{3}$의 $\dfrac{1}{2}$ 　　 $\dfrac{1}{3 \times 2}$

단위분수에 단위분수를 곱하면 처음 단위분수보다 작아집니다.
$\dfrac{1}{3} \times \dfrac{1}{2} = \dfrac{1}{6} < \dfrac{1}{3}$

$$\dfrac{1}{3} \times \dfrac{1}{2} = \dfrac{1}{3 \times 2} = \dfrac{1}{6}$$

⭐ (진분수)×(진분수)는 분자는 분자끼리, 분모는 분모끼리 곱하여 계산합니다.

• $\dfrac{3}{4} \times \dfrac{2}{3}$의 계산

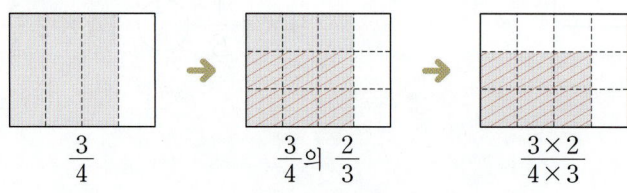

$\dfrac{3}{4}$ 　　 $\dfrac{3}{4}$의 $\dfrac{2}{3}$ 　　 $\dfrac{3 \times 2}{4 \times 3}$

방법 1 곱셈을 먼저 한 후 약분하여 계산하기

$$\dfrac{3}{4} \times \dfrac{2}{3} = \dfrac{3 \times 2}{4 \times 3} = \dfrac{\overset{1}{\cancel{6}}}{\underset{2}{\cancel{12}}} = \dfrac{1}{2}$$

방법 2 곱하는 과정에서 약분하여 계산하기

$$\dfrac{3}{4} \times \dfrac{2}{3} = \dfrac{\overset{1}{\cancel{3}} \times \overset{1}{\cancel{2}}}{\underset{2}{\cancel{4}} \times \underset{1}{\cancel{3}}} = \dfrac{1 \times 1}{2 \times 1} = \dfrac{1}{2} \quad \Big| \quad \dfrac{\overset{1}{\cancel{3}}}{\underset{2}{\cancel{4}}} \times \dfrac{\overset{1}{\cancel{2}}}{\underset{1}{\cancel{3}}} = \dfrac{1 \times 1}{2 \times 1} = \dfrac{1}{2}$$

[1~2] 그림을 이용하여 $\dfrac{2}{5} \times \dfrac{2}{3}$는 얼마인지 알아보려고 합니다. 물음에 답하세요.

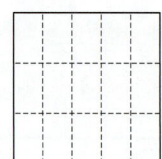

1 전체의 $\dfrac{2}{5}$만큼 노란색으로 칠한 뒤 색칠한 노란색 부분의 $\dfrac{2}{3}$만큼 빗금을 그어 보세요.

2 빗금을 그은 부분은 전체의 얼마인지 구해 ☐ 안에 알맞은 수를 써넣으세요.

$$\dfrac{2}{5} \times \dfrac{2}{3} = \boxed{}$$

[3~7] □ 안에 알맞은 수를 써넣으세요.

3 $\dfrac{1}{3} \times \dfrac{1}{5} = \dfrac{1}{\square \times \square} = \boxed{}$

4 $\dfrac{3}{7} \times \dfrac{1}{2} = \dfrac{\square \times 1}{\square \times \square} = \boxed{}$

5 $\dfrac{3}{5} \times \dfrac{4}{7} = \dfrac{3 \times \square}{5 \times \square} = \boxed{}$

6 $\dfrac{2}{9} \times \dfrac{7}{8} = \dfrac{\overset{1}{\cancel{2}} \times 7}{9 \times \cancel{8}} = \boxed{\dfrac{}{\square}}$

7 $\dfrac{5}{\cancel{6}} \times \dfrac{\overset{1}{\cancel{3}}}{4} = \boxed{\dfrac{}{\square}}$

[8~10] 방법1 을 이용하여 계산하고 기약분수로 나타내 보세요.

8 $\dfrac{1}{2} \times \dfrac{6}{7} = \dfrac{1 \times \square}{2 \times \square} = \dfrac{\square}{\square} = \boxed{}$

9 $\dfrac{5}{9} \times \dfrac{3}{10}$

10 $\dfrac{5}{6} \times \dfrac{3}{7}$

[11~13] 방법2 를 이용하여 계산하고 기약분수로 나타내 보세요.

11 $\dfrac{\overset{\square}{4}}{\underset{\square}{15}} \times \dfrac{\overset{\square}{5}}{\underset{}{8}} = \dfrac{1 \times \square}{\square \times \square} = \boxed{}$

12 $\dfrac{9}{25} \times \dfrac{20}{27}$

13 $\dfrac{11}{27} \times \dfrac{15}{44}$

[14~15] 빈칸에 알맞은 수를 써넣으세요.

14

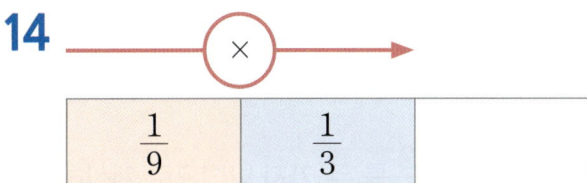

| $\dfrac{1}{9}$ | $\dfrac{1}{3}$ | |

15

| $\dfrac{5}{8}$ | $\dfrac{4}{5}$ | |

16 개념 체크

□ 안에 알맞은 말을 써넣으세요.

(1) (단위분수)×(단위분수)는 분자 □ 은 그대로 두고, □ 끼리 곱하여 계산합니다.

(2) (진분수)×(진분수)는 분자는 □ 끼리, 분모는 □ 끼리 곱하여 계산합니다.

개념 6 (대분수)×(대분수)

☆ 대분수를 가분수로 나타내어 계산하거나, 자연수와 진분수의 합으로 바꾸어 계산합니다.

• $2\frac{1}{3}\times1\frac{1}{2}$의 계산

방법1 대분수를 가분수로 나타내어 계산하기

$$2\frac{1}{3}\times1\frac{1}{2}=\frac{7}{\cancel{3}}\times\frac{\cancel{3}}{2}=\frac{7}{2}=3\frac{1}{2}$$

대분수의 곱셈에서 대분수는 가분수로 바꾼 후 분자는 분자끼리, 분모는 분모끼리 곱하여 계산합니다.

방법2 대분수를 자연수와 진분수의 합으로 바꾸어 계산하기

$$2\frac{1}{3}\times1\frac{1}{2}=\left(2\frac{1}{3}\times1\right)+\left(2\frac{1}{3}\times\frac{1}{2}\right)=2\frac{1}{3}+\left(\frac{7}{3}\times\frac{1}{2}\right)$$

$$=2\frac{1}{3}+\frac{7}{6}=2\frac{2}{6}+1\frac{1}{6}=3\frac{\cancel{3}}{\cancel{6}}=3\frac{1}{2}$$

1 $2\frac{1}{4}\times1\frac{2}{3}$를 두 가지 방법으로 계산하려고 합니다. ☐ 안에 알맞은 수를 써넣으세요.

방법1 대분수를 가분수로 나타내어 계산하기

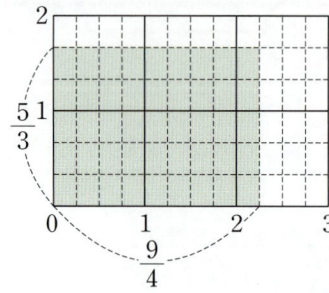

$$2\frac{1}{4}\times1\frac{2}{3}=\frac{\cancel{9}}{4}\times\frac{☐}{\cancel{3}}=\frac{☐}{4}=☐$$

방법2 대분수를 자연수와 진분수의 합으로 바꾸어 계산하기

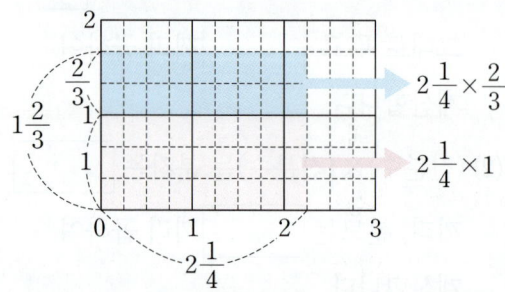

$2\frac{1}{4}\times\frac{2}{3}$

$2\frac{1}{4}\times1$

$$2\frac{1}{4}\times1\frac{2}{3}=\left(2\frac{1}{4}\times1\right)+\left(2\frac{1}{4}\times\frac{2}{3}\right)$$

$$=2\frac{1}{4}+\left(\frac{☐}{4}\times\frac{☐}{3}\right)=2\frac{1}{4}+\frac{☐}{4}$$

$$=2\frac{1}{4}+1\frac{☐}{4}=☐$$

[2~5] 방법1 을 이용하여 계산하고 기약분수로 나타내 보세요.

2 $1\dfrac{1}{2} \times 1\dfrac{1}{5} = \dfrac{\boxed{}}{\underset{1}{\cancel{2}}} \times \dfrac{\overset{3}{\cancel{6}}}{5} = \dfrac{\boxed{}}{5} = \boxed{}$

3 $1\dfrac{3}{4} \times 2\dfrac{2}{5}$

4 $2\dfrac{5}{8} \times 2\dfrac{1}{7}$

5 $3\dfrac{1}{9} \times 1\dfrac{3}{7}$

[6~8] 방법2 를 이용하여 계산하고 기약분수로 나타내 보세요.

6 $1\dfrac{1}{4} \times 1\dfrac{1}{7} = \left(1\dfrac{1}{4} \times \boxed{}\right) + \left(1\dfrac{1}{4} \times \boxed{}\right)$

$= \boxed{} + \left(\dfrac{5}{4} \times \boxed{}\right)$

$= 1\dfrac{1}{4} + \dfrac{\boxed{}}{28} = 1\dfrac{\boxed{}}{28} + \dfrac{\boxed{}}{28}$

$= 1\dfrac{\boxed{}}{\underset{7}{\cancel{28}}} = \boxed{}$

7 $4\dfrac{1}{6} \times 2\dfrac{2}{5}$

8 $1\dfrac{3}{7} \times 2\dfrac{3}{8}$

[9~12] 빈칸에 알맞은 수를 써넣으세요.

9
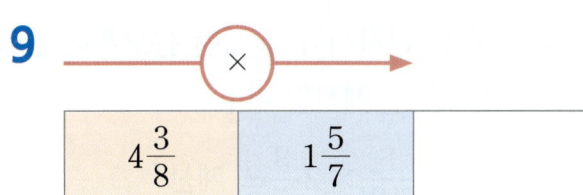

| $4\dfrac{3}{8}$ | $1\dfrac{5}{7}$ | |

10
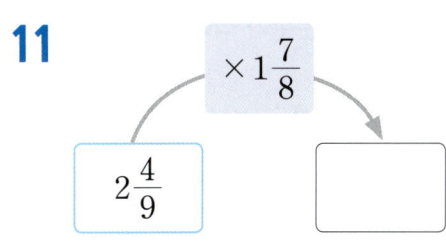

| $6\dfrac{1}{2}$ | $1\dfrac{3}{13}$ | |

11
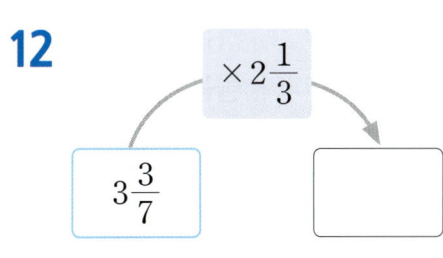

$\times 1\dfrac{7}{8}$

$2\dfrac{4}{9}$

12

$\times 2\dfrac{1}{3}$

$3\dfrac{3}{7}$

13 개념 체크

☐ 안에 알맞은 말을 써넣으세요.

(대분수)×(대분수)는 대분수를 ☐로 나타내어 계산하거나, 대분수를 자연수와 ☐의 합으로 생각하여 계산합니다.

개념 7 세 분수의 곱셈

⭐ 분자는 분자끼리, 분모는 분모끼리 곱합니다. 이때 대분수가 있으면 가분수로 나타낸 후 계산합니다.

- $\dfrac{2}{3} \times \dfrac{6}{13} \times 2\dfrac{3}{5}$의 계산

방법 1 앞에서부터 두 분수씩 차례로 계산하기

$$\dfrac{2}{3} \times \dfrac{6}{13} \times 2\dfrac{3}{5} = \left(\dfrac{2}{\cancel{3}_1} \times \dfrac{\cancel{6}^2}{13} \right) \times 2\dfrac{3}{5} = \dfrac{4}{\cancel{13}_1} \times \dfrac{\cancel{13}^1}{5} = \dfrac{4}{5}$$

방법 2 세 분수를 한꺼번에 계산하기

$$\dfrac{2}{3} \times \dfrac{6}{13} \times 2\dfrac{3}{5} = \dfrac{2}{\cancel{3}_1} \times \dfrac{\cancel{6}^2}{\cancel{13}_1} \times \dfrac{\cancel{13}^1}{5} = \dfrac{4}{5}$$

참고 자연수와 분수가 섞여 있는 세 수의 곱은 자연수를 분모가 1인 가분수로 나타내어 계산합니다.

예) $3\dfrac{1}{2} \times 2\dfrac{3}{4} \times 4 = \dfrac{7}{2} \times \dfrac{11}{\cancel{4}_1} \times \dfrac{\cancel{4}^1}{1} = \dfrac{77}{2} = 38\dfrac{1}{2}$

(자연수) → $\dfrac{(자연수)}{1}$

[1~2] 그림을 이용하여 $\dfrac{1}{3} \times \dfrac{2}{5} \times \dfrac{1}{2}$은 얼마인지 알아보려고 합니다. 물음에 답하세요.

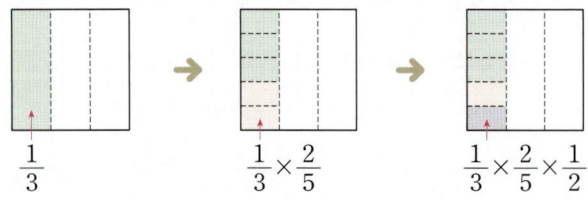

$\dfrac{1}{3}$ → $\dfrac{1}{3} \times \dfrac{2}{5}$ → $\dfrac{1}{3} \times \dfrac{2}{5} \times \dfrac{1}{2}$

1 보라색으로 색칠한 부분은 전체의 얼마인가요?

(   )

2 ☐ 안에 알맞은 수를 써넣으세요.

$$\dfrac{1}{3} \times \dfrac{2}{5} \times \dfrac{1}{2} = \boxed{}$$

[3~5] ☐ 안에 알맞은 수를 써넣으세요.

3 $\dfrac{1}{2} \times \dfrac{3}{4} \times \dfrac{1}{5} = \dfrac{1 \times \boxed{} \times 1}{2 \times 4 \times 5} = \boxed{}$

4 $\dfrac{3}{8} \times \dfrac{1}{6} \times \dfrac{3}{7} = \dfrac{\cancel{3}^1 \times 1 \times \boxed{}}{8 \times \cancel{6}_{\boxed{}} \times 7} = \boxed{}$

5 $\dfrac{\cancel{6}^2}{7} \times \dfrac{\cancel{4}^2}{\cancel{9}_{\boxed{}}} \times \dfrac{1}{\cancel{10}_{\boxed{}}} = \boxed{}$

정답 15쪽

[6~19] 계산하여 기약분수로 나타내 보세요.

6 $\dfrac{1}{8} \times \dfrac{1}{2} \times \dfrac{4}{5}$

7 $\dfrac{4}{9} \times \dfrac{2}{7} \times 14$

8 $\dfrac{3}{8} \times \dfrac{2}{9} \times \dfrac{1}{3}$

9 $\dfrac{6}{7} \times \dfrac{1}{6} \times \dfrac{1}{3}$

10 $\dfrac{4}{5} \times \dfrac{6}{7} \times \dfrac{3}{4}$

11 $1\dfrac{1}{6} \times \dfrac{2}{3} \times \dfrac{3}{8}$

12 $\dfrac{4}{5} \times 1\dfrac{2}{3} \times 6$

13 $\dfrac{1}{9} \times \dfrac{5}{6} \times \dfrac{1}{5}$

14 $\dfrac{1}{2} \times \dfrac{3}{4} \times \dfrac{5}{6}$

15 $\dfrac{1}{9} \times \dfrac{3}{4} \times \dfrac{5}{7}$

16 $\dfrac{6}{7} \times 5 \times 2\dfrac{4}{5}$

17 $4 \times 1\dfrac{7}{8} \times \dfrac{2}{7}$

18 $\dfrac{1}{4} \times \dfrac{8}{9} \times \dfrac{1}{2}$

19 $2\dfrac{3}{4} \times 2 \times 1\dfrac{1}{2}$

개념 5 (진분수) × (진분수)

1 계산 결과를 찾아 이어 보세요.

$\dfrac{3}{5} \times \dfrac{4}{9}$ • • $\dfrac{4}{15}$

$\dfrac{2}{9} \times \dfrac{6}{13}$ • • $\dfrac{7}{25}$

$\dfrac{7}{10} \times \dfrac{2}{5}$ • • $\dfrac{4}{39}$

2 계산 결과가 $\dfrac{5}{9}$보다 작은 것에 모두 ○표 하세요.

$\dfrac{5}{9} \times \dfrac{2}{3}$ $\dfrac{5}{9} \times 3$ $\dfrac{5}{6} \times \dfrac{5}{9}$

3 딸기주스를 만드는 데 사용한 딸기는 몇 kg 인가요?

딸기 $\dfrac{9}{10}$ kg이 있었는데 그중 $\dfrac{2}{3}$를 사용했어.

( )

4 오른쪽 분수의 곱셈식에 알맞은 문제를 만들고, 답을 구해 보세요.

$\dfrac{2}{3} \times \dfrac{3}{4}$

문제 _____

_____

_____

답 _____

개념 6 (대분수) × (대분수)

5 □ 안에 알맞은 수를 써넣으세요.

$$3\dfrac{3}{8} \times 2\dfrac{5}{6} = \dfrac{\square}{8} \times \dfrac{17}{\square}$$

$$= \dfrac{\square}{16} = \square$$

6 계산 결과를 비교하여 ○ 안에 >, =, < 를 알맞게 써넣으세요.

$3\dfrac{2}{3} \times 2\dfrac{5}{8}$ ○ $2\dfrac{4}{9} \times 2\dfrac{5}{11}$

7 휘발유 1 L로 $5\dfrac{3}{5}$ km를 가는 자동차에 휘발유가 $1\dfrac{3}{7}$ L 남았을 때, 이 자동차는 몇 km를 갈 수 있나요?

( )

8 다음 도형의 넓이는 몇 cm^2인가요?

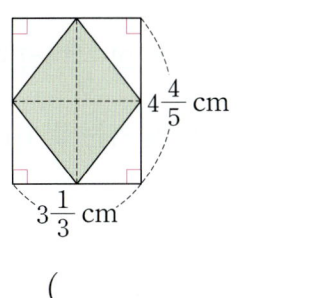

$4\frac{4}{5}$ cm

$3\frac{1}{3}$ cm

(   )

9 □ 안에 들어갈 수 있는 자연수는 모두 몇 개인지 구해 보세요.

$$2\frac{1}{6} \times 2\frac{1}{4} > \square\frac{3}{4}$$

(   )

개념 7 **세 분수의 곱셈**

10 빈칸에 세 분수의 곱을 써넣으세요.

$2\frac{2}{5}$	$1\frac{5}{6}$	5	

11 ㉠, ㉡, ㉢에 알맞은 수의 합을 구해 보세요.

$$\frac{4}{5} \times \frac{5}{7} \times \frac{3}{8} = \frac{\overset{1}{4} \times \overset{1}{5} \times 3}{5 \times 7 \times \underset{1}{8}} = \frac{㉡}{㉢}$$

㉠

(   )

12 계산 결과가 더 큰 것에 색칠하세요.

$$\frac{1}{8} \times 1\frac{3}{5} \times \frac{4}{9}$$ $$\frac{5}{6} \times 1\frac{3}{4} \times 2$$

13 정수네 학교 5학년 학생 수는 전체 학생의 $\frac{2}{9}$입니다. 5학년의 $\frac{3}{7}$은 여학생이고, 그중 $\frac{2}{5}$는 분수의 곱셈을 좋아합니다. 분수의 곱셈을 좋아하는 5학년 여학생은 전체 학생의 얼마인가요?

식 _____

답 _____

14 진혁이 아버지가 타일을 붙인 부분의 넓이는 몇 m^2인가요? (단, 타일 조각은 겹치지 않게 붙였습니다.)

진혁이 아버지

한 변이 $1\frac{1}{3}$ m인 정사각형 모양의 타일을 벽의 $\frac{1}{4}$만큼 붙였어.

(   )

실생활 문제 다잡기

유형 ① (자연수) × (분수)의 활용

수호가 5 m 높이에서 떨어뜨린 공이 땅에 한 번 닿았다가 튀어 오른 높이는 몇 m인가요?

수호

> 떨어뜨린 높이의 $\frac{4}{9}$만큼 튀어 오르는 공이 있어.

핵심 체크

'떨어뜨린 높이의 $\frac{4}{9}$만큼'은 ■ m에서 떨어뜨린 공이 땅에 한 번 닿았다가 튀어 오른 높이가 $\left(■ \times \frac{4}{9}\right)$ m라는 의미입니다.

풀이

1단계 공이 튀어 오르는 높이는 떨어뜨린 높이의 얼마만큼인지 구하기

떨어뜨린 높이의 $\boxed{}$ 만큼 튀어 오릅니다.

2단계 공이 땅에 한 번 닿았다가 튀어 오른 높이 구하기

$\boxed{} \times \boxed{} = \boxed{} = \boxed{}$

따라서 공이 땅에 한 번 닿았다가 튀어 오른 높이는 $\boxed{}$ m입니다.

답 _____

유형 ①-1

넓이가 3 m²인 화단의 $\frac{2}{5}$만큼 꽃을 심었다면 꽃을 심은 부분의 넓이는 몇 m²인가요?

(   )

유형 ①-2

두 대의 농기계로 $3\frac{3}{4}$시간 동안 밭을 갈았을 때, 밭을 간 넓이는 몇 m²인가요?

> 두 농기계로 한 시간에 20 m²의 밭을 갈 수 있어요.

> 오늘은 $3\frac{3}{4}$시간 동안 밭을 갈려고요.

(   )

유형 ② 전체의 얼마인지 구하기

지수는 어제 책 한 권의 $\frac{4}{9}$를 읽고, 오늘은 어제 읽고 난 나머지의 $\frac{6}{7}$을 읽었습니다. 책 한 권이 168쪽일 때, 오늘 읽은 양은 모두 몇 쪽인가요?

어제 책의 $\frac{4}{9}$를 읽고 오늘 나머지의 $\frac{6}{7}$을 읽었어.

지수

핵심 체크

'읽고 난 나머지'는 책 한 권을 1로 보고, 뺄셈을 이용하라는 힌트입니다.

어제 읽고 난 나머지는 책 전체의 $1-\frac{4}{9}$입니다.

오늘 읽은 양은 전체의 $\left(1-\frac{4}{9}\right)\times\frac{6}{7}$입니다.

풀이

1단계 오늘 읽은 양은 책 전체의 얼마인지 구하기

어제 읽고 난 나머지는 책 전체의

$1-\frac{4}{9}=\frac{\boxed{}}{9}$이고, 오늘 읽은 양은

책 전체의 $\dfrac{\boxed{}}{\underset{3}{\cancel{9}}}\times\dfrac{\overset{2}{\cancel{6}}}{7}=\dfrac{\boxed{}}{21}$입니다.

2단계 오늘 읽은 양은 모두 몇 쪽인지 구하기

오늘 읽은 양은 책 전체의 $\dfrac{\boxed{}}{21}$이므로

모두 $\cancel{168}\times\dfrac{\boxed{}}{\cancel{21}}=\boxed{}$ (쪽)입니다.

답 _____

유형 ②-1

미술관 입장객 중 남자는 전체의 $\frac{7}{18}$이고, 입장객 중 여자의 $\frac{1}{3}$은 안경을 썼습니다. 미술관에 입장한 사람 중 안경을 쓴 여자는 전체의 얼마인가요?

(   )

유형 ②-2

송희네 반에서 평영을 할 수 있는 학생은 전체의 얼마인가요?

우리반 학생의 $\frac{1}{5}$은 수영을 못해요.

그렇구나. 수영할 수 있는 학생의 $\frac{5}{8}$는 평영도 할 수 있다면서?

(   )

서술형 대비 문제

1 대표 문제

버스가 일정한 빠르기로 달린다면 1시간 15분 동안 몇 km를 이동할 수 있는지 풀이 과정을 쓰고, 답을 구해 보세요.

이 버스는 한 시간에 76 km를 달리고 있어.

힌트 체크

❶ 1시간 15분 동안

➡ 1시간 15분은 $1\frac{15}{60}$시간

이므로 $1\frac{1}{4}$시간으로 나타낼

수 있습니다.

참고 1시간=60분이므로

■분=$\frac{■}{60}$시간입니다.

풀이

1시간 15분$=1\dfrac{\boxed{}}{60}$시간$=1\dfrac{\boxed{}}{4}$시간

(버스가 1시간 15분 동안 이동할 수 있는 거리)

$=76\times1\dfrac{\boxed{}}{4}=\overset{19}{\cancel{76}}\times\dfrac{\boxed{}}{\underset{1}{\cancel{4}}}=\boxed{}$ (km)

답

1 연습 문제

세연이는 하루에 $2\dfrac{1}{9}$ km를 달립니다. 15일 동안 달렸다면 세연이가 달린 거리는 모두 몇 km인지 풀이 과정을 쓰고, 답을 구해 보세요.

힌트 체크

★ 힌트가 되는 부분에 ◯표 하세요!

풀이

답

❷ 대표 문제

수 카드 9장 중 6장을 골라 한 번씩만 사용하여 3개의 진분수를 만들어 곱할 때 가장 작은 곱은 얼마인지 풀이 과정을 쓰고, 답을 구해 보세요. (단, 분모와 분자에 각각 한 장의 카드만 사용합니다.)

| 1 | 2 | 3 | 4 |

| 5 | 6 | 7 | 8 | 9 |

○ 힌트 체크

❶ 진분수 ➡ 진분수는 분모가 분자보다 큰 분수입니다.

❷ 가장 작은 곱 ➡ 분수의 곱셈에서 분모가 클수록, 분자가 작을수록 계산 결과가 작아집니다.

2 분수의 곱셈

풀이

분모가 클수록, 분자가 작을수록 곱이 (커지므로 , 작아지므로)

분모로 사용할 수 카드는 ☐ , ☐ , ☐ 이고

분자로 사용할 수 카드는 ☐ , ☐ , ☐ 입니다.

따라서 가장 작은 곱은 $\dfrac{1\times\boxed{}\times\boxed{}}{7\times\boxed{}\times\boxed{}}=\dfrac{\boxed{}}{84}$ 입니다.

답 _____

❷ 연습 문제

수 카드 8장 중 6장을 골라 한 번씩만 사용하여 3개의 진분수를 만들어 곱할 때 가장 작은 곱은 얼마인지 풀이 과정을 쓰고, 답을 구해 보세요. (단, 분모와 분자에 각각 한 장의 카드만 사용합니다.)

| 2 | 3 | 4 | 5 | 6 | 7 | 8 | 9 |

○ 힌트 체크

★ 힌트가 되는 부분에 ○표 하세요!

풀이

_____

_____

_____

답 _____

1

값이 나머지와 <u>다른</u> 하나는 어느 것인가요?

( )

① $\frac{4}{7} \times 3$ ② $\frac{3}{7} + \frac{3}{7} + \frac{3}{7}$

③ $\frac{4 \times 3}{7}$ ④ $\frac{4}{7} + \frac{4}{7} + \frac{4}{7}$

⑤ $1\frac{5}{7}$

2

계산 결과를 비교하여 ◯ 안에 >, =, <를 알맞게 써넣으세요.

$$\frac{1}{8} \times 6 \bigcirc \frac{3}{10} \times 5$$

3

빈칸에 알맞은 수를 써넣으세요.

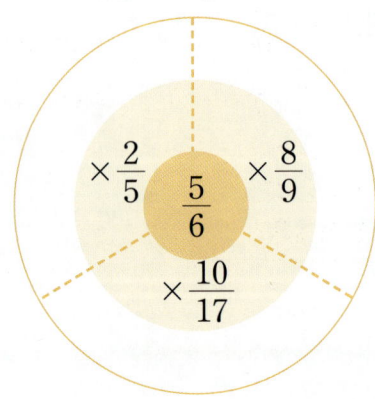

4

한 명에게 호두파이 한 개의 $\frac{1}{6}$씩 나누어 주려고 합니다. 42명에게 나누어 주려면 호두파이는 몇 개 필요한가요?

식

답

5

보기 와 같이 계산해 보세요.

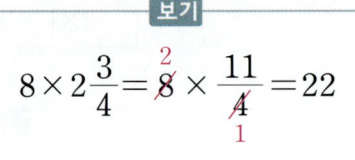

$$8 \times 2\frac{3}{4} = \overset{2}{8} \times \frac{11}{\underset{1}{4}} = 22$$

$10 \times 3\frac{3}{5}$

6 시험에 꼭!

가장 큰 수와 가장 작은 수의 곱을 구해 보세요.

| 8 | $7\frac{1}{12}$ | $9\frac{2}{3}$ | 6 |

( )

7

한 변이 1 m인 정사각형 모양의 종이를 아래처럼 가로는 똑같이 다섯으로, 세로는 똑같이 여섯으로 나누었습니다. 물음에 답하세요.

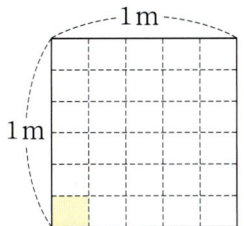

(1) 나누어진 한 칸의 가로와 세로를 분수로 나타내면 각각 몇 m인가요?

가로 (   )

세로 (   )

(2) 나누어진 한 칸의 넓이는 몇 m²인가요?

(   )

8

<u>잘못</u> 계산한 것을 찾아 기호를 써 보세요.

$$ⓐ\ 2\frac{1}{7} \times 14 = \frac{15}{7} \times \overset{2}{\cancel{14}} = 30$$

$$ⓑ\ 4\frac{1}{2} \times 7 = \frac{9}{2} \times 7 = \frac{9 \times 7}{2 \times 7}$$

$$= \frac{63}{14} = 4\frac{\overset{1}{\cancel{7}}}{\cancel{14}} = 4\frac{1}{2}$$

(   )

9

정사각형의 둘레는 몇 cm인지 구해 보세요.

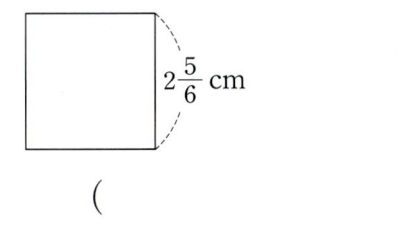

(   )

10

색칠한 부분의 길이는 몇 m인지 구해 보세요.

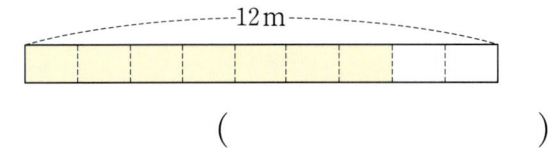

(   )

11

새나가 할인 기간에 입장권 2장을 사기 위해 내야 하는 돈은 얼마인가요?

네. 그런데 지금 할인 기간이라 입장료의 $\frac{3}{5}$만큼만 내면 돼요.

박물관 입장료가 3500원이에요?

새나

(   )

12

바르게 말한 친구의 이름을 써 보세요.

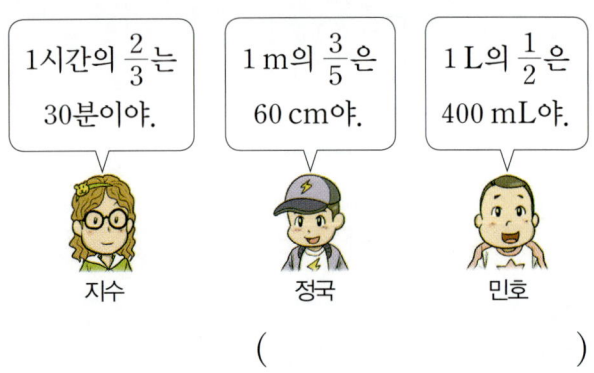

1시간의 $\frac{2}{3}$ 는 30분이야. 지수

1 m의 $\frac{3}{5}$ 은 60 cm야. 정국

1 L의 $\frac{1}{2}$ 은 400 mL야. 민호

(   )

13 시험에 꼭!

정표가 먹을 수 있는 밤고구마의 양은 몇 kg 인가요?

고구마가 $5\frac{4}{9}$ kg 있는데 그중 $\frac{3}{7}$ 이 밤고구마구나.

밤고구마의 $\frac{1}{4}$ 을 제가 먹어도 되나요?

정표

(   )

14

계산 결과가 6보다 큰 식에 ○표, 6보다 작은 식에 △표 하세요.

$$6 \times 2\frac{1}{5} \qquad 6 \times \frac{4}{7} \qquad 6 \times \frac{2}{9}$$

$$6 \times 1 \qquad 6 \times 1\frac{3}{8}$$

15

정사각형 ㉮와 직사각형 ㉯가 있습니다. ㉮와 ㉯ 중 어느 것이 더 넓은가요?

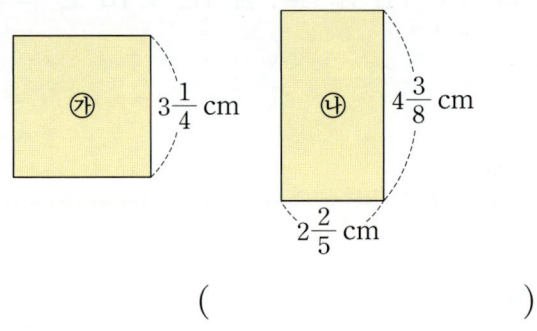

㉮ $3\frac{1}{4}$ cm

㉯ $4\frac{3}{8}$ cm $2\frac{2}{5}$ cm

(   )

16

□ 안에 들어갈 수 있는 자연수는 모두 몇 개인 지 구해 보세요.

$$\frac{1}{60} < \frac{1}{9} \times \frac{1}{\square} < \frac{1}{30}$$

(   )

17

$7\frac{1}{5}$ m 높이에서 공을 떨어뜨렸을 때 공이 두 번째로 튀어 오른 높이는 몇 m인가요?

이 공은 떨어진 높이의 $\frac{1}{4}$만큼 튀어 올라.

그럼 $7\frac{1}{5}$ m 높이에서 떨어뜨려 보자.

(   )

18 도전해 얍!

연정이네 집에는 하루에 $4\frac{2}{5}$분씩 느려지는 시계가 있습니다. 10일 후 오전 9시에 이 시계가 가리키는 시각은 오전 몇 시 몇 분인지 구해 보세요. (단, 이 시계를 오늘 오전 9시에 정확하게 맞추어 놓았습니다.)

우리집 시계가 고장 나서 하루에 $4\frac{2}{5}$분씩 느려지고 있어.

연정

(   )

서술형 문제

19

㉠과 ㉡을 계산한 값의 차는 얼마인지 풀이 과정을 쓰고, 답을 구해 보세요.

$$㉠\ 8\frac{1}{4}\times9\frac{1}{3} \qquad ㉡\ 6\times\frac{3}{14}$$

풀이

답

20

나래는 분수의 곱셈을 하는 데 어려움을 겪고 있습니다. 다음 계산에서 잘못된 부분을 찾아 바르게 계산하고, 잘못 계산한 이유를 써 보세요.

나래의 계산

$$6\frac{\overset{1}{\cancel{3}}}{4}\times1\frac{7}{\underset{3}{\cancel{9}}}=\frac{25}{\underset{2}{\cancel{4}}}\times\frac{\overset{5}{\cancel{10}}}{3}=\frac{125}{6}=20\frac{5}{6}$$

바른 계산 $6\frac{3}{4}\times1\frac{7}{9}$

이유

② 분수의 곱셈

[1~42] 계산하여 기약분수로 나타내 보세요.

1 $\dfrac{4}{9} \times 30$

2 $\dfrac{5}{13} \times 26$

3 $\dfrac{4}{35} \times 14$

4 $\dfrac{7}{45} \times 20$

5 $\dfrac{5}{21} \times 30$

6 $2\dfrac{7}{60} \times 50$

7 $1\dfrac{5}{21} \times 14$

8 $1\dfrac{3}{25} \times 15$

9 $2\dfrac{7}{18} \times 12$

10 $1\dfrac{5}{38} \times 19$

11 $20 \times \dfrac{4}{35}$

12 $9 \times \dfrac{2}{27}$

13 $23 \times \dfrac{5}{26}$

14 $10 \times \dfrac{4}{75}$

15 $26 \times \dfrac{3}{80}$

16 $5 \times 2\dfrac{3}{70}$

17 $3 \times 2\dfrac{3}{15}$

18 $11 \times 2\dfrac{3}{77}$

19 $12 \times 3\dfrac{5}{72}$

20 $16 \times 2\dfrac{25}{48}$

21 $19 \times 1\dfrac{7}{38}$

▶ 정답 21쪽

22 $\dfrac{1}{6} \times \dfrac{1}{7}$

23 $\dfrac{1}{4} \times \dfrac{1}{9}$

24 $\dfrac{4}{17} \times \dfrac{5}{6}$

25 $\dfrac{7}{20} \times \dfrac{8}{9}$

26 $\dfrac{9}{22} \times \dfrac{2}{15}$

27 $\dfrac{7}{25} \times \dfrac{10}{21}$

28 $\dfrac{14}{27} \times \dfrac{9}{16}$

29 $2\dfrac{1}{12} \times 1\dfrac{4}{5}$

30 $1\dfrac{3}{13} \times 2\dfrac{1}{4}$

31 $1\dfrac{1}{14} \times 2\dfrac{3}{5}$

32 $1\dfrac{5}{16} \times 2\dfrac{4}{7}$

33 $2\dfrac{5}{17} \times 1\dfrac{8}{9}$

34 $1\dfrac{7}{19} \times 2\dfrac{3}{8}$

35 $1\dfrac{1}{3} \times 1\dfrac{1}{6}$

36 $\dfrac{1}{2} \times \dfrac{1}{5} \times \dfrac{1}{9}$

37 $\dfrac{2}{3} \times \dfrac{1}{7} \times \dfrac{3}{5}$

38 $\dfrac{5}{8} \times \dfrac{2}{5} \times \dfrac{9}{10}$

39 $\dfrac{4}{21} \times \dfrac{7}{9} \times \dfrac{3}{8}$

40 $\dfrac{3}{4} \times \dfrac{1}{3} \times \dfrac{1}{7}$

41 $\dfrac{3}{5} \times 10 \times \dfrac{3}{4}$

42 $\dfrac{1}{12} \times 3\dfrac{2}{3} \times \dfrac{4}{11}$

합동과 대칭

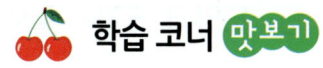

⭐ **합동**: 모양과 크기가 같아서 포개었을 때 완전히 겹치는 두 도형

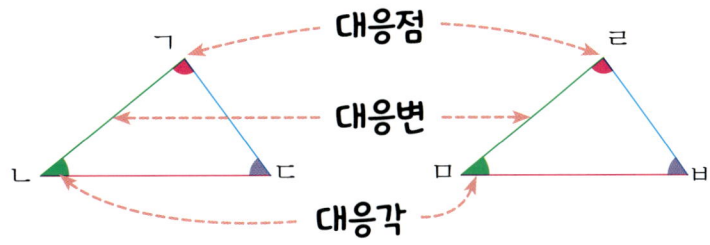

⭐ **선대칭도형**: 한 직선을 따라 접었을 때 완전히 겹치는 도형.
이 직선을 대칭축이라고 해요.

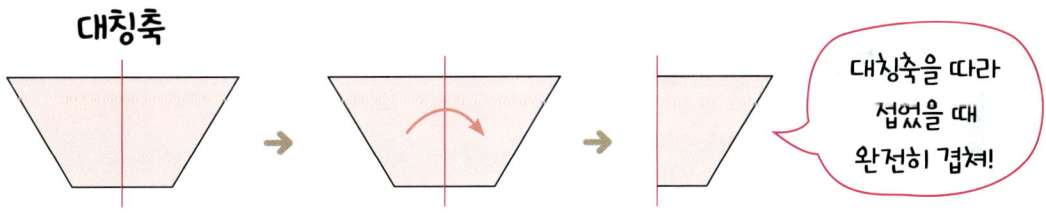

대칭축을 따라
접었을 때
완전히 겹쳐!

⭐ **점대칭도형**: 한 도형을 어떤 점을 중심으로 180° 돌렸을 때
처음 도형과 완전히 겹치는 도형. 이 점을 대칭의 중심이라고 해요.

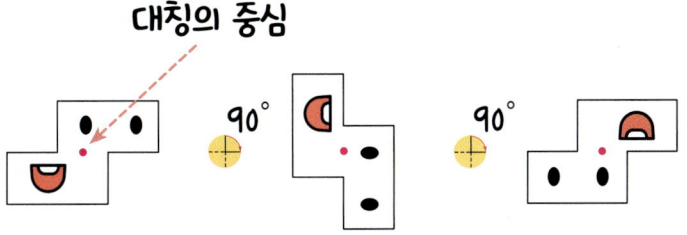

대칭의 중심

교과서 개념 학습

개념 1 도형의 합동

⭐ **합동**: 모양과 크기가 같아서 포개었을 때 완전히 겹치는 두 도형

> 예 종이 2장을 포개어 놓고 도형을 오려서 나온 두 도형의 모양과 크기는 같습니다.

돌리거나 뒤집어서 겹치는 도형은 모두 합동이에요!

합동

[1~4] 주어진 도형과 서로 합동인 도형을 찾아 ◯표 하세요.

1
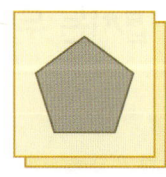

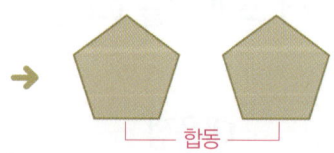

(   ) (   ) (   )

두 도형의 모양이 같아도 크기가 다르면 서로 합동이 아닙니다.

3
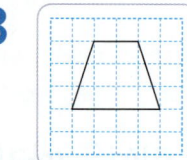

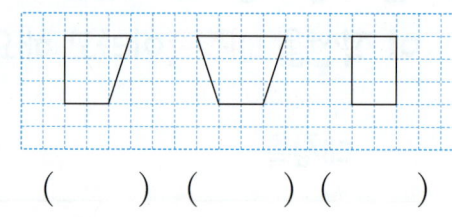

(   ) (   ) (   )

2
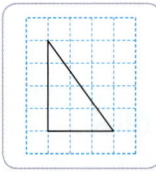

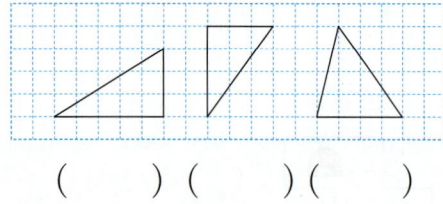

(   ) (   ) (   )

4
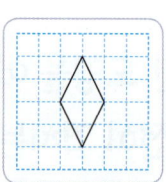

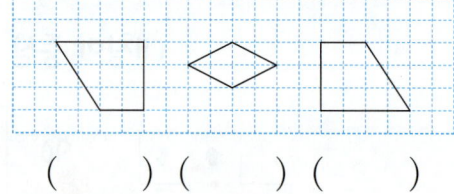

(   ) (   ) (   )

▶ 정답 22쪽

[5~7] 도형을 보고 물음에 답하세요.

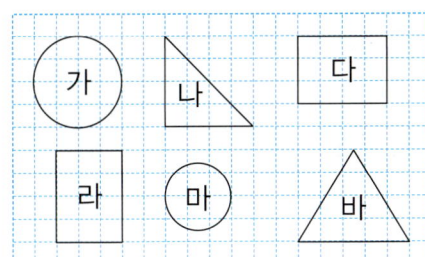

5 오른쪽 도형과 포개었을 때 완전히 겹치는 도형을 찾아 기호를 써 보세요.

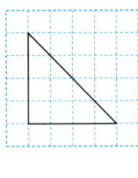

(   )

6 ☐ 안에 알맞은 말을 써넣으세요.

> 위의 **5**와 같이 모양과 크기가 같아서 포개었을 때 완전히 겹치는 두 도형을 서로 ☐ (이)라고 합니다.

7 합동인 두 도형을 찾아 기호를 써 보세요.

(   )

[8~9] 주어진 도형과 서로 합동인 도형을 그리려고 합니다. 나머지 부분을 완성해 보세요.

8

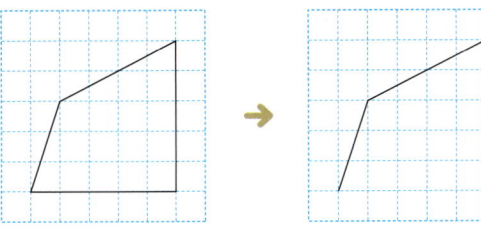

9

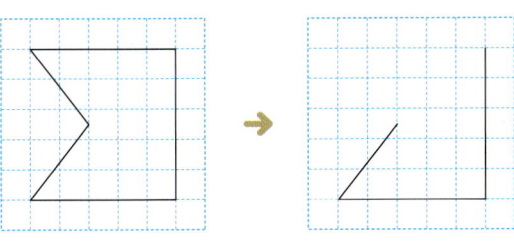

[10~12] 직사각형 모양의 종이를 점선을 따라 잘랐을 때 잘린 두 도형이 서로 합동이면 ◯표, 서로 합동이 아니면 ✕표 하세요.

10
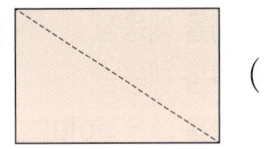
(   )

11
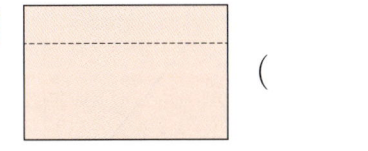
(   )

12
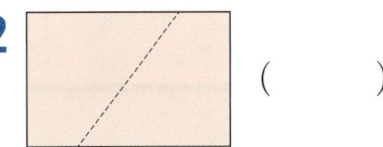
(   )

13 삼각형 모양의 종이를 점선을 따라 잘랐을 때 만들어진 두 도형이 서로 합동이 되는 점선을 찾아보세요.

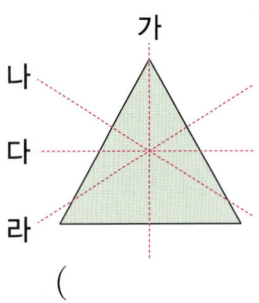

(   )

14  개념 체크

☐ 안에 알맞은 말을 써넣으세요.

> ☐ 과 ☐ 가 같아서 포개었을 때 완전히 겹치는 두 도형을 서로 합동이라고 합니다.

개념 2 합동인 도형의 성질

⭐ **대응점, 대응변, 대응각 알아보기**

서로 합동인 두 도형을 완전히 겹치도록
포개었을 때 겹치는 점을 대응점,
겹치는 변을 대응변,
겹치는 각을 대응각이라고 합니다.

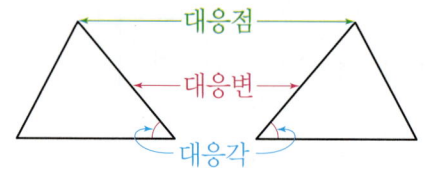

⭐ **서로 합동인 도형의 성질**

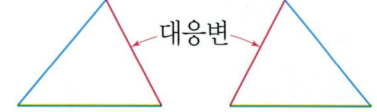

➡ 각각의 대응변의 길이가 서로
같습니다.

➡ 각각의 대응각의 크기가 서로
같습니다.

[1~2] 두 도형은 서로 합동입니다. ☐ 안에
알맞게 써넣으세요.

1

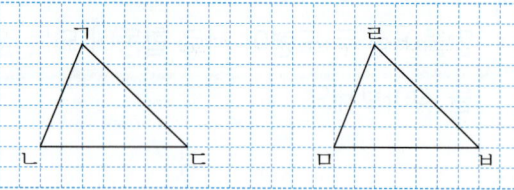

(1) 점 ㄱ의 대응점은 점 ☐ 입니다.

(2) 변 ㄴㄷ의 대응변은 변 ☐ 입니다.

(3) 각 ㄷㄱㄴ의 대응각은 각 ☐ 입니다.

2

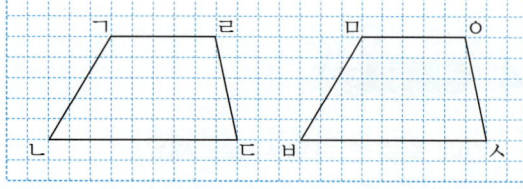

(1) 점 ㄹ의 대응점은 점 ☐ 입니다.

(2) 변 ㄷㄹ의 대응변은 변 ☐ 입니다.

(3) 각 ㄱㄹㄷ의 대응각은 각 ☐ 입니다.

[3~4] 두 도형은 서로 합동입니다. ☐ 안에
알맞은 것을 써넣으세요.

3

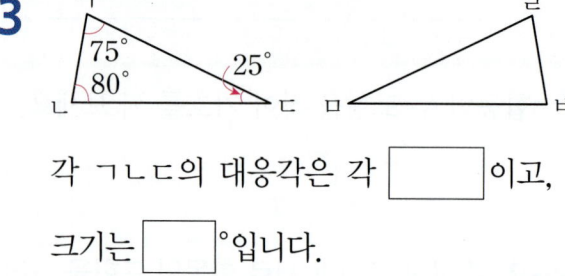

각 ㄱㄴㄷ의 대응각은 각 ☐ 이고,

크기는 ☐° 입니다.

4

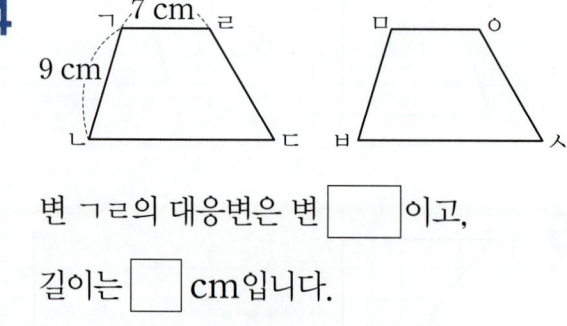

변 ㄱㄹ의 대응변은 변 ☐ 이고,

길이는 ☐ cm입니다.

[5~12] 두 도형은 서로 합동입니다. ☐ 안에 알맞은 수를 써넣으세요.

5
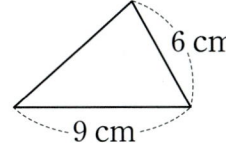
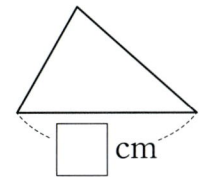

6
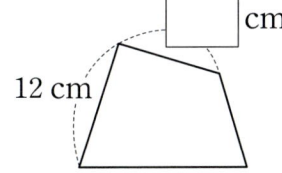
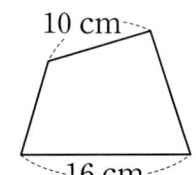

7
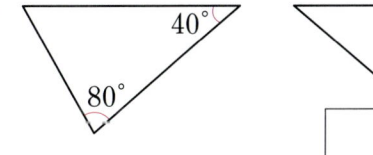

8
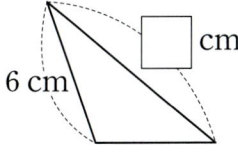

9
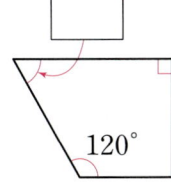
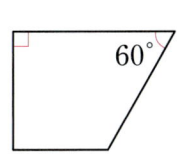

10
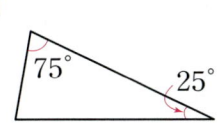
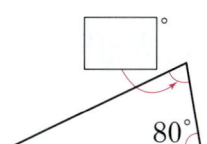

11
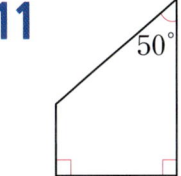
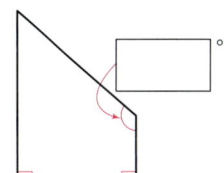

12
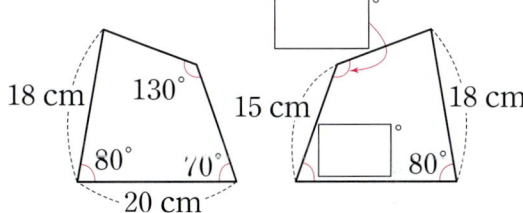

13 개념 체크

알맞은 말에 ◯표 하세요.

(1) (대응각 , 대응변)은 서로 합동인 두 도형을 포개었을 때 완전히 겹치는 변을 말합니다.

(2) 서로 합동인 두 도형에서 직각이 대응각의 크기는 서로 (같습니다 , 다릅니다).

개념 1 도형의 합동

1 포개었을 때 완전히 겹치는 삼각형을 바르게 그린 사람은 누구인가요?

영서: 내가 그린 두 삼각형은 색깔과 크기가 같아.

재훈: 내가 그린 두 삼각형은 모양과 크기가 같아.

( )

2 오른쪽과 같이 종이 두 장을 포개어 놓고 도형을 오렸을 때 두 도형의 모양과 크기가 똑같습니다. 이러한 두 도형의 관계를 무엇이라고 하는지 써 보세요.

( )

3 주어진 도형과 서로 합동인 도형을 그려 보세요.

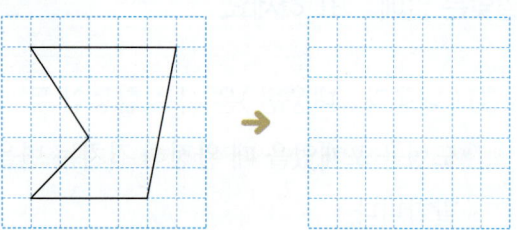

4 직사각형을 세 조각으로 잘라서 서로 합동인 도형 3개로 만들어 보세요.

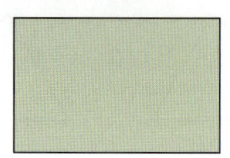

5 현수네 집의 욕실에서 깨진 타일을 새 타일로 바꾸어 붙이려고 합니다. 세 타일 중에서 바꾸어 붙일 수 있는 타일을 찾아 기호를 써 보세요.

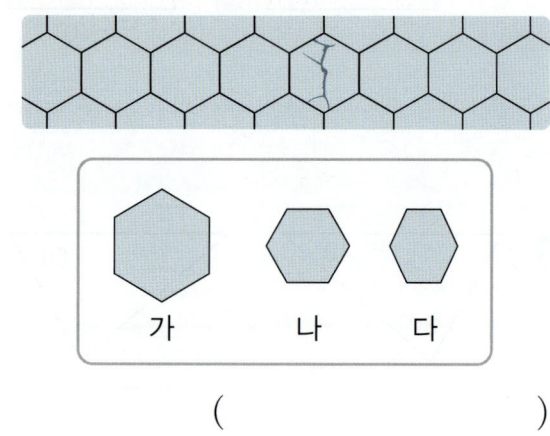

가   나   다

( )

개념 2 합동인 도형의 성질

6 서로 합동인 두 도형을 포개었을 때 변 ㄴㄷ과 완전히 겹치는 변을 찾아 써 보세요.

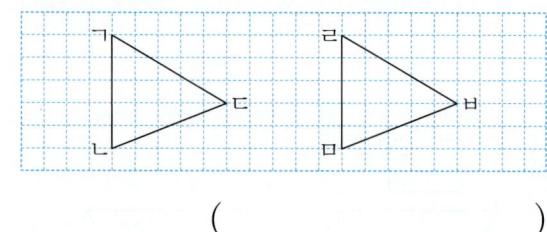

( )

7 두 도형은 서로 합동입니다. 대응점, 대응변, 대응각이 각각 몇 쌍 있는지 써 보세요.

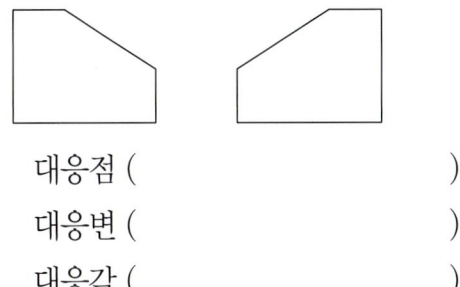

대응점 (   )

대응변 (   )

대응각 (   )

8 삼각형 ㄱㄴㄷ과 삼각형 ㄹㄷㄴ은 합동입니다. 각 ㄴㄷㄱ의 대응각을 찾아 써 보세요.

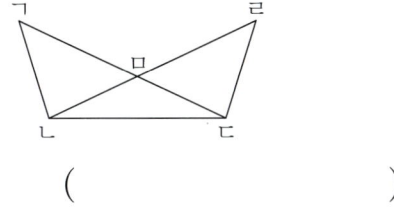

(   )

[9~10] 두 사각형은 서로 합동입니다. 물음에 답하세요.

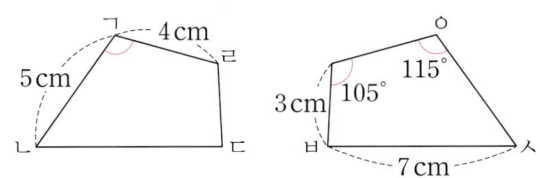

9 변 ㄹㄷ은 몇 cm인가요?

(   )

10 각 ㄴㄱㄹ은 몇 도인가요?

(   )

11 두 삼각형은 서로 합동입니다. 삼각형 ㄱㄴㄷ의 둘레는 몇 cm인가요?

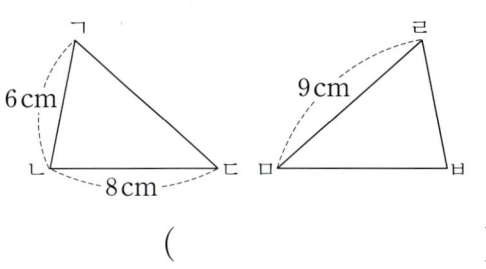

(   )

12 두 사각형은 서로 합동입니다. 직사각형 ㅁㅂㅅㅇ의 넓이는 몇 cm^2인가요?

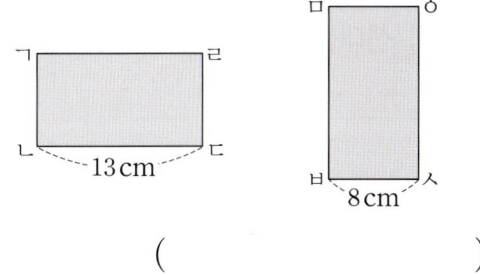

(   )

13 두 삼각형은 서로 합동입니다. 각 ㄹㅁㅂ은 몇 도인가요?

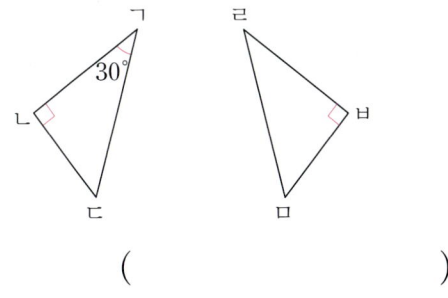

(   )

3

합동과 대칭

개념 3 선대칭도형 알아보기

✪ **선대칭도형**: 한 직선을 따라 접어서 완전히 겹치는 도형

↳ 대칭축

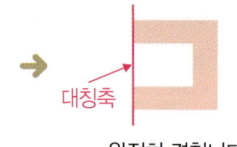 →  →

도형을 한 직선을 따라 접습니다.　　　완전히 겹칩니다.　　　도형을 다시 펼쳐봅니다.

✪ 선대칭도형에서 대칭축을 따라 접었을 때
겹치는 점을 **대응점**,
겹치는 변을 **대응변**,
겹치는 각을 **대응각**이라고 합니다.

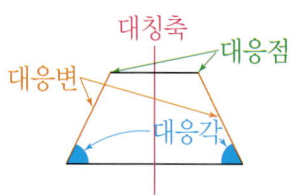

대칭축
대응점
대응변
대응각

> **참고** 선대칭도형을 대칭축을 따라 접었을 때 완전히 겹치므로 대칭축으로 나누어진 두 도형은 서로 합동입니다.

[1~6] 선대칭도형이면 ◯표, 선대칭도형이 아니면 ✕ 표 하세요.

1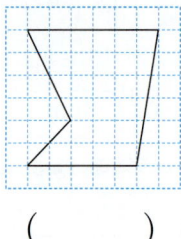
(　　　)

2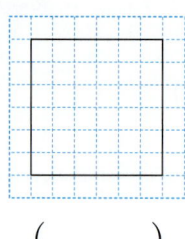
(　　　)

3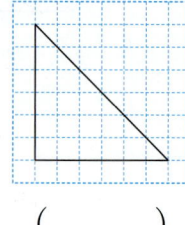
(　　　)

4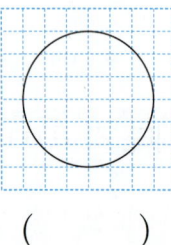
(　　　)

5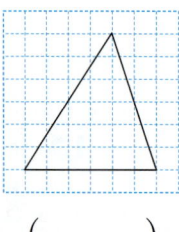
(　　　)

6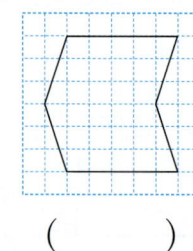
(　　　)

[7~12] 선대칭도형의 대칭축을 모두 그어 보세요.

7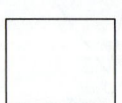

8

9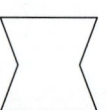

10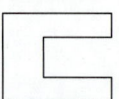

11

12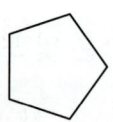

[13~16] 선대칭도형을 보고 □ 안에 알맞은 말을 써넣으세요.

13

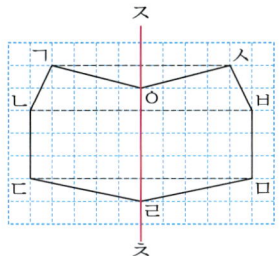

(1) 점 ㄱ의 대응점은 점 □ 입니다.

(2) 변 ㄴㄷ의 대응변은 변 □ 입니다.

(3) 각 ㄷㄴㄱ의 대응각은 각 □ 입니다.

14

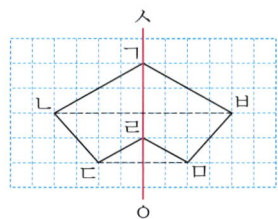

(1) 점 ㄴ의 대응점은 점 □ 입니다.

(2) 변 ㄷㄹ의 대응변은 변 □ 입니다.

(3) 각 ㄱㄴㄷ의 대응각은 각 □ 입니다.

15

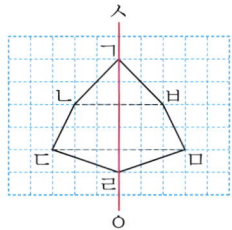

(1) 점 ㅂ의 대응점은 점 □ 입니다.

(2) 변 ㄹㅁ의 대응변은 변 □ 입니다.

(3) 각 ㄹㅁㅂ의 대응각은 각 □ 입니다.

16

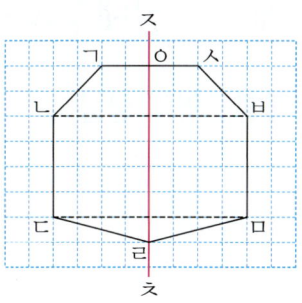

(1) 점 ㅅ의 대응점은 점 □ 입니다.

(2) 변 ㅅㅂ의 대응변은 변 □ 입니다.

(3) 각 ㅅㅂㅁ의 대응각은 각 □ 입니다.

17 오른쪽 그림은 직선 ㅅㅇ을 대칭축으로 하는 선대칭도형입니다. 표를 완성해 보세요.

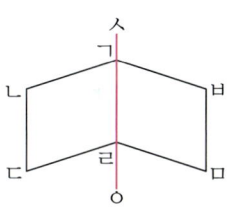

대응점	
점 ㄴ	
점 ㄷ	
대응변	
변 ㄱㄴ	
변 ㄴㄷ	
변 ㄷㄹ	
대응각	
각 ㄱㄴㄷ	
각 ㄴㄷㄹ	
각 ㄷㄹㄱ	

18 개념 체크

□ 안에 알맞은 말을 써넣으세요.

> □ 은 한 직선을 따라 접어서 완전히 겹치는 도형입니다.

개념 4 선대칭도형의 성질 알고 그리기

✪ 선대칭도형의 성질

- 각각의 대응변의 길이가 서로 같습니다. 예 (변 ㄱㄴ)=(변 ㅅㅂ)
- 각각의 대응각의 크기가 서로 같습니다. 예 (각 ㄴㄷㄹ)=(변 ㅂㅁㄹ)
- 대응점끼리 이은 선분은 대칭축과 수직으로 만납니다.
- 각각의 대응점에서 대칭축까지의 거리가 서로 같습니다.

예 (선분 ㄴㅌ)=(선분 ㅂㅌ)

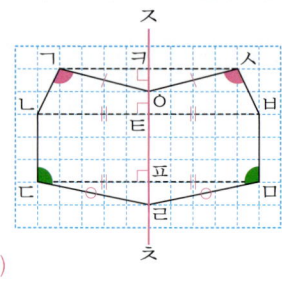

✪ 선대칭도형 그리기

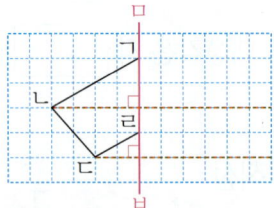

① 각 점에서 대칭축에 수선을 긋습니다.

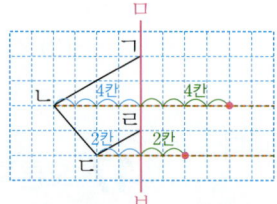

② 각 점에서 대칭축까지의 거리가 같도록 각 점의 대응점을 찾아 표시합니다.

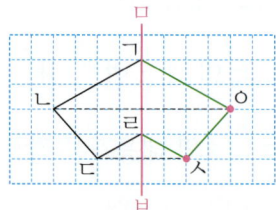

③ 각 대응점들을 차례로 이어 선대칭도형을 완성합니다.

핵심 완성한 도형을 대칭축을 따라 접었을 때 도형이 완전히 겹쳐지면 선대칭도형입니다.

[1~4] 선대칭도형을 보고 ☐ 안에 알맞은 말을 써넣으세요.

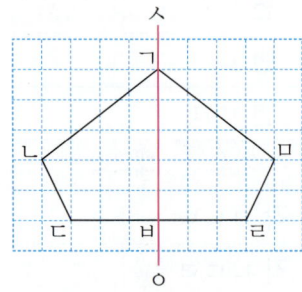

1 변 ㄱㄴ과 길이가 같은 변은 변 ☐ 입니다.

2 각 ㄴㄷㅂ과 크기가 같은 각은 각 ☐ 입니다.

3 선분 ㄷㅂ과 길이가 같은 선분은 선분 ☐ 입니다.

4 선분 ㄴㅁ은 대칭축과 ☐ 으로 만납니다.

[5~7] 선대칭도형을 완성하려고 합니다. 물음에 답하세요.

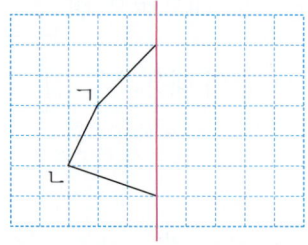

5 점 ㄱ의 대응점을 찾아 점 ㄹ로 표시해 보세요.

6 점 ㄴ의 대응점을 찾아 점 ㄷ으로 표시해 보세요.

7 표시한 대응점을 차례로 이어 선대칭도형을 완성해 보세요.

정답 24쪽

[8~12] 직선 ㄱㄴ을 대칭축으로 하는 선대칭도형입니다. □ 안에 알맞은 수를 써넣으세요.

8

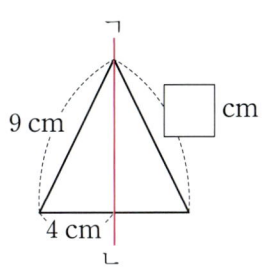

9 cm
□ cm
4 cm

9

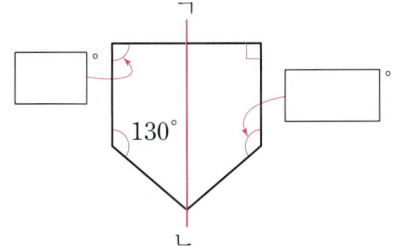

□°
130°
□°

10

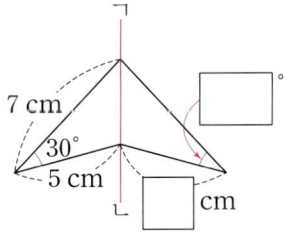

7 cm
□°
30°
5 cm
□ cm

11

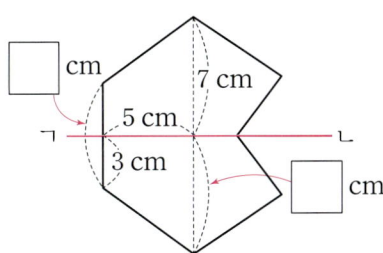

□ cm
7 cm
5 cm
3 cm
□ cm

12

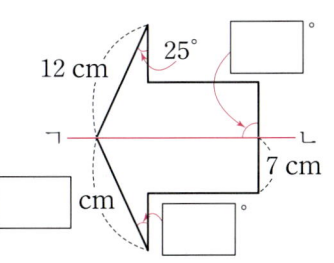

25°
12 cm
□°
7 cm
□ cm

[13~15] 직선 ㄱㄴ을 대칭축으로 하는 선대칭도형을 완성해 보세요.

13

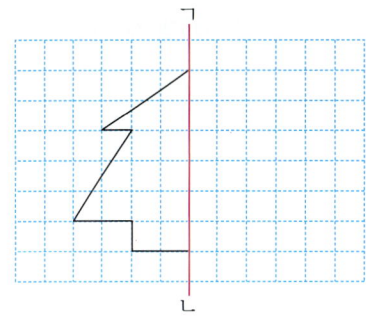

14

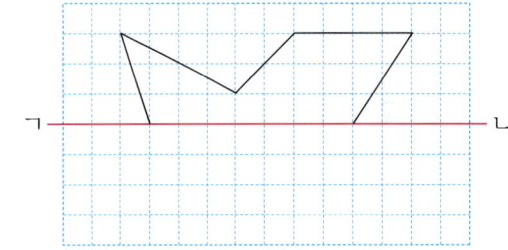

15

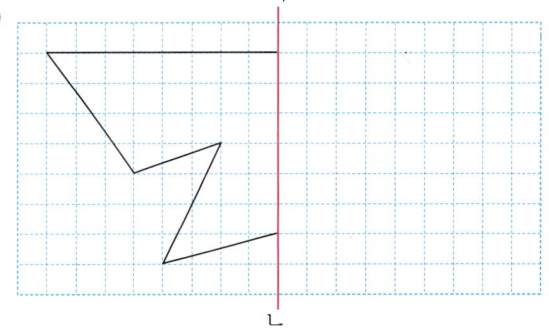

16  개념 체크

알맞은 말에 ◯표 하세요.

선대칭도형에서 각각의 대응변의 길이와 각각의 대응각의 크기는 서로 (같습니다 , 다릅니다).

개념 5 점대칭도형 알아보기

✪ **점대칭도형**: 한 도형을 어떤 점을 중심으로 180° 돌렸을 때 처음 도형과 완전히 겹치는 도형. 이때 이 점을 **대칭의 중심**이라고 합니다.

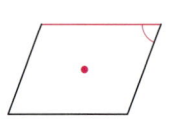 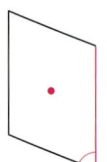 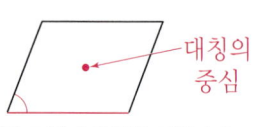

처음 도형과 완전히 겹칩니다.

 대칭의 중심은 도형의 한가운데에 있고 1개예요!

✪ 점대칭도형에서 대칭의 중심을 중심으로 180° 돌렸을 때
겹치는 점을 **대응점**,
겹치는 변을 **대응변**,
겹치는 각을 **대응각**이라고 합니다.

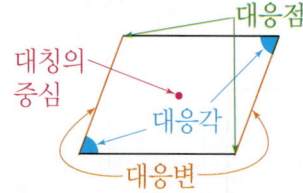

참고 선대칭도형에서 대칭축은 여러 개일 수 있지만, 점대칭도형에서 대칭의 중심은 항상 1개입니다.

[1~6] 점대칭도형이면 ◯표, 점대칭도형이 아니면 ✕표 하세요.

1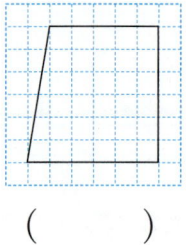
( )

2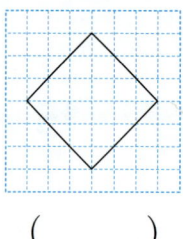
( )

3
( )

4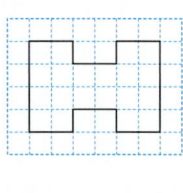
( )

5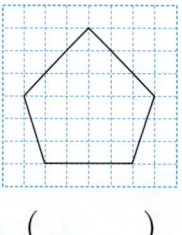
( )

6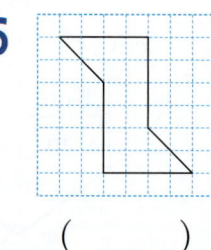
( )

[7~9] 점대칭도형에서 대칭의 중심을 찾아 표시해 보세요.

7

8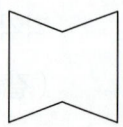

9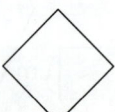

[10~13] 점대칭도형을 보고 □ 안에 알맞은 말을 써넣으세요.

10
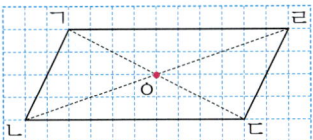

(1) 점 ㄴ의 대응점은 점 ☐ 입니다.

(2) 변 ㄷㄹ의 대응변은 변 ☐ 입니다.

(3) 각 ㄱㄴㄷ의 대응각은 각 ☐ 입니다.

11
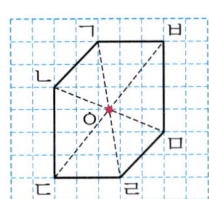

(1) 점 ㄱ의 대응점은 점 ☐ 입니다.

(2) 변 ㄴㄷ의 대응변은 변 ☐ 입니다.

(3) 각 ㄷㄴㄱ의 대응각은 각 ☐ 입니다.

12
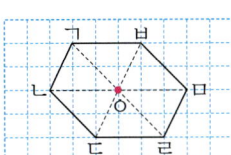

(1) 점 ㅂ의 대응점은 점 ☐ 입니다.

(2) 변 ㄹㅁ의 대응변은 변 ☐ 입니다.

(3) 각 ㄹㅁㅂ의 대응각은 각 ☐ 입니다.

13
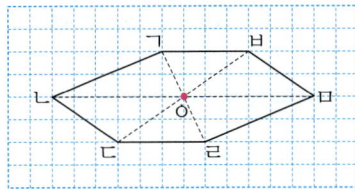

(1) 점 ㄷ의 대응점은 점 ☐ 입니다.

(2) 변 ㅁㅂ의 대응변은 변 ☐ 입니다.

(3) 각 ㄷㄹㅁ의 대응각은 각 ☐ 입니다.

14 점 ㅇ을 대칭의 중심으로 하는 점대칭도형입니다. 표를 완성해 보세요.

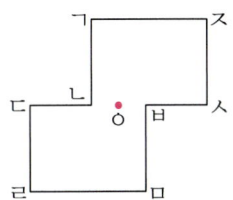

대응점	
점 ㄱ	
점 ㄷ	
점 ㄹ	
대응변	
변 ㄱㄴ	
변 ㄴㄷ	
변 ㄹㅁ	
대응각	
각 ㄴㄱㅈ	
각 ㄴㄷㄹ	
각 ㄷㄹㅁ	

15 개념 체크

□ 안에 알맞은 말을 써넣으세요.

☐ 은 어떤 점을 중심으로 180° 돌렸을 때 처음 도형과 완전히 겹칩니다.

개념 6   **점대칭도형의 성질 알고 그리기**

✪ 점대칭도형의 성질

- 각각의 대응변의 길이가 서로 같습니다. 예 (변 ㄱㄴ)=(변 ㄷㄹ)
- 각각의 대응각의 크기가 서로 같습니다. 예 (각 ㄱㄴㄷ)=(변 ㄷㄹㄱ)
- 대칭의 중심은 대응점끼리 이은 선분을 둘로 똑같이 나눕니다.
- 각각의 대응점에서 대칭의 중심까지의 거리가 서로 같습니다. 예 (선분 ㄴㅇ)=(선분 ㄹㅇ)

✪ 점대칭도형 그리기

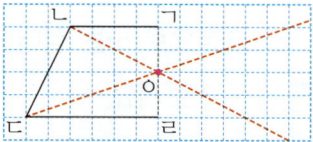 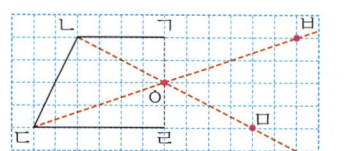 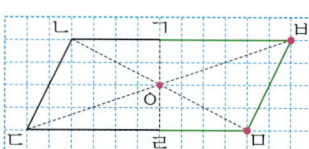

① 각 점에서 대칭의 중심을 지나는 직선을 긋습니다.

② 각 점에서 대칭의 중심까지의 거리가 같은 대응점을 찾아 표시합니다.

③ 대응점들을 차례로 이어 점대칭도형을 완성합니다.

핵심 점대칭도형에서 대응점끼리 이은 선분은 반드시 대칭의 중심을 지납니다.

[1~3] 점대칭도형을 보고 ☐ 안에 알맞은 말을 써넣으세요.

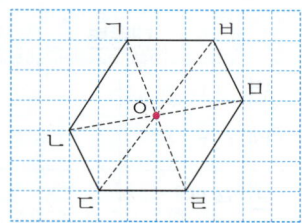

1 변 ㄴㄷ과 길이가 같은 변은 변 ☐ 입니다.

2 각 ㄷㄴㄱ과 크기가 같은 각은 각 ☐ 입니다.

3 대칭의 중심은 ☐ 끼리 이은 선분을 둘로 똑같이 나누므로 각각의 ☐ 에서 대칭의 중심까지의 거리는 서로 같습니다.

[4~6] 점대칭도형을 완성하려고 합니다. 물음에 답하세요.

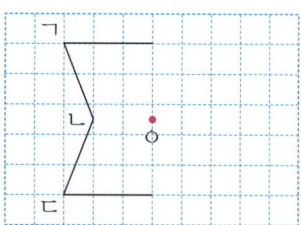

4 점 ㄴ의 대응점을 찾아 점 ㅁ으로 표시해 보세요.

5 점 ㄷ의 대응점을 찾아 점 ㅂ으로 표시해 보세요.

6 대응점을 차례로 이어 점대칭도형을 완성해 보세요.

▶ 정답 24~25쪽

[7~11] 점 ㅇ을 대칭의 중심으로 하는 점대칭 도형입니다. ☐ 안에 알맞은 수를 써넣으세요.

7

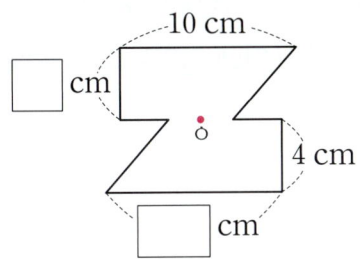

8

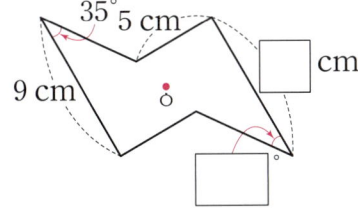

9

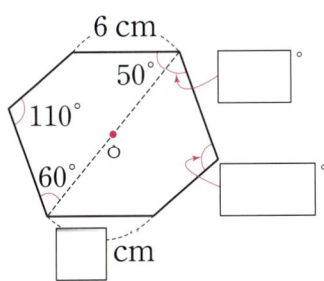

10

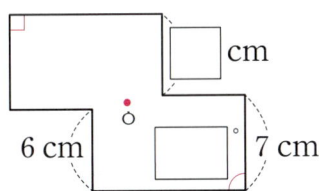

11

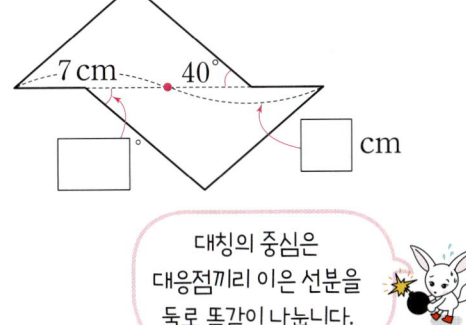

> 대칭의 중심은 대응점끼리 이은 선분을 둘로 똑같이 나눕니다.

[12~15] 점 ㅇ을 대칭의 중심으로 하는 점대칭도형을 완성해 보세요.

12

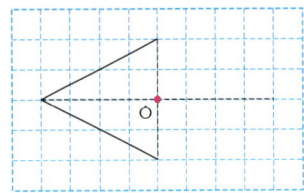

13

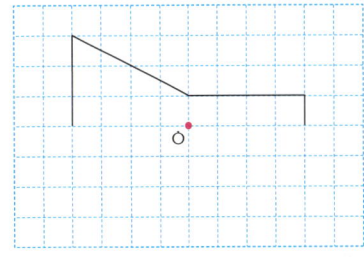

14

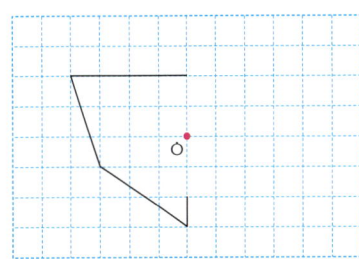

15

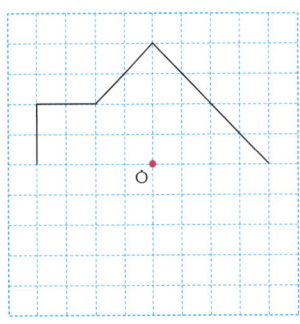

16 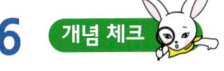 개념 체크

알맞은 말에 ◯표 하세요.

> 점대칭도형에서 각각의 대응변의 길이와 각각의 대응각의 크기는 서로 (같습니다 , 다릅니다).

  개념 유형 익히기

개념 3 선대칭도형 알아보기

1 한 직선을 따라 접어서 완전히 겹치는 도형에 ○표 하세요.

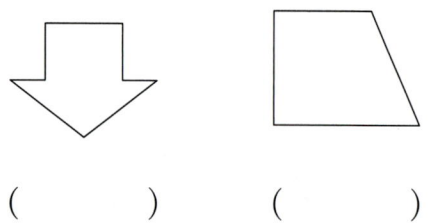

(   )   (   )

2 선대칭도형에서 대칭축에 해당하는 것은 모두 몇 개인지 써 보세요.

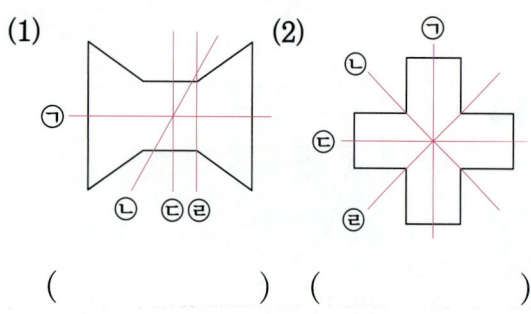

(   ) (   )

3 다음 도형은 선대칭도형입니다. 대칭축을 모두 그려 보세요.

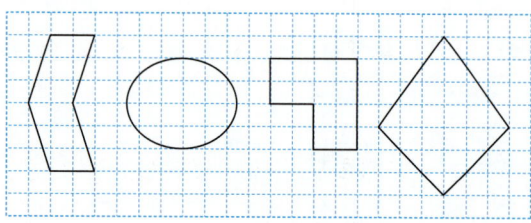

4 선대칭도형인 알파벳을 모두 찾아 써 보세요.

F H M N

(   )

개념 4 선대칭도형의 성질 알고 그리기

5 직선 ㄱㄴ을 대칭축으로 하는 선대칭도형입니다. ☐ 안에 알맞은 수를 써넣으세요.

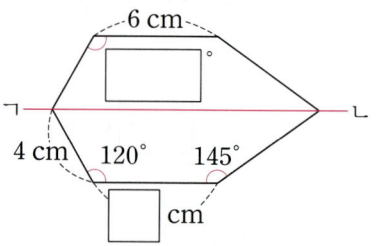

[6~7] 직선 ㅁㅂ을 대칭축으로 하는 선대칭도형입니다. 물음에 답하세요.

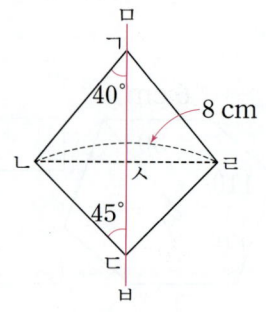

6 선분 ㄴㅅ은 몇 cm인가요?

(   )

7 각 ㄱㄹㄷ은 몇 도인가요?

(   )

8 선분 ㅅㅇ을 대칭축으로 하는 오른쪽 선대칭도형의 둘레는 몇 cm인가요?

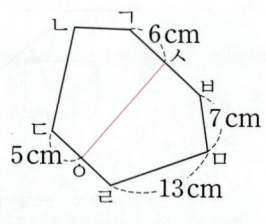

(   )

▶ 정답 25쪽

개념 5 점대칭도형 알아보기

9 도형을 어떤 점을 중심으로 180° 돌렸을 때 처음 도형과 완전히 겹치게 만드는 점을 찾아 점 ㅇ으로 표시해 보세요.

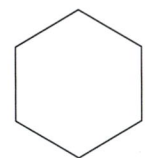

10 위 **9**에서 표시한 점 ㅇ을 무엇이라고 하나요?

( )

11 점대칭도형이 <u>아닌</u> 것을 고르세요.

( )

① ② ③

④ ⑤

12 다음 도형은 점대칭도형입니다. 대칭의 중심을 찾아 표시해 보세요.

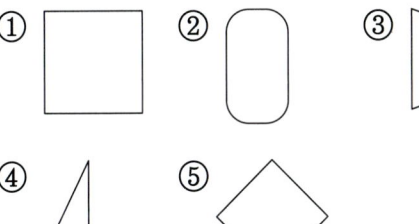

13 점대칭도형인 알파벳을 모두 찾아 써 보세요.

( )

개념 6 점대칭도형의 성질 알고 그리기

14 점 ㅇ을 대칭의 중심으로 하는 점대칭도형 입니다. ☐ 안에 알맞은 수를 써넣으세요.

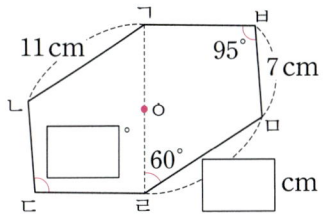

15 점 ㅇ을 대칭의 중심으로 하는 점대칭도형 입니다. 선분 ㄴㅁ은 몇 cm인가요?

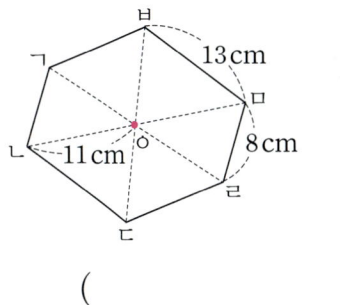

( )

16 점 ㅇ을 대칭의 중심으로 하는 점대칭도형 입니다. 각 ㄴㄹㄷ은 몇 도인가요?

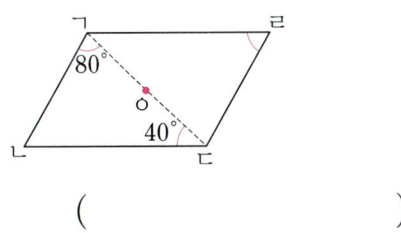

( )

17 점 ㅇ을 대칭의 중심으로 하여 점대칭도형을 완성했을 때 완성한 점대칭도형의 넓이는 몇 cm^{2}인가요?

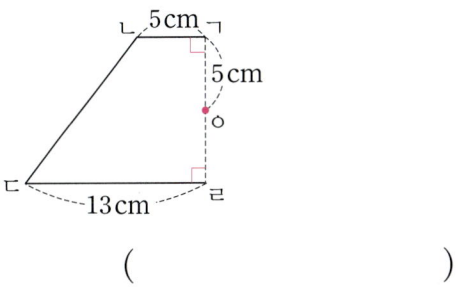

( )

유형 ① 접은 직사각형의 넓이 구하기

직사각형 모양의 종이를 삼각형 ㄱㄴㅂ과 삼각형 ㅁㄹㅂ이 서로 합동이 되도록 접었습니다. 직사각형 ㄱㄴㄷㄹ의 넓이는 몇 cm^2인가요?

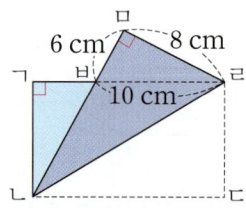

핵심 체크

서로 합동인 두 도형에서 각각의 대응변의 길이는 같음을 이용합니다.

풀이

1단계 변 ㄱㄴ과 변 ㄱㄹ의 길이 구하기

삼각형 ㄱㄴㅂ과 삼각형 [   ]이 서로 합동이므로

(변 ㄱㄴ)=(변 ㅁㄹ)=[   ] cm,

(변 ㄱㅂ)=(변 ㅁㅂ)=[   ] cm,

(변 ㄱㄹ)=(변 ㄱㅂ)+(변 ㅂㄹ)

　　　　 =[   ]+10=[   ] (cm)

2단계 직사각형의 넓이 구하기

(직사각형 ㄱㄴㄷㄹ의 넓이)

=[   ]×[   ]=[   ] (cm^2)

답 _____

유형 ①-1

직사각형 모양의 종이를 삼각형 ㄴㅁㅂ과 삼각형 ㄹㄷㅂ이 서로 합동이 되도록 접었습니다. 직사각형 ㄱㄴㄷㄹ의 넓이는 몇 cm^2인가요?

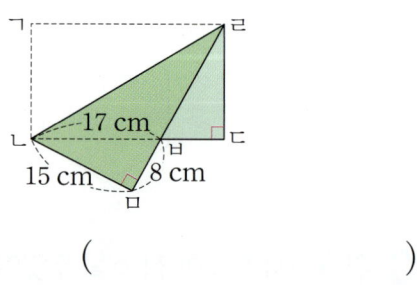

(　　　　　　　　　　)

유형 ①-2

그림과 같이 직사각형 모양의 종이를 접었습니다. 직사각형 ㄱㄴㄷㄹ의 넓이는 몇 cm^2인가요?

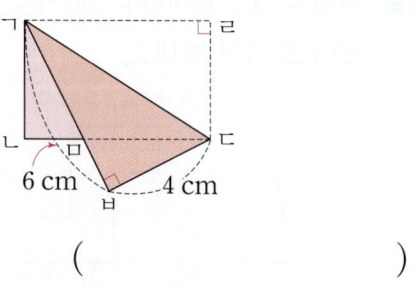

(　　　　　　　　　　)

유형 2 점대칭도형(선대칭도형)이 되는 수

1221은 점대칭이 되는 네 자리 수입니다. 수 카드의 숫자를 사용하여 **1221**보다 크고 점대칭이 되는 네 자리 수를 만들려고 합니다. 만들 수 있는 네 자리 수는 모두 몇 개인지 구해 보세요. (단, 같은 숫자를 여러 번 사용할 수 있습니다.)

핵심 체크

어떤 점을 중심으로 180° 돌렸을 때 처음 도형과 완전히 겹쳐지면 점대칭도형입니다.

풀이

1단계 점대칭인 숫자 모두 찾기

주어진 수 카드의 숫자 중에서 한 점을 중심으로 180° 돌려도 같은 숫자를 나타내는 것은 □, □, □입니다.

2단계 점대칭이 되는 네 자리 수 찾기

수 카드로 만들 수 있는 점대칭이 되는 네 자리 수는 1▲▲1, 2▲▲2, 8▲▲8입니다. 따라서 1221보다 큰 네 자리 수는

1□□1, 2□□2, 2□□2,
2□□2, 8□□8, 8□□8,
8□□8이므로 만들 수 있는 네 자리 수는 모두 □개입니다.

답 _____

유형 2-1

8558은 점대칭이 되는 네 자리 수입니다. 수 카드의 숫자를 사용하여 **8558**보다 작고 점대칭이 되는 네 자리 수를 만들려고 합니다. 만들 수 있는 네 자리 수는 모두 몇 개인지 구해 보세요. (단, 같은 숫자를 여러 번 사용할 수 있습니다.)

(   )

유형 2-2

수 카드 중에서 선대칭도형인 숫자들을 한 번씩만 사용하여 만들 수 있는 가장 작은 네 자리 수를 구해 보세요.

(   )

서술형 대비 문제

1 대표 문제

삼각형 ㄱㄴㄷ과 삼각형 ㄹㄷㄴ은 서로 합동입니다. 각 ㄱㄷㄴ의 크기는 몇 도인지 풀이 과정을 쓰고, 답을 구해 보세요.

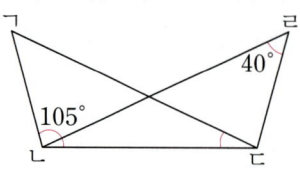

힌트 체크

❶ 서로 합동입니다.
➡ 합동인 삼각형은 각각의 대응각의 크기가 같습니다.

❷ 삼각형에서 세 각의 크기의 합은 180°입니다.

풀이

합동인 도형은 [ ]의 크기가 같으므로

(각 ㄴㄱㄷ)=(각 [ ])=[ ]°

삼각형 ㄱㄴㄷ에서 세 각의 크기의 합은 [ ]°이므로

(각 ㄱㄷㄴ)=180°−105°−[ ]°=[ ]°입니다.

답 ....

1 연습 문제

삼각형 ㄱㄴㄷ과 삼각형 ㄷㄹㅁ은 서로 합동입니다. 각 ㄱㄷㅁ의 크기는 몇 도인지 풀이 과정을 쓰고, 답을 구해 보세요.

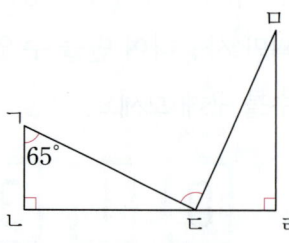

힌트 체크

★ 힌트가 되는 부분에 ○표 하세요!

풀이

....

....

....

답 ....

▶ 정답 27쪽

서술형~

② 대표 문제

점 ㅇ을 대칭의 중심으로 하는 점대칭도형의 둘레가 36 cm입니다.
변 ㄱㄴ은 몇 cm인지 풀이 과정을 쓰고, 답을 구해 보세요.

○ 힌트 체크

❶ 변 ㄱㄴ은 몇 cm인지
➡ 변 ㄱㄴ과 변 ㄹㅁ은 대응변
입니다. 전체 도형의 둘레에서
주어진 길이를 빼서 변 ㄱㄴ과
변 ㄹㅁ의 길이의 합을 구해
봅니다.

3
합동과 대칭

풀이

점대칭도형에서 [ ]의 길이가 같으므로

(변 ㄱㅂ)=(변 [ ])=[ ] cm,

(변 ㄴㄷ)=(변 [ ])=[ ] cm,

(변 ㄱㄴ)+(변 ㄹㅁ)=[ ]−8−8−6−6=[ ] (cm)

➡ (변 ㄱㄴ)=(변 ㄹㅁ)=[ ]÷2=[ ] (cm)

답 _____

② 연습 문제

점 ㅇ을 대칭의 중심으로 하는 점대칭도형의 둘레가 36 cm입니다.
변 ㄴㄷ은 몇 cm인지 풀이 과정을 쓰고, 답을 구해 보세요.

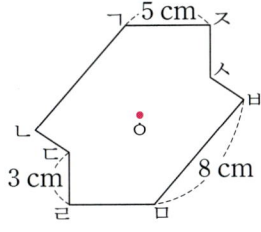

○ 힌트 체크

★ 힌트가 되는 부분에 ○표
하세요!

풀이

답 _____

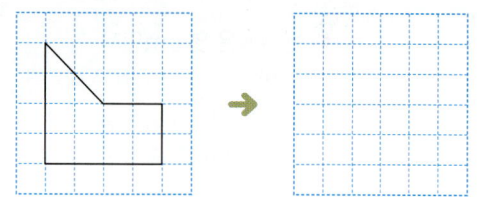

1

주어진 도형과 서로 합동인 도형을 그려 보세요.

[2~3] 두 사각형은 서로 합동입니다. 물음에 답해 보세요.

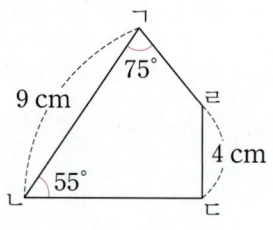 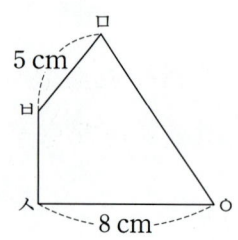

2

변 ㄴㄷ의 대응변을 써 보세요.

( )

3

각 ㅁㅇㅅ은 몇 도인가요?

( )

4

두 삼각형은 서로 합동입니다. □ 안에 알맞은 수를 써넣으세요.

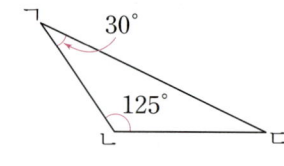 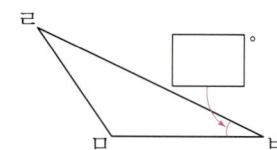

5

우리나라와 다른 나라에서 사용하고 있는 표지판입니다. 모양이 서로 합동인 표지판을 모두 찾아 기호를 써 보세요. (단, 표지판의 색깔과 안의 그림은 생각하지 않습니다.)

가   나   다   라

마   바   사   아

( )

▶ 정답 28쪽

6

다음 중 선대칭도형이 <u>아닌</u> 것을 고르세요.

(   )

①    ② 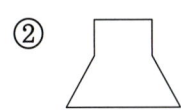   ③

④    ⑤

7 시험에 꼭!

다음 도형은 점대칭도형입니다. 대칭의 중심을 찾아 표시해 보세요.

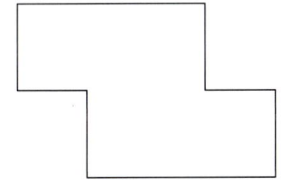

8

점대칭도형을 모두 고르세요. (   )

①    ② 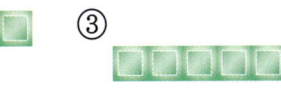   ③

④ 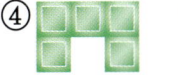   ⑤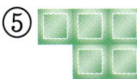

9

직선 ㅅㅇ을 대칭축으로 하는 선대칭도형입니다. 각 ㄴㄷㄹ의 대응각을 써 보세요.

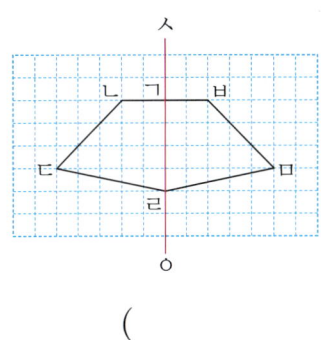

(   )

10

점 ㅇ을 중심으로 180° 돌렸을 때 처음 도형과 완전히 겹치는 도형을 찾아 ○표 하세요.

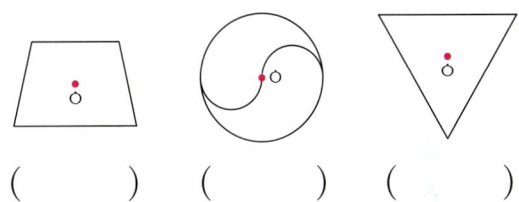

(   )   (   )   (   )

11 시험에 꼭!

삼각형 ㄱㄴㄷ과 삼각형 ㄹㄷㄴ은 서로 합동입니다. 삼각형 ㄱㄴㄷ의 둘레가 31 cm일 때 변 ㄴㄷ은 몇 cm인가요?

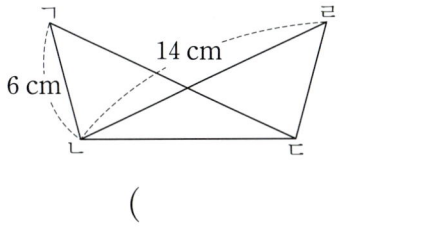

(   )

3 합동과 대칭

12

선분 ㅈㅊ을 대칭축으로 하는 선대칭도형입니다.
선분 ㄷㅁ은 몇 cm인가요?

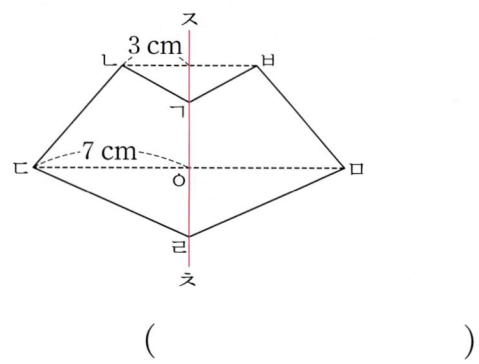

( )

13

직선 ㄱㄴ을 대칭축으로 하는 선대칭도형을 완성
했을 때 완성한 선대칭도형의 둘레는 몇 cm인
지 구해 보세요.

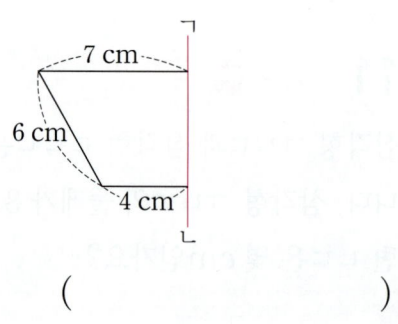

( )

14 시험에 꼭!

직선 ㅅㅇ을 대칭축으로 하는 선대칭도형입니다.
☐ 안에 알맞은 수를 써넣으세요.

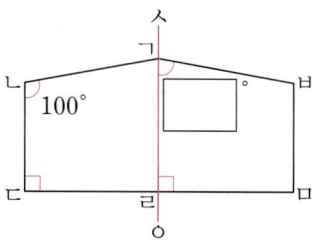

15

점 ㅇ을 대칭의 중심으로 하는 점대칭도형입니다.
☐ 안에 알맞은 수를 써넣으세요.

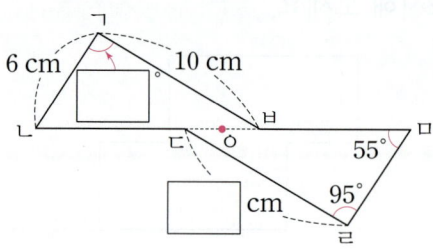

16

점 ㅇ을 대칭의 중심으로 하는 점대칭도형입니다.
선분 ㄴㅁ의 길이가 12 cm일 때 선분 ㄴㅇ은 몇
cm인가요?

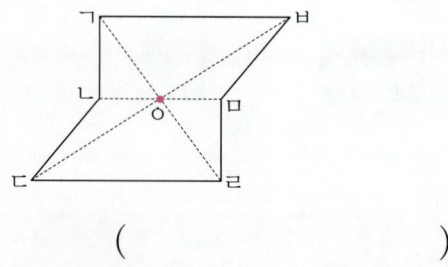

( )

17 도전해 앱!

그림과 같은 사각형 모양의 땅이 있습니다. 사각형 ㄱㄴㄷㄹ의 둘레에 울타리를 치려고 합니다. 울타리를 몇 m 쳐야 하는지 구해 보세요. (단, 삼각형 ㄱㄴㅁ과 삼각형 ㄹㅁㄷ은 서로 합동입니다.)

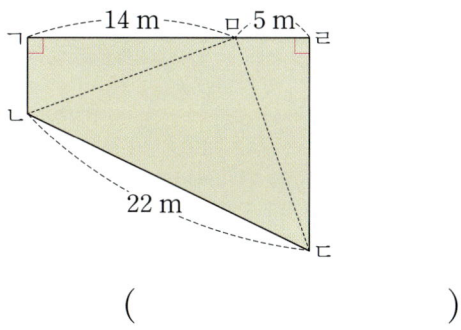

( )

18

점 ㅇ을 대칭의 중심으로 하는 점대칭도형입니다. 각 ㄱㅇㄴ은 몇 도인가요?

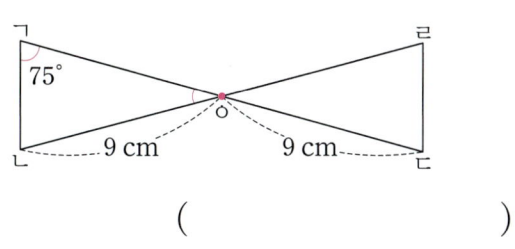

( )

서술형 문제

19

두 도형이 서로 합동인지 아닌지 쓰고, 그 이유를 써 보세요.

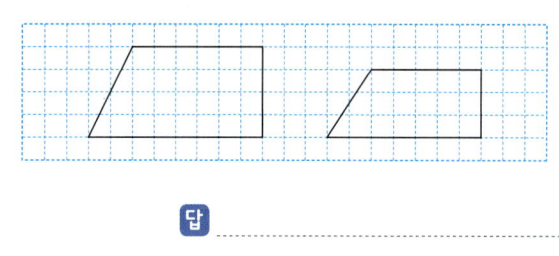

답 _____

이유

_____

_____

_____

20

선대칭도형도 되고 점대칭도형도 되는 수는 모두 몇 개인지 풀이 과정을 쓰고, 답을 구해 보세요.

0 1 3 5 8

풀이

_____

_____

_____

답 _____

4 단원

소수의 곱셈

정민이가 강아지와 산책을 하고 있네.

매일 1.1 km씩 산책을 한대.

그럼 일주일 동안 몇 km를 산책한거야?

일주일은 7일이니까 1.1×7로 계산할 수 있지!

⭐ **소수의 곱셈: 자연수의 곱셈으로 계산하고 소수점을 찍어요!**

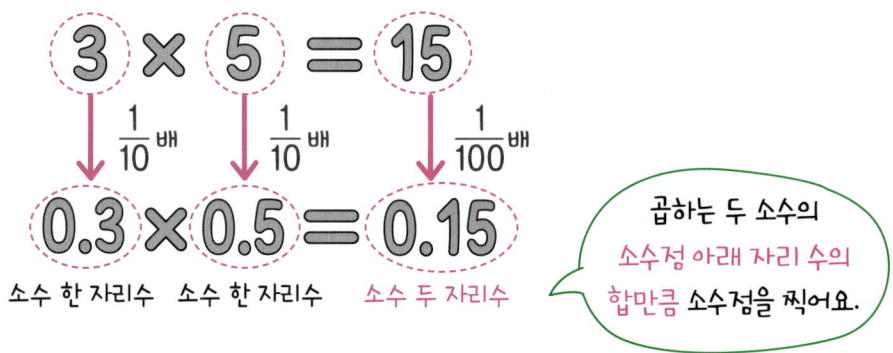

$$3 \times 5 = 15$$

$\frac{1}{10}$배 ↓ $\frac{1}{10}$배 ↓ $\frac{1}{100}$배 ↓

$$0.3 \times 0.5 = 0.15$$

소수 한 자리수   소수 한 자리수   소수 두 자리수

> 곱하는 두 소수의
> 소수점 아래 자리 수의
> 합만큼 소수점을 찍어요.

⭐ **소수에 10, 100, 1000을 곱하기**

$$6.23 \times \begin{cases} 10 & = 62.3 \\ 100 & = 623. \\ 1000 & = 6230. \end{cases}$$

> 곱하는 수의 0의 수만큼
> 소수점을 오른쪽으로
> 한 자리씩 옮겨요!

⭐ **자연수에 0.1, 0.01, 0.001을 곱하기**

$$623 \times \begin{cases} 0.1 & = 62.3 \\ 0.01 & = 6.23 \\ 0.001 & = 6.230 \end{cases}$$

> 곱하는 소수의 소수점 아래
> 자리 수만큼 소수점을 왼쪽
> 으로 한 자리씩 옮겨요!

개념 1 **(소수) × (자연수)**

⭐ **0.4 × 3의 계산**

방법 1 수직선으로 알아보기

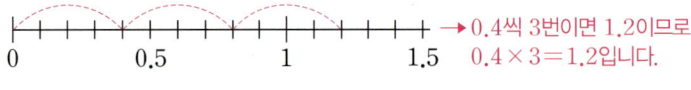

→ 0.4씩 3번이면 1.2이므로
0.4 × 3 = 1.2입니다.

$$0.4 \times 3 = 0.4 + 0.4 + 0.4 = 1.2$$

0.1이 모두 12개이므로
0.4 × 3 = 1.2와 같이
계산할 수도 있어요!

방법 2 분수의 곱셈을 이용하여 계산하기

$$0.4 \times 3 = \frac{4}{10} \times 3 = \frac{4 \times 3}{10} = \frac{12}{10} = 1.2$$

방법 3 자연수의 곱셈을 이용하여 계산하기

$$4 \times 3 = 12$$
$\downarrow \frac{1}{10}$배 $\qquad \downarrow \frac{1}{10}$배
$$0.4 \times 3 = 1.2$$

$$\begin{array}{r} 4 \\ \times\ \ 3 \\ \hline 1\ 2 \end{array} \quad \rightarrow \quad \begin{array}{r} 0.4 \\ \times\ \ 3 \\ \hline 1.2 \end{array}$$

핵심 곱해지는 수가 $\frac{1}{10}$배, $\frac{1}{100}$배가 되면, 계산 결과도 $\frac{1}{10}$배, $\frac{1}{100}$배가 됩니다.

---

1 7.3 × 4를 여러 가지 방법으로 계산하려고 합니다. ☐ 안에 알맞은 수를 써넣으세요.

방법 1 소수의 덧셈으로 계산하기

$$7.3 \times 4 = 7.3 + \boxed{} + \boxed{} + \boxed{}$$
$$= \boxed{}$$

방법 2 분수의 곱셈을 이용하여 계산하기

$$7.3 \times 4 = \frac{73}{\boxed{}} \times 4 = \frac{73 \times \boxed{}}{\boxed{}}$$
$$= \boxed{} = \boxed{}$$

방법 3 자연수의 곱셈을 이용하여 계산하기

$$73 \times 4 = \boxed{}$$
$\downarrow \frac{1}{10}$배 $\qquad \downarrow \frac{1}{10}$배
$$7.3 \times 4 = \boxed{}$$

$$\begin{array}{r} 7\ 3 \\ \times\ \ 4 \\ \hline \boxed{} \end{array} \quad \rightarrow \quad \begin{array}{r} 7.3 \\ \times\ \ 4 \\ \hline \boxed{} \end{array}$$

소수 한 자리 수는
분모가 10인 분수로
고쳐서 계산할 수 있어요.

▶ 정답 30쪽

[2~5] ☐ 안에 알맞은 수를 써넣으세요.

[11~14] 빈칸에 알맞은 수를 써넣으세요.

2
```
    0 . 2
×       3
─────────
  ☐ . ☐
```

3
```
    0 . 6   1
×           5
─────────────
  ☐ . ☐ ☐
```

11
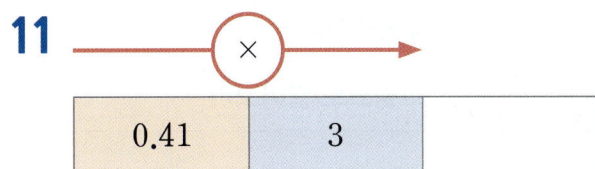

| 0.41 | 3 | |

4
```
    9 . 2
×       4
─────────
 ☐ ☐ . 8
```

5
```
    5 . 3
×     1 2
─────────
  ☐ ☐   6
  ☐     3
 ☐ ☐ .
```

12
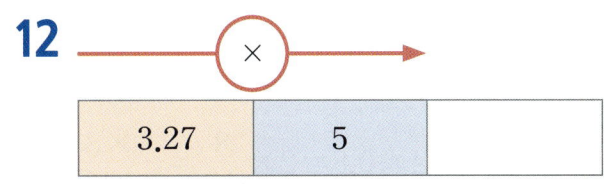

| 3.27 | 5 | |

[6~10] 계산해 보세요.

6 0.8×5

곱의 결과에서 소수점 아래 마지막 0은 생략하여 나타낼 수 있어.

13
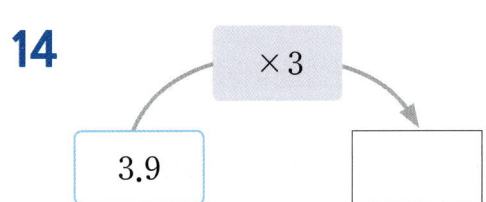

×6

0.54 → ☐

7 0.42×6

8 0.39×15

14

×3

3.9 → ☐

9 1.47×2

15  개념 체크

☐ 안에 알맞은 말 또는 수를 써넣으세요.

(소수)×(자연수)는 소수를 ☐ 로 고친 후 분수와 자연수의 곱셈으로 계산할 수 있습니다. 이때 소수 한 자리 수는 분모가 ☐ 인 분수로 나타냅니다.

10 2.98×14

4
소수의 곱셈

개념 2 (자연수)×(소수)

⭐ **2×0.8의 계산**

방법1 그림으로 알아보기

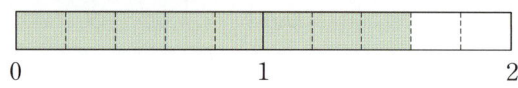

8칸의 크기는 2의 0.8, 즉 2의 $\frac{8}{10}$이므로 $\frac{16}{10}$이 되어 1.6입니다.

→ $2 \times 0.8 = 1.6$

> 자연수에 1보다 작은 소수를 곱하면 계산 결과는 처음 수보다 작아집니다.

방법2 분수의 곱셈을 이용하여 계산하기

$2 \times 0.8 = 2 \times \dfrac{8}{10} = \dfrac{2 \times 8}{10} = \dfrac{16}{10} = 1.6$

방법3 자연수의 곱셈을 이용하여 계산하기 → 곱하는 수가 $\frac{1}{10}$배, $\frac{1}{100}$배가 되면 계산 결과도 $\frac{1}{10}$배, $\frac{1}{100}$배가 됩니다.

$$2 \times \quad 8 \quad = \quad 16$$
$$\downarrow \tfrac{1}{10}배 \qquad \downarrow \tfrac{1}{10}배$$
$$2 \times \quad 0.8 = 1.6$$

$$\begin{array}{r} 2 \\ \times \quad 8 \\ \hline 1\ 6 \end{array} \quad \rightarrow \quad \begin{array}{r} 2 \\ \times \quad 0.8 \\ \hline 1.6 \end{array}$$

---

1 5×1.6을 두 가지 방법으로 계산하려고 합니다. ☐ 안에 알맞은 수를 써넣으세요.

방법1 분수의 곱셈을 이용하여 계산하기

$5 \times 1.6 = 5 \times \dfrac{16}{\boxed{}} = \dfrac{5 \times \boxed{}}{\boxed{}}$

$= \boxed{} = \boxed{}$

방법2 자연수의 곱셈을 이용하여 계산하기

$5 \times 16 = \boxed{}$

$\downarrow \tfrac{1}{10}배 \qquad \downarrow \boxed{}배$

$5 \times 1.6 = \boxed{}$

2 4×0.63을 두 가지 방법으로 계산하려고 합니다. ☐ 안에 알맞은 수를 써넣으세요.

방법1 분수의 곱셈을 이용하여 계산하기

$4 \times 0.63 = 4 \times \dfrac{63}{\boxed{}} = \dfrac{4 \times \boxed{}}{\boxed{}}$

$= \boxed{} = \boxed{}$

방법2 자연수의 곱셈을 이용하여 계산하기

$4 \times 63 = 252$

$\downarrow \tfrac{1}{100}배 \qquad \downarrow \boxed{}배$

$4 \times 0.63 = \boxed{}$

▶ 정답 30쪽

[3~6] ☐ 안에 알맞은 수를 써넣으세요.

3
```
      1 1
×   0 . 2
─────────
  ☐ . 2
```

4
```
        2 1
×     0 . 6 9
───────────
    ☐ ☐   9
    ☐ ☐   6
  ☐ ☐ . ☐ 9
```

5
```
          7
×     3 . 4
─────────
      ☐   8
    ☐ ☐
  ☐ ☐ . 8
```

6
```
        2 6
×       8 . 8
───────────
    ☐ ☐   8
    ☐ ☐
  ☐ ☐ ☐ . 8
```

[7~11] 계산해 보세요.

7 15×0.5

8 6×0.34

9 8×0.47

10 5×8.3

11 9×3.25

[12~15] 빈칸에 알맞은 수를 써넣으세요.

12
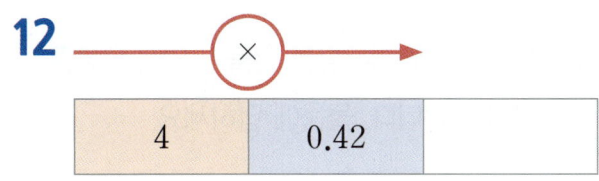

| 4 | 0.42 | |

13
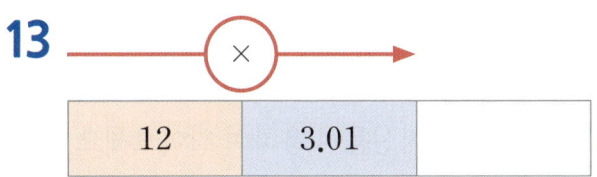

| 12 | 3.01 | |

14
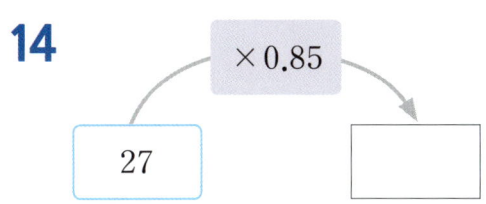

27

15
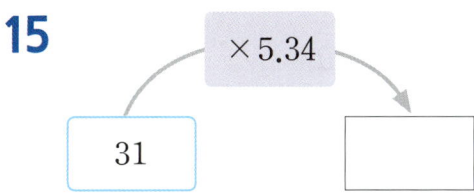

31

16 개념 체크

알맞은 말에 ◯표 하세요.

소수의 곱셈도 자연수의 곱셈처럼 곱하는 두
수의 순서를 바꾸어도 계산 결과가 같으므로
(자연수)×(소수)를 (소수)×(자연수)로 바꾸
어 계산할 수 (있습니다 , 없습니다).

개념 유형 익히기

개념 1 **(소수) × (자연수)**

1 세정이가 딸기우유를 만들기 위해 우유를 사려고 합니다. 물음에 답하세요.

〈준비물〉
딸기: 15개
우유: 계량컵(0.3 L) 4컵

(1) 세정이에게 필요한 우유의 양이 얼마인지 수직선을 이용하여 알아보세요.

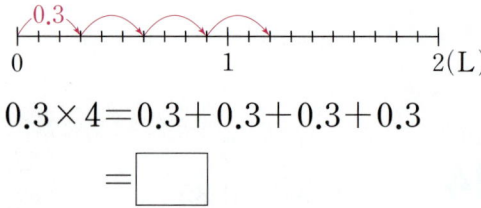

$$0.3 \times 4 = 0.3 + 0.3 + 0.3 + 0.3$$
$$= \boxed{}$$

(2) 세정이에게 필요한 우유의 양은 얼마인가요?

( )

[2~3] 계산해 보세요.

2
$$\begin{array}{r} 0.3\,4 \\ \times \qquad 8 \\ \hline \end{array}$$

3
$$\begin{array}{r} 3.4\,2 \\ \times \quad 2\,1 \\ \hline \end{array}$$

4 값이 다른 하나는 어느 것인가요? ( )

① 0.72
② 0.24 × 3
③ 0.24 + 0.24 + 0.24
④ 0.24씩 3번 뛰어서 센 수
⑤ $\dfrac{24}{1000} + \dfrac{24}{1000} + \dfrac{24}{1000}$

5 ㉮와 ㉯의 차를 구해 보세요.

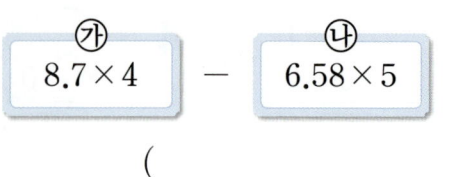

㉮ 8.7×4 — ㉯ 6.58×5

( )

6 거북이 이웃 마을에 사는 친구를 만나기 위해 일정한 빠르기로 이동한다면 30분 동안 몇 km를 갈 수 있나요?

나는 1분 동안 0.12 km를 이동할 수 있어.

거북

( )

7 성민이는 우리나라와 다른 나라의 환율이 궁금했습니다. 중국과 말레이시아의 환율이 다음과 같을 때, ☐ 안에 알맞은 화폐 단위를 써 보세요.

○○월 ○○일의 환율
우리나라 돈 1000원이 중국 돈 5.12위안 이고, 우리나라 돈 1000원이 말레이시아 돈 3.03링깃입니다.

(2025년 9월 기준)

우리나라 돈 6000원은 약 30☐(으)로 바꿀 수 있구나.

성민

( )

개념 2 **(자연수)×(소수)**

[8~9] 계산해 보세요.

8
$$\begin{array}{r} 1\ 3 \\ \times\ 0.5 \\ \hline \end{array}$$

9
$$\begin{array}{r} 5 \\ \times\ 2.5\ 7 \\ \hline \end{array}$$

10 계산 결과가 1보다 작은 것은 어느 것인가요?

(   )

① $17×0.9$ ② $21×0.07$
③ $23×0.04$ ④ $42×0.6$
⑤ $54×0.02$

11 어림하여 계산 결과가 8보다 큰 것을 찾아 기호를 써 보세요.

㉠ 10의 0.47
㉡ 9의 0.9배
㉢ $4×0.86$

(   )

12 계산 결과를 비교하여 ○ 안에 >, =, <를 알맞게 써넣으세요.

$34×7.23 \bigcirc 26×9.1$

13 평행사변형의 넓이는 몇 m^2인가요?

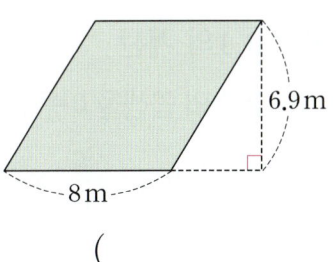

6.9 m
8 m

(   )

14 수경 초등학교 야구팀의 에이스인 재호의 타율은 0.35입니다. 재호가 타석에 500번 섰다면 몇 번의 안타를 쳤는지 구해 보세요.

(타율)
=(안타 수)÷(타수)
재호

(   )

15 □ 안에 알맞은 수를 써넣으세요.

△△시는 12일 오전 9시 △△ 지역 전체에 초미세먼지 주의보를 발령했습니다. 중국발 미세먼지 유입과 대기 정체로 현재 △△ 지역의 초미세먼지 농도는 □ 마이크로그램으로 환경기준치(35마이크로그램)보다 8.6배 높은 수준입니다.

개념 3 (1보다 작은 소수) × (1보다 작은 소수)

✪ 0.6 × 0.4의 계산

방법 1 분수의 곱셈을 이용하여 계산하기

$$0.6 \times 0.4 = \frac{6}{10} \times \frac{4}{10} = \frac{24}{100} = 0.24$$

방법 2 자연수의 곱셈을 이용하여 계산하기 → 곱해지는 수가 $\frac{1}{10}$배, 곱하는 수가 $\frac{1}{10}$배가 되면 계산 결과는 $\frac{1}{100}$배가 됩니다.

$$6 \times 4 = 24$$
$$\downarrow \frac{1}{10}배 \quad \downarrow \frac{1}{10}배 \quad \downarrow \frac{1}{100}배$$
$$0.6 \times 0.4 = 0.24$$

$$\begin{array}{r} 6 \\ \times\ 4 \\ \hline 2\ 4 \end{array} \quad \Rightarrow \quad \begin{array}{r} 0.6 \\ \times\ 0.4 \\ \hline 0.2\ 4 \end{array}$$

곱하는 두 소수의 소수점 아래자리 수의 합만큼 소수점을 찍어요!

[1~3] 그림을 보고 0.7×0.6은 얼마인지 알아보려고 합니다. 물음에 답하세요.

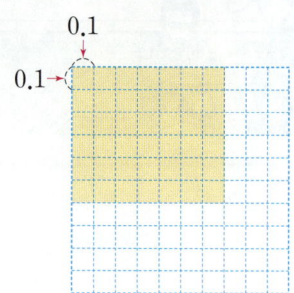

1 모눈종이 한 칸의 넓이는 ☐ 입니다.

2 색칠한 부분은 모두 ☐ 칸입니다.

3 ☐ 안에 알맞은 수를 써넣으세요.

$$0.7 \times 0.6 = \boxed{}$$

4 0.71×0.9를 두 가지 방법으로 계산하려고 합니다. ☐ 안에 알맞은 수를 써넣으세요.

방법 1 분수의 곱셈을 이용하여 계산하기

$$0.71 \times 0.9 = \frac{71}{\boxed{}} \times \frac{9}{\boxed{}}$$
$$= \frac{639}{\boxed{}} = \boxed{}$$

방법 2 자연수의 곱셈을 이용하여 계산하기

$$71 \times 9 = 639$$
$$\downarrow \frac{1}{100}배 \quad \downarrow \frac{1}{10}배 \quad \downarrow \boxed{}배$$
$$0.71 \times 0.9 = \boxed{}$$

$$\begin{array}{r} 7\ 1 \\ \times\quad 9 \\ \hline 6\ 3\ 9 \end{array} \quad \Rightarrow \quad \begin{array}{r} 0.7\ 1 \\ \times\quad 0.9 \\ \hline \boxed{} \end{array}$$

▶ 정답 31쪽

[5~6] ☐ 안에 알맞은 수를 써넣으세요.

5 $0.5 \times 0.26 = \dfrac{5}{\boxed{}} \times \dfrac{26}{\boxed{}}$

$= \dfrac{5 \times 26}{\boxed{}} = \dfrac{130}{\boxed{}}$

$= \boxed{}$

6

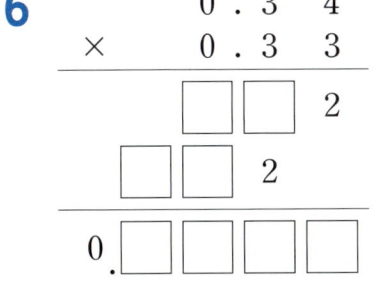

[7~9] 빈칸에 알맞은 수를 써넣으세요.

7
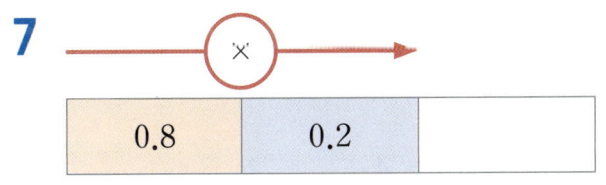

8
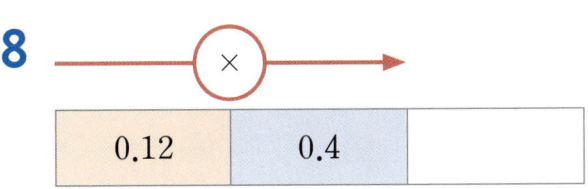

9
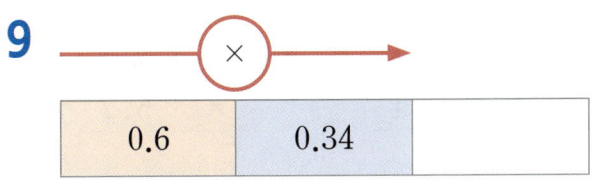

[10~13] 빈칸에 알맞은 수를 써넣으세요.

10
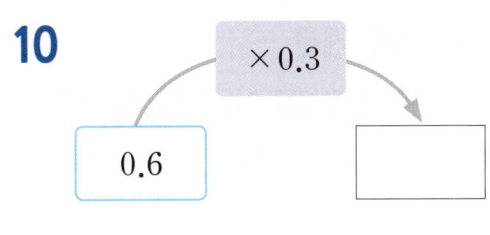

11
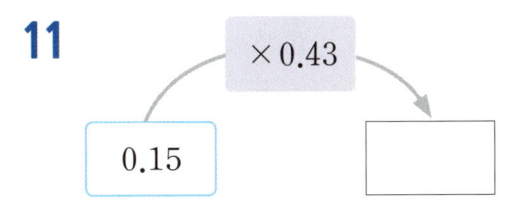

12
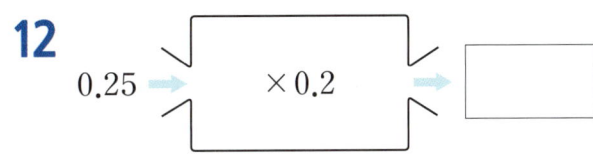

13
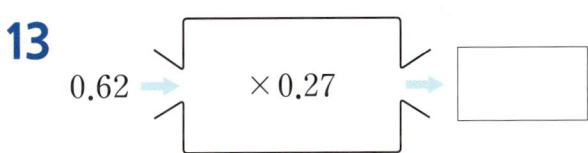

14 개념 체크

알맞은 말에 ◯표 하세요.

(1보다 작은 소수) × (1보다 작은 소수)는 자연수처럼 생각하고 계산한 다음에 소수의 크기를 생각하여 소수점을 찍습니다.

0.3×0.7을 계산한 값은 소수 (한 , 두) 자리 수입니다.

개념 4 (1보다 큰 소수)×(1보다 큰 소수)

❖ 3.6×2.5의 계산

방법1 분수의 곱셈을 이용하여 계산하기

$$3.6 \times 2.5 = \frac{36}{10} \times \frac{25}{10} = \frac{900}{100} = 9$$

방법2 자연수의 곱셈을 이용하여 계산하기 → 곱해지는 수가 $\frac{1}{10}$배, 곱하는 수가 $\frac{1}{10}$배가 되면 계산 결과는 $\frac{1}{100}$배가 됩니다.

$$36 \times 25 = 900$$
$$\downarrow \frac{1}{10}배 \quad \downarrow \frac{1}{10}배 \quad \downarrow \frac{1}{100}배$$
$$3.6 \times 2.5 = 9$$

```
    3 6           3.6
  ×  2 5    →   × 2.5
  ─────         ─────
    9 0 0         9.0 0
```

---

1 1.8×1.4를 두 가지 방법으로 계산하려고 합니다. ☐ 안에 알맞은 수를 써넣으세요.

방법1 분수의 곱셈을 이용하여 계산하기

$$1.8 \times 1.4 = \frac{18}{\boxed{}} \times \frac{14}{\boxed{}} = \frac{252}{\boxed{}}$$
$$= \boxed{}$$

방법2 자연수의 곱셈을 이용하여 계산하기

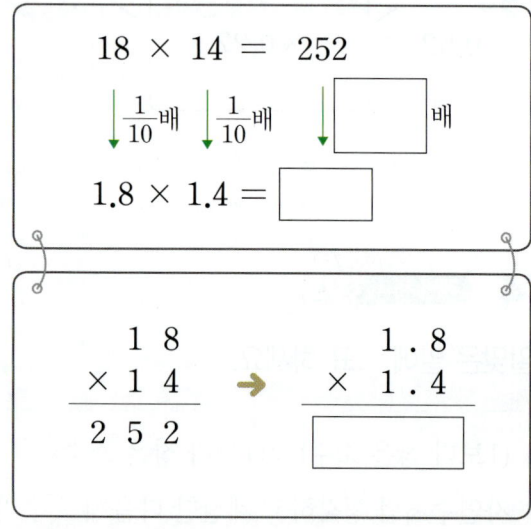

[2~3] ☐ 안에 알맞은 수를 써넣으세요.

2
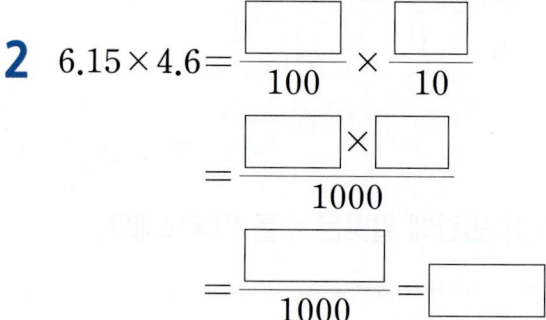

$$6.15 \times 4.6 = \frac{\boxed{}}{100} \times \frac{\boxed{}}{10}$$
$$= \frac{\boxed{} \times \boxed{}}{1000}$$
$$= \frac{\boxed{}}{1000} = \boxed{}$$

3
```
        3 . 4
     ×  1 . 4
    ─────────
   ☐  ☐    6
   ☐      4
  ─────────
  ☐ . ☐  ☐
```

[4~5] 계산해 보세요.

4
```
      1 . 9
   × 3 . 8 1
```

5
```
    3 . 6 2
   ×   5 . 7
```

▶ 정답 32쪽

[6~9] 계산해 보세요.

6 3.8×2.8

7 7.3×6.5

8 1.3×5.09

9 1.98×3.5

[10~12] 빈칸에 알맞은 수를 써넣으세요.

10
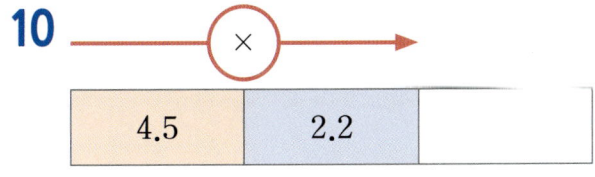

11
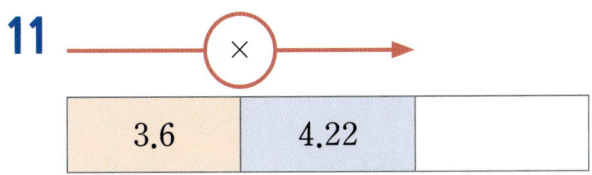

12
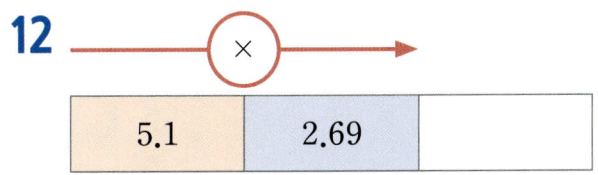

[13~16] 빈칸에 알맞은 수를 써넣으세요.

13
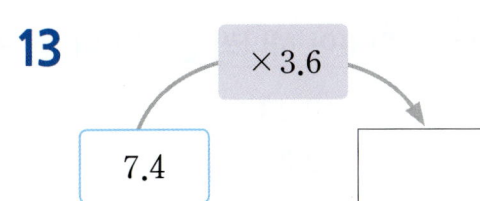

14
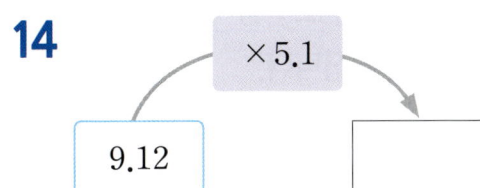

15
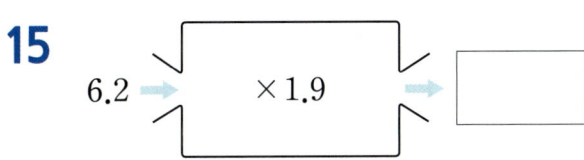

16
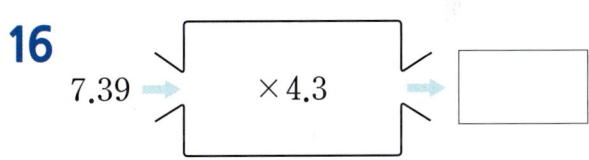

17 개념 체크

알맞은 말에 ◯표 하세요.

> (1보다 큰 소수)×(1보다 큰 소수)는 자연수
> 처럼 생각하고 계산한 다음에 소수의 크기를
> 생각하여 소수점을 찍습니다.
> 2.5×3.15를 계산한 값은 소수 (두 , 세)
> 자리 수입니다.

개념 5 곱의 소수점의 위치

✪ 곱하는 수의 **0이 하나씩 늘어날 때** → 곱의 소수점이 오른쪽으로 한 칸씩 옮겨집니다.

$0.23 \times \quad 1 = 0.23$

$0.23 \times \quad 10 = 2.3 \rightarrow 0.23$

$0.23 \times \quad 100 = 23 \rightarrow 0.23$

$0.23 \times 1000 = 230 \rightarrow 0.230$

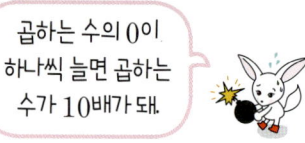

곱하는 수의 0이 하나씩 늘면 곱하는 수가 10배가 돼.

✪ 곱하는 소수의 소수점 아래 자리 수가 하나씩 늘어날 때 → 곱의 소수점이 왼쪽으로 한 칸씩 옮겨집니다.

$345 \times 1 \quad\quad = 345$

$345 \times 0.1 \quad\ = 34.5 \rightarrow 34.5$

$345 \times 0.01 \ \ = 3.45 \rightarrow 3.45$

$345 \times 0.001 = 0.345 \rightarrow 0.345$

✪ 곱하는 두 수의 소수점 아래 자리 수를 더한 것만큼 곱의 소수점 아래 자리 수가 정해집니다.

$8 \times 4 = 32$

$0.8 \times 0.4 = 0.32 \rightarrow$ (소수 한 자리 수)×(소수 한 자리 수)=(소수 두 자리 수)

$0.8 \times 0.04 = 0.032 \rightarrow$ (소수 한 자리 수)×(소수 두 자리 수)=(소수 세 자리 수)

$0.08 \times 0.04 = 0.0032 \rightarrow$ (소수 두 자리 수)×(소수 두 자리 수)=(소수 네 자리 수)

주의 곱의 소수점을 옮길 자리가 없으면 0을 쓰면서 옮깁니다.

$1.2 \times 100 = 120 \qquad 12 \times 0.01 = 0.12$

[1~2] 소수점의 위치를 생각하며 ☐ 안에 알맞은 수를 써넣으세요.

1 $0.25 \times 1 = 0.25$

$0.25 \times 10 = \boxed{}$

$0.25 \times 100 = \boxed{}$

$0.25 \times 1000 = \boxed{}$

2 $486 \times 1 = 486$

$486 \times 0.1 = \boxed{}$

$486 \times 0.01 = \boxed{}$

$486 \times 0.001 = \boxed{}$

→ 정답 32쪽

3 분수로 나타내어 계산하고, 알맞은 말에 ◯표 하세요.

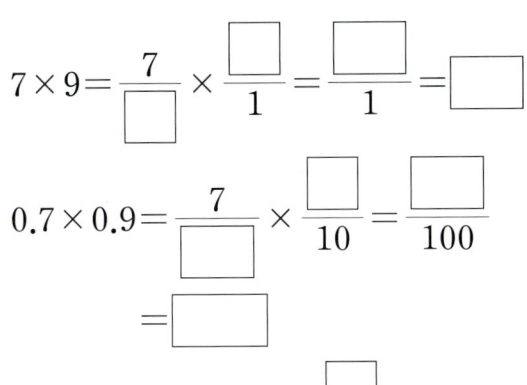

$7 \times 9 = \dfrac{7}{\boxed{}} \times \dfrac{\boxed{}}{1} = \dfrac{\boxed{}}{1} = \boxed{}$

$0.7 \times 0.9 = \dfrac{7}{\boxed{}} \times \dfrac{\boxed{}}{10} = \dfrac{\boxed{}}{100}$
$= \boxed{}$

$0.7 \times 0.09 = \dfrac{7}{\boxed{}} \times \dfrac{\boxed{}}{100} = \dfrac{63}{\boxed{}}$
$= \boxed{}$

→ 곱하는 두 수의 소수점 아래 자리 수를 (더한 , 곱한) 것과 결과 값의 소수점 아래 자리 수가 같습니다.

[4~6] 소수점의 위치를 생각하여 계산해 보세요.

4
- 0.61 × 10
- 0.61 × 100
- 0.61 × 1000

5
- 7.099 × 10
- 7.099 × 100
- 7.099 × 1000

6
- 38 × 0.1
- 38 × 0.01
- 38 × 0.001

[7~8] ☐ 안에 알맞은 수를 써넣으세요.

7

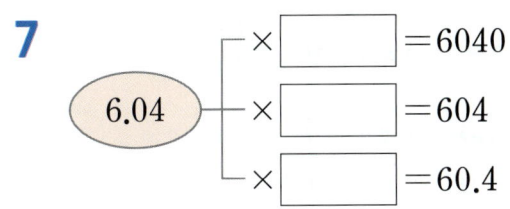

6.04
- × ☐ = 6040
- × ☐ = 604
- × ☐ = 60.4

8

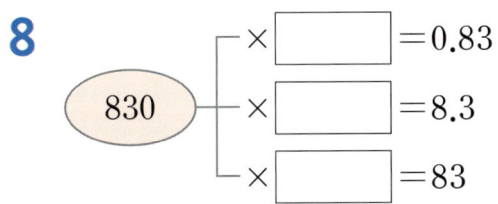

830
- × ☐ = 0.83
- × ☐ = 8.3
- × ☐ = 83

[9~12] 보기 를 이용하여 계산해 보세요.

보기
$36 \times 17 = 612$

9 3.6×1.7 **10** 0.36×1.7

보기
$124 \times 68 = 8432$

11 12.4×6.8 **12** 1.24×0.68

13 개념 체크

알맞은 말에 ◯표 하세요.

자연수와 소수의 곱셈에서 곱의 소수점 위치는 곱하는 수의 0이 하나씩 늘어날 때마다 곱의 소수점이 (왼쪽 , 오른쪽)으로 한 자리씩 옮겨집니다.

  익히기

개념3 (1보다 작은 소수)×(1보다 작은 소수)

1 계산을 바르게 한 것을 고르세요. (　　　)

① $0.3×0.9=2.7$

② $0.07×0.3=0.21$

③ $0.13×0.8=1.04$

④ $0.6×0.03=0.18$

⑤ $0.4×0.88=0.352$

2 ㉮와 ㉯의 차를 구해 보세요.

㉮ $0.79×0.4$　－　㉯ $0.35×0.2$

(　　　　　　　)

3 계산 결과를 비교하여 ○ 안에 >, =, <를 알맞게 써넣으세요.

$0.27×0.6$ ◯ $0.64×0.3$

4 직사각형 모양 꽃밭의 넓이는 몇 m²인가요?

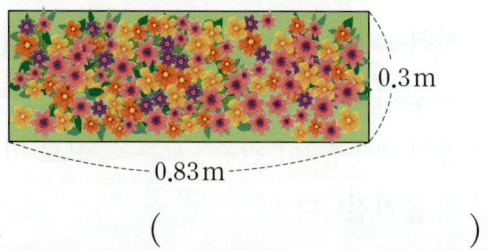

0.3 m

0.83 m

(　　　　　　　)

개념4 (1보다 큰 소수)×(1보다 큰 소수)

5 알맞은 말에 ○표 하고, ☐ 안에 알맞은 수를 써넣으세요.

$17×29=493$인데 1.7에 2.9를 곱하면 1.7의 3배인 5.1보다 (커야 , 작아야) 하므로 $1.7×2.9=$ ☐ 입니다.

6 가장 큰 수와 가장 작은 수의 곱을 구해 보세요.

| 3.12 | 9.7 | 1.86 | 15.3 |

(　　　　　　　)

7 ㉮와 ㉯의 차를 구해 보세요.

㉮ $2.45×6.6$　－　㉯ $1.99×7.2$

(　　　　　　　)

8 휘발유 1 L로 8.31 km를 갈 수 있는 자동차가 있습니다. 이 자동차가 휘발유 2.9 L로 갈 수 있는 거리는 몇 km인가요?

(　　　　　　　)

▶ 정답 33쪽

9 계산 결과의 소수점 아래 자리 수가 나머지와 다른 하나를 찾아 기호를 써 보세요.
(단, 소수점 아래 마지막 0은 생략합니다.)

> ㉠ 2.5×2.4　㉡ 3.7×1.6
> ㉢ 4.8×1.4　㉣ 9.6×2.7

(　　　　　)

개념 5 **곱의 소수점의 위치**

10 다음 곱셈 결과에서 소수점을 찍어야 할 곳은 어디인가요? (　　　)

> $48.291 \times 100 = 4\;8\;2\;9\;1$
> 　　　　　　　　　　① ② ③ ④ ⑤

11 계산 결과가 <u>다른</u> 것을 찾아 기호를 써 보세요.

> ㉠ 5.37×100　㉡ 0.537×1000
> ㉢ 537의 10배　㉣ 5370의 0.1배

(　　　　　)

12 계산 결과가 같은 것끼리 이어 보세요.

0.8×0.6 •	• 0.8×6
80×0.06 •	• 8×0.06

---

13 1.35에 ☐를 곱했더니 13.5가 되었습니다. 3.28에 ☐를 곱한 값을 구해 보세요.

(　　　　　)

14 승주가 가지고 있는 손수건의 넓이는 몇 m^2인가요?

태서
> 내가 가지고 있는 손수건은 가로가 25 cm, 세로가 22 cm인 직사각형 모양이고 넓이가 550 cm^2야.

> 나는 가로가 0.25 m, 세로가 0.22 m인 직사각형 모양의 손수건을 가지고 있어.

승주

(　　　　　)

15 소미가 계산기로 0.45×0.2를 계산하려고 두 수를 눌렀는데 수 하나의 소수점 위치를 잘못 눌렀습니다. 소미가 계산기에 누른 두 수를 써 보세요.

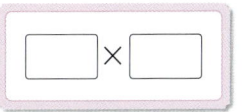

유형 ① 몇 배인지 이용해 무게 구하기

재석이가 자신의 몸무게와 수호의 몸무게를 비교하고 있습니다. 재석이의 몸무게는 몇 kg인가요?

내 몸무게는 43 kg이야.

난 너의 몸무게의 0.99배야.

수호   재석

👉 **핵심 체크**

'몸무게의 ■배'이므로 ■만큼 곱하라는 힌트입니다. 재석이의 몸무게는 수호의 몸무게의 0.99배이므로 (수호의 몸무게)×0.99를 계산합니다.

풀이

1단계 **수호의 몸무게 찾기**

수호의 몸무게는 [　] kg입니다.

2단계 **재석이의 몸무게 구하기**

(재석이의 몸무게)

= (수호의 몸무게) × [　]

= 43 × [　] = [　] (kg)

답 _____

유형 ①-1

사과 한 개의 무게가 0.12 kg일 때 비행 훈련 공간에서의 무게는 몇 kg인가요?

제 몸이 왜 이렇게 가볍죠?

비행 훈련 공간에서는 원래 무게의 0.87배밖에 안 나간단다.

(　　　　　　　)

유형 ①-2

□ 안에 알맞은 행성의 이름을 써 보세요.

- 금성에서 잰 몸무게는 지구에서 잰 몸무게의 약 0.91배입니다.
- 수성에서 잰 몸무게는 지구에서 잰 몸무게의 약 0.38배입니다.

지구에서 내 몸무게가 33 kg이니까 □에서 몸무게를 재면 약 12 kg일 거야.

(　　　　　　　)

정답 33쪽

유형 ❷ 필요한 양 구하기

지수가 선물을 포장하려고 합니다. 선물 1개를 포장하려면 끈이 1.4 m 필요하다고 할 때, 선물 3개를 포장하는 데 필요한 끈의 길이는 몇 m 인가요?

🖐 핵심 체크

'■개를 포장한다'는 것은 1개를 포장할 때 필요한 끈의 길이와 ■개를 곱하라는 힌트입니다.
따라서 선물 1개를 포장할 때 필요한 끈의 길이 1.4 m와 포장할 선물의 개수 3을 곱합니다.

풀이

1단계 선물 1개를 포장할 때 필요한 끈의 길이 찾기

선물 1개를 포장할 때 필요한 끈의 길이는

☐ m입니다.

2단계 선물 3개를 포장하는 데 필요한 끈의 길이 구하기

(선물 3개를 포장하는 데 필요한 끈의 길이)
＝(선물 1개를 포장할 때 필요한 끈의 길이)
　×(포장할 선물의 개수)
＝☐×☐＝☐ (m)

답　.......................................

유형 ❷-1

희정이가 꽃다발을 만들려고 합니다. 꽃다발 8개를 만드는 데 필요한 색 테이프는 모두 몇 m일까요?

희정　꽃다발 1개 만드는 데 색 테이프 3.63 m가 필요해.

(　　　　　　　　)

유형 ❷-2

요리사가 일주일 동안 요리하는 데 필요한 식용유는 모두 몇 L인가요?

요리를 하려면 일주일 동안 1.8 L짜리 식용유가 9통 반 필요하네.

(　　　　　　　　)

서술형 대비 문제

① 대표 문제

형석이네 학교에서 직사각형 모양 놀이터의 가로와 세로를 각각 2배씩 늘여 새로운 놀이터를 만들려고 합니다. 새로운 놀이터의 넓이는 몇 m²인지 풀이 과정을 쓰고, 답을 구해 보세요.

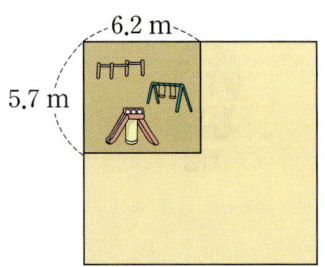

◑ 힌트 체크

❶ 가로와 세로를 각각 2배씩 늘여
➡ (■배로 늘인 길이)
=(원래 길이)×■임을 이용해 새로운 놀이터의 가로와 세로를 각각 구합니다.

풀이

새로운 놀이터는 가로가 6.2 m의 2배이므로 6.2×2=☐ (m),

세로가 5.7 m의 2배이므로 5.7×2=☐ (m)입니다.

따라서 새로운 놀이터의 넓이는

☐ × ☐ = ☐ (m²)입니다.

답 _____

① 연습 문제

가로가 2.5 cm이고, 세로가 2 cm인 직사각형을 그렸습니다. 이 직사각형의 가로와 세로를 각각 1.2배씩 늘여 새로운 직사각형을 만들었습니다. 새로 만든 직사각형의 넓이는 몇 cm²인지 풀이 과정을 쓰고, 답을 구해 보세요.

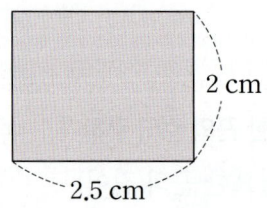

2 cm

2.5 cm

◑ 힌트 체크

★ 힌트가 되는 부분에 ◯표 하세요!

풀이

_____

_____

_____

답 _____

▶ 정답 34쪽

2 대표 문제

서술형~

■ 안에 들어갈 수 있는 자연수는 모두 몇 개인지 풀이 과정을 쓰고, 답을 구해 보세요.

$$11.2 \times 2.6 < ■ < 5.89 \times 5.3$$

🔑 힌트 체크

❶ $11.2 \times 2.6 < ■ < 5.89 \times 5.3$
➡ 소수의 곱셈을 계산해
● < ■ < ▲ 형태로 나타냅니다.

풀이

$11.2 \times 2.6 = $ ☐ , $5.89 \times 5.3 = $ ☐ 이므로

☐ $< ■ <$ ☐ 입니다.

따라서 ■ 안에 들어갈 수 있는 자연수는 ☐ , ☐ 로 모두

☐ 개입니다.

답 _____

2 연습 문제

☐ 안에 들어갈 수 있는 자연수는 모두 몇 개인지 풀이 과정을 쓰고, 답을 구해 보세요.

$$6 \times 8.28 < ☐ < 11 \times 5.04$$

🔑 힌트 체크

★ 힌트가 되는 부분에 ◯표 하세요!

풀이

_____

_____

_____

답 _____

4

소수의 곱셈

단원 평가

점수 [   ] 점
(문제당 5점)

1

계산 결과가 나머지와 <u>다른</u> 하나를 찾아 기호를 써 보세요.

> ㉠ 4×0.63
>
> ㉡ 0.63의 4배
>
> ㉢ $0.63 + 0.63 + 0.63 + 0.63$
>
> ㉣ $0.63 \times 0.63 \times 0.63 \times 0.63$

(   )

2

계산 결과를 찾아 이어 보세요.

18×2.3 •		• 41.4
21×4.2 •		• 56.1
33×1.7 •		• 88.2

3

빈칸에 알맞은 수를 써넣으세요.

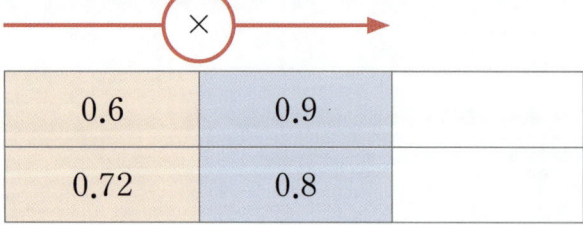

0.6	0.9	
0.72	0.8	

4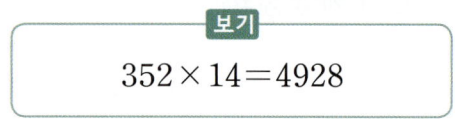

보기 를 이용하여 식을 완성해 보세요.

> **보기**
>
> $352 \times 14 = 4928$

(1) $3.52 \times \boxed{} = 0.4928$

(2) $\boxed{} \times 1400 = 492.8$

5

㉠은 ㉡의 몇 배인가요?

> $17.58 \times ㉠ = 175.8$
>
> $175.8 \times ㉡ = 1.758$

(   )

6

계산 결과가 큰 것부터 차례로 기호를 써 보세요.

> ㉠ 0.03×0.2 ㉡ 0.27×0.3
>
> ㉢ 0.5×0.19 ㉣ 0.4×0.48

(   )

▶ 정답 35~36쪽

7

계산에서 잘못된 부분을 찾아 ○표 하고 바르게
계산한 값을 구해 보세요.

$$4.25 \times 26 = \frac{425}{100} \times 26 = \frac{425 \times 26}{100}$$
$$= \frac{11050}{100} = 11.05$$

(   )

8

어림하여 계산 결과가 9보다 큰 것을 찾아 기호
를 써 보세요.

㉠ 3의 3.1배   ㉡ 2×2.98   ㉢ 7의 1.04

(   )

9

할머니는 호랑이에게 떡을 주면서 일곱 고개를
넘었습니다. 호랑이에게 준 떡의 무게는 모두
몇 g인가요?

내가 한 고개를
넘을 때마다
떡 7.14 g을 줬잖아.

(   )

10

보기 와 다른 방법으로 계산해 보세요.

보기

$$2.6 \times 3.7$$

분수의 곱셈으로 계산하기

$$2.6 \times 3.7 = \frac{26}{10} \times \frac{37}{10} = \frac{962}{100} = 9.62$$

$$4.8 \times 1.3$$

11

평행사변형의 넓이는 몇 cm^2인가요?

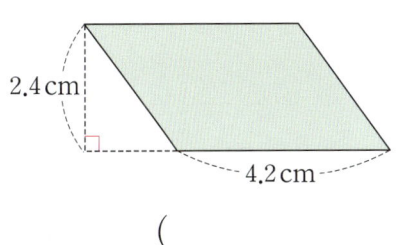

2.4 cm

4.2 cm

(   )

12

정국이는 어린이 철인 3종 경기에 참가했습니다. 마라톤을 하는 데 걸린 시간은 수영과 사이클을 하는 데 걸린 시간의 1.25배라면 마라톤을 하는 데 걸린 시간은 몇 분인가요?

수영과 사이클을 하는 데 20분이 걸렸어.

( )

13 시험에 꼭!

밀가루 0.5 kg 한 봉지의 0.93 만큼이 탄수화물 성분입니다. 탄수화물 성분이 몇 kg인지 식을 쓰고, 답을 구해 보세요.

수경밀가루 0.5 kg

식

답

14

소희네 집에서 학교까지의 거리는 기영이네 집에서 학교까지의 거리의 0.75배입니다. 소희네 집에서 학교까지의 거리는 몇 km인가요?

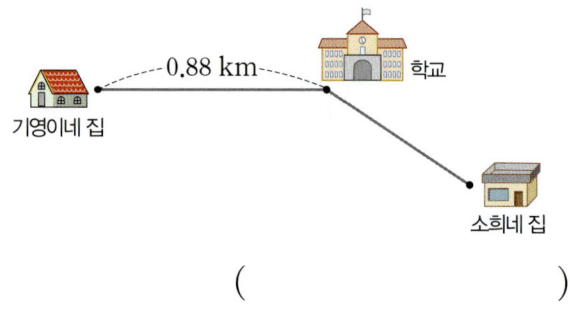

0.88 km

기영이네 집 학교 소희네 집

( )

15

□ 안에 들어갈 수 있는 자연수는 모두 몇 개인지 구해 보세요.

$$0.48 \times 12 < \square < 0.25 \times 34$$

( )

16

선물을 포장하면서 누가, 끈을 몇 m 더 많이 사용했는지 구해 보세요.

12 m의 0.1 만큼 사용했어.

14 m의 0.01 만큼 사용했어.

희철 선영

( ), ( )

17

학을 접으려고 합니다. 색칠한 종이의 넓이는 몇 cm²인지 구해 보세요.

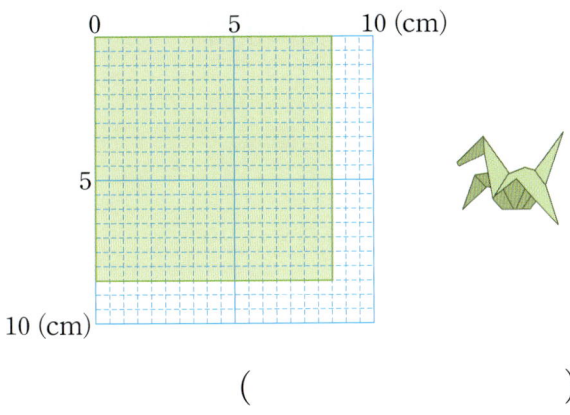

(   )

18 도전해 얍!

수 카드 1 , 3 , 5 , 7 을 □ 안에 한 번씩 모두 넣어 곱이 가장 큰 곱셈식을 만들려고 합니다. 이 곱셈식의 곱을 구해 보세요.

□.□×□.□

(   )

 서술형 문제

19

선미가 2000원으로 과자를 사려고 합니다. 사려는 과자의 가격표가 찢어져 있을 때 가진 돈으로 과자를 살 수 있을지 알아보고, 그 이유를 써 보세요.

1g당 9.8원
고구마맛 과자 250g

선미

답   과자를 살 수 (있습니다 , 없습니다).

이유

20

어떤 수에 5.3을 곱해야 할 것을 잘못하여 더했더니 8.7이 되었습니다. 바르게 계산하면 얼마인지 풀이 과정을 쓰고, 답을 구해 보세요.

풀이

답

④ 소수의 곱셈

[1~24] 계산해 보세요.

1 0.2×8

2 0.39×4

3 0.73×28

4 0.92×16

5 4.2×15

6 5.8×24

7 5.47×28

8 6.51×19

9 7×0.86

10 6×0.92

11 46×0.8

12 38×0.46

13 7×3.58

14 11×1.8

15 22×1.85

16 72×6.13

17 0.3×0.67

18 0.5×0.29

19 0.7×0.66

20 0.63×0.84

21 0.17×0.13

22 0.41×0.9

23 0.56×0.4

24 0.86×0.8

[25~40] 계산해 보세요.

25 3.8×2.8

26 4.2×5.9

27 1.3×5.09

28 3.6×6.91

29 5.8×9.12

30 1.98×3.5

31 4.79×8.2

32 7.34×4.8

33 $21 \times 31 = 651$

2.1×3.1

0.21×3.1

0.21×0.31

34 $12 \times 63 = 756$

1.2×6.3

0.12×6.3

0.12×0.63

35 $236 \times 4 = 944$

2.36×0.4

2.36×0.04

0.236×0.04

36 $42 \times 85 = 3570$

4.2×8.5

4.2×0.85

0.42×0.85

37 $3.3 \times 6.5 = 21.45$

3.3×0.65

0.33×0.65

0.33×0.065

38 $28 \times 4.6 = 128.8$

2.8×4.6

2.8×0.46

0.28×0.46

39 $9.1 \times 1.7 = 15.47$

0.91×1.7

0.091×1.7

0.091×0.17

40 $6.7 \times 1.5 = 10.05$

6.7×0.15

0.67×0.15

0.67×0.015

5 단원

직육면체

⭐ 직사각형 6개로 둘러싸인 도형을 **직육면체**라고 해요.

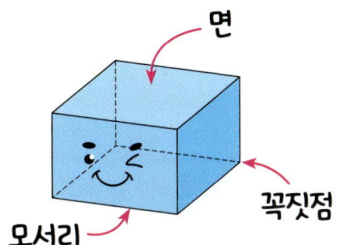

⭐ 정사각형 6개로 둘러싸인 도형을 **정육면체**라고 해요.

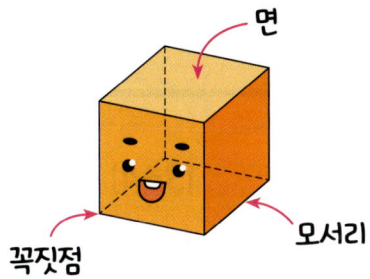

⭐ 직육면체의 **겨냥도** : 직육면체의 모양을 잘 알 수 있도록 나타낸 그림

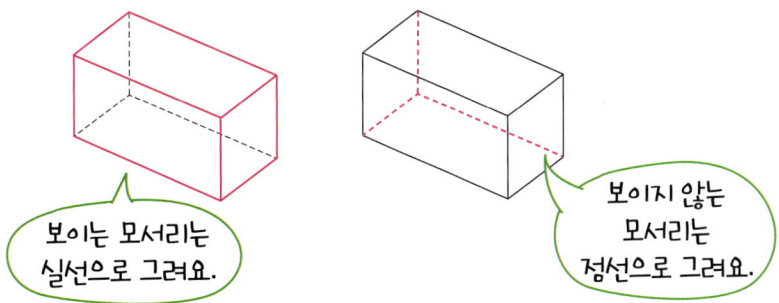

⭐ 직육면체의 **전개도** : 직육면체의 모서리를 잘라서 펼친 그림

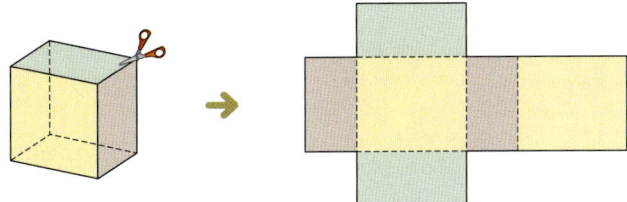

개념 **1** 직육면체

⭐ **직사각형 6개로 둘러싸인 도형을 직육면체라고 합니다.**

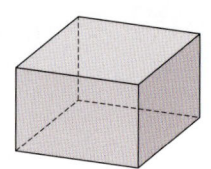

⭐ **직육면체의 구성 요소**

직육면체에서

┌ 면: 선분으로 둘러싸인 부분
├ 모서리: 면과 면이 만나는 선분
└ 꼭짓점: 모서리와 모서리가 만나는 점

면의 수(개)	모서리의 수(개)	꼭짓점의 수(개)
6	12	8

주의 오른쪽 도형은 직사각형 6개로 둘러싸인 도형이 아니므로 직육면체가 아닙니다.

직사각형은 네 각의 크기가 90°예요!

[1~2] 직육면체를 찾아 모두 ○표 하세요.

1

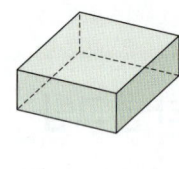

( ) ( ) ( )

2

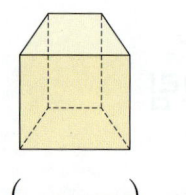 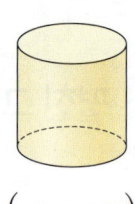 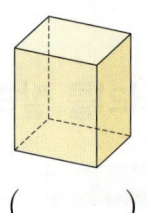

( ) ( ) ( )

[3~4] □ 안에 알맞은 수를 써넣으세요.

3

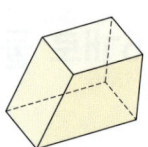

① 면: □개

② 모서리: □개

③ 꼭짓점: □개

4

① 면: □개

② 모서리: □개

③ 꼭짓점: □개

5 개념 체크

그림을 보고 □ 안에 알맞게 써넣으세요.

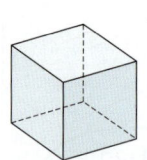

직사각형 □개로 둘러싸인 도형을 □라고 합니다.

▶ 정답 38쪽

개념 2 정육면체

☆ **정사각형 6개로 둘러싸인 도형을 정육면체라고 합니다.**

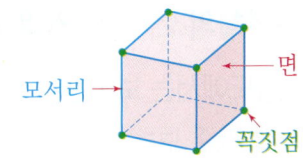

모서리 → 면
꼭짓점

☆ **직육면체와 정육면체의 비교**

	면	모서리	꼭짓점	면의 모양	모서리의 길이
직육면체	6개	12개	8개	직사각형	다릅니다.
정육면체	6개	12개	8개	정사각형	같습니다.

공통점 · 차이점

참고 정사각형은 직사각형이라고 할 수 있으므로 정육면체는 직육면체라고 할 수 있습니다.
→ 직육면체는 정육면체라고 할 수 없습니다.

[1~3] 정육면체를 찾아 ○표 하세요.

1
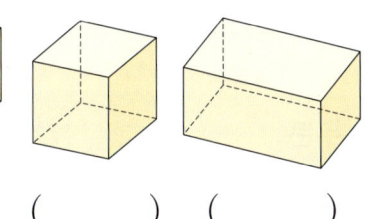
( ) ( ) ( )

2
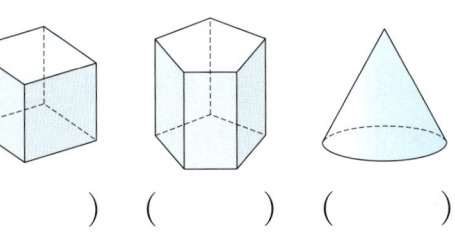
( ) ( ) ( )

3
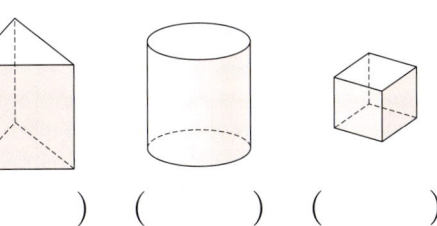
( ) ( ) ( )

4 알맞은 말에 모두 ○표 하세요.

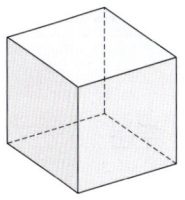

① 면의 모양은 (직사각형, 정사각형) 입니다.

② (정육면체, 직육면체)라고 말할 수 있습니다.

5 개념 체크

그림을 보고 ☐ 안에 알맞게 써넣으세요.

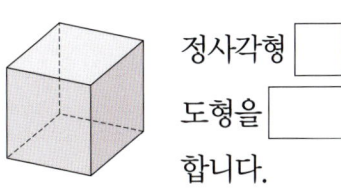 정사각형 ☐ 개로 둘러싸인 도형을 ☐ 라고 합니다.

개념 3 직육면체의 겨냥도

✪ **직육면체의 겨냥도**: 직육면체의 모양을 잘 알 수 있도록 나타낸 그림

- 겨냥도에서는 보이는 모서리는 **실선**으로, 보이지 않는 모서리는 **점선**으로 그립니다. 이때 마주 보는 모서리끼리 평행하게 그립니다.

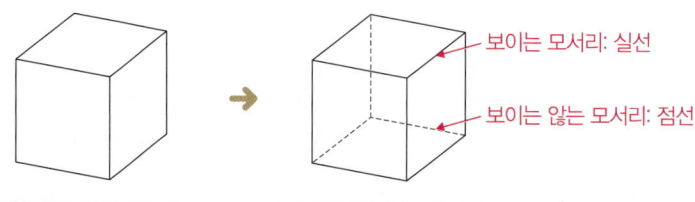

보이는 모서리: 실선

보이는 않는 모서리: 점선

직육면체의 모양 → 직육면체의 겨냥도

✪ **직육면체의 겨냥도에서 면, 모서리, 꼭짓점의 수**

	면	모서리	꼭짓점
보이는 부분	3개	9개	7개
보이지 않는 부분	3개	3개	1개
	합: 6개	12개	8개

- 보이는 부분

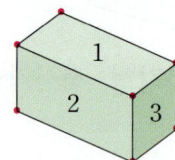

- 보이지 않는 부분

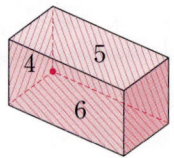

---

1 그림과 같이 직육면체의 모양을 잘 알 수 있도록 나타낸 그림을 무엇이라고 하는지 써 보세요.

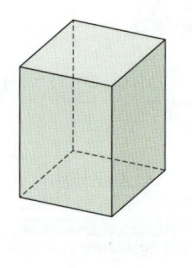

(   )

겨냥도에서 보이는 모서리는 실선으로, 보이지않는 모서리는 점선으로 그립니다.

2 직육면체의 겨냥도를 바르게 그린 것을 찾아 모두 ◯표 하세요.

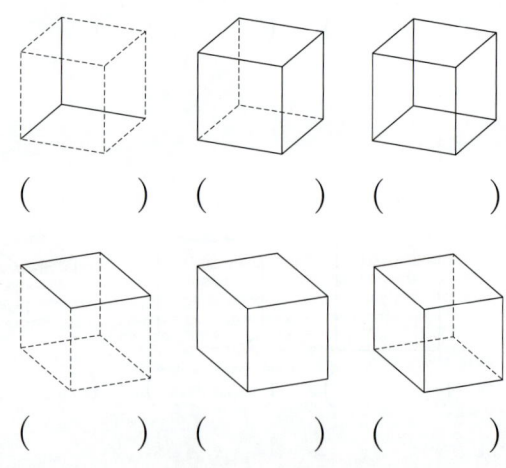

(   ) (   ) (   )

(   ) (   ) (   )

[3~6] 그림에서 빠진 부분을 그려 넣어 직육면체의 겨냥도를 완성해 보세요.

3

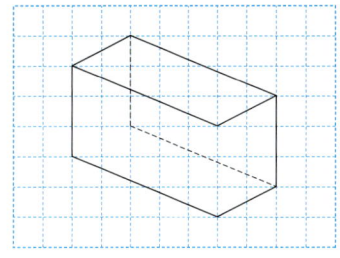

4

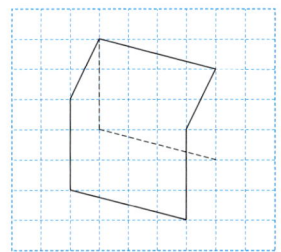

5

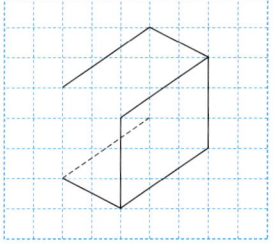

6

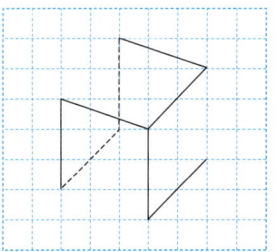

[7~9] 직육면체를 보고 물음에 답하세요.

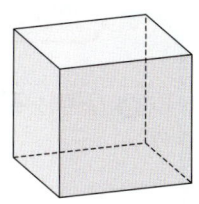

7 보이는 면과 보이지 않는 면은 각각 몇 개인지 구해 보세요.

보이는 면	보이지 않는 면

8 보이는 모서리와 보이지 않는 모서리는 각각 몇 개인지 구해 보세요.

보이는 모서리	보이지 않는 모서리

9 보이는 꼭짓점과 보이지 않는 꼭짓점은 각각 몇 개인지 구해 보세요.

보이는 꼭짓점	보이지 않는 꼭짓점

10 개념 체크

다음 직육면체에 보이는 모서리는 실선으로, 보이지 않는 모서리는 점선으로 그리고, 알맞은 말에 ○표 하세요.

직육면체의 겨냥도는 직육면체의 모양을 잘 알 수 있도록 보이는 모서리는 (실선 , 점선)으로, 보이지 않는 모서리는 (실선 , 점선)으로 그린 그림입니다.

개념 4 직육면체의 성질

⭐ **밑면**: 직육면체에서 색칠한 두 면처럼 계속 늘여도 만나지 않는 평행한 두 면

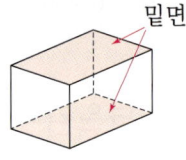 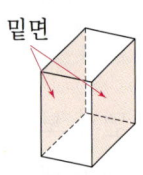 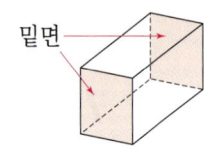

→ 직육면체에서 서로 마주 보는 면은 평행합니다.

→ 직육면체에는 평행한 면이 3쌍 있고, 이 평행한 면은 각각 밑면이 될 수 있습니다.

⭐ **옆면**: 밑면과 수직인 면 → 밑면과 만나는 면

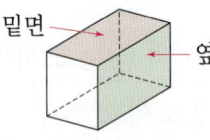 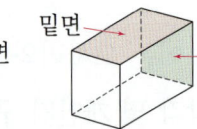 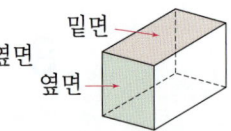 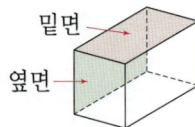

→ 직육면체에서 서로 만나는 두 면은 수직입니다.

→ 직육면체에서 한 면과 수직으로 만나는 면은 모두 4개입니다.

참고 밑면은 고정된 면이 아닌 기준이 되는 면이므로 바뀔 수도 있습니다.
따라서 밑면이 바뀌면 옆면도 바뀝니다.

---

1 직육면체를 보고 알맞은 말에 ○표 하세요.

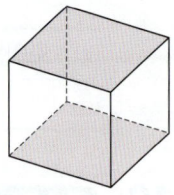

위 직육면체에서 색칠한 두 면처럼 계속 늘여도 만나지 않는 두 면을 서로 (평행하다 , 수직이다)라고 합니다.

[2~3] 직육면체에서 색칠한 면과 평행한 면을 찾아 색칠해 보세요.

2 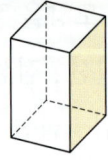   **3**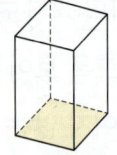

[4~5] 직육면체에서 색칠한 면과 수직인 면을 모두 찾아 써 보세요.

4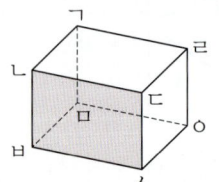

_____

_____

5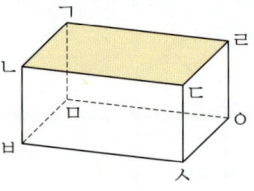

_____

_____

[6~7] 직육면체를 보고 각 면과 평행한 면을 찾아 써 보세요.

6

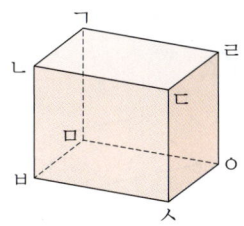

(1) 면 ㄷㅅㅇㄹ과 (   )

(2) 면 ㄴㅂㅅㄷ과 (   )

(3) 면 ㅁㅂㅅㅇ과 (   )

7

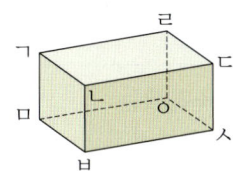

(1) 면 ㄱㄴㄷㄹ과 (   )

(2) 면 ㄱㅁㅂㄴ과 (   )

(3) 면 ㄴㅂㅅㄷ과 (   )

8 직육면체에서 면 ㅁㅂㅅㅇ이 밑면일 때, 다른 밑면과 옆면을 모두 찾아 써 보세요.

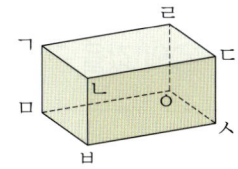

밑면	
옆면	

[9~10] 직육면체를 보고 물음에 답하세요.

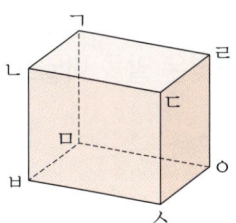

9 꼭짓점 ㄷ과 만나는 면을 모두 써 보세요.

(,   ,   )

10 알맞은 말에 ○표 하세요.

> 꼭짓점 ㄷ과 만나는 면들에 삼각자 3개를 대어 보면 꼭짓점 ㄷ을 중심으로 모두 (수직 , 평행)입니다.

[11~12] 색칠한 면을 밑면이라고 할 때, 밑면과 옆면이 이루는 각도를 구해 보세요.

11

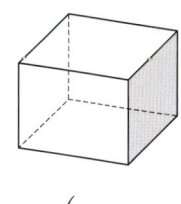

(   )

12

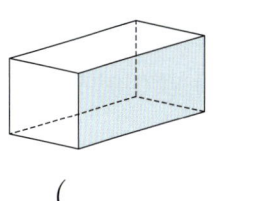

(   )

13 개념 체크

□ 안에 알맞은 말을 써넣으세요.

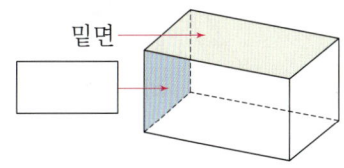

개념 유형 익히기

1 □ 안에 알맞은 말을 써넣으세요.

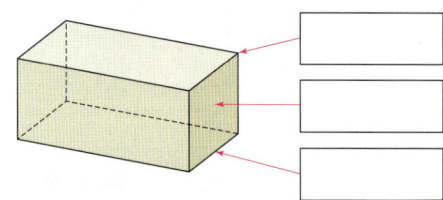

직육면체에서 선분으로 둘러싸인 부분
을 □, 면과 면이 만나는 선분을

□, 모서리와 모서리가 만나

는 점을 □ (이)라고 합니다.

2 직육면체에서 모서리와 꼭짓점의 수의 합을
구해 보세요.

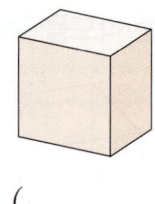

(   )

3 현경이는 직육면체 모양 상자의 한 면에
빨간색 물감을 칠한 후 그림과 같이 종이에
찍었습니다. 종이에 찍힌 모양은 어떤 도형
인지 써 보세요.

(   )

4 정육면체를 보고 □ 안에 알맞은 수를
써넣으세요.

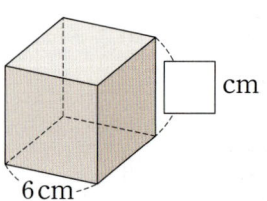

5 바르게 말한 사람의 이름을 써 보세요.

직육면체는
정육면체라고
말할 수 있어.

정육면체는
직육면체라고
말할 수 있어.

소민   찬우

(   )

6 ㉠＋㉡－㉢의 값을 구해 보세요.

정육면체는 면이 ㉠개, 모서리가 ㉡개,
꼭짓점이 ㉢개 있습니다.

(   )

개념 3 직육면체의 겨냥도

7 직육면체의 겨냥도를 바르게 그린 것을 고르세요. (　　　)

① 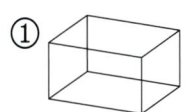　②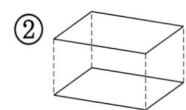

③ 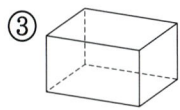　④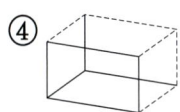

⑤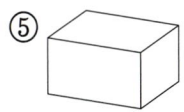

8 직육면체의 겨냥도에서 보이지 않는 면을 모두 찾아 써 보세요.

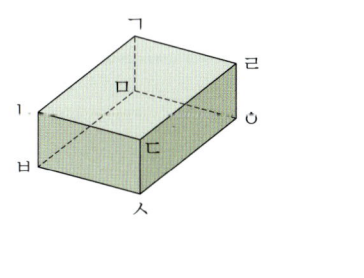

(　　　　　　　)

9 정육면체의 겨냥도에서 보이지 않는 모서리의 길이의 합은 몇 cm인가요?

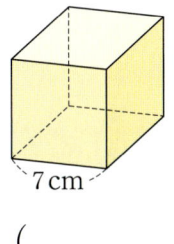

7 cm

(　　　　　　　)

개념 4 직육면체의 성질

10 직육면체에서 면 ㄱㅁㅇㄹ과 수직인 면이 <u>아닌</u> 것을 고르세요. (　　　)

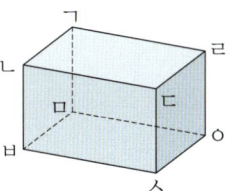

① 면 ㄱㄴㄷㄹ　② 면 ㄷㅅㅇㄹ
③ 면 ㄴㅂㅁㄱ　④ 면 ㄴㅂㅅㄷ
⑤ 면 ㅁㅂㅅㅇ

11 직육면체에서 색칠한 두 면과 공통으로 수직인 면을 모두 찾아 써 보세요.

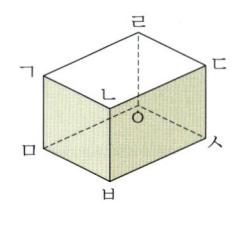

(　　　　　　　)

12 태호와 윤아는 정육면체 모양의 주사위를 던져 나온 면과 평행한 면의 눈의 수를 맞히는 놀이를 하고 있습니다. 태호가 주사위를 던졌을 때 윤아는 어떤 수를 답해야 하는지 써 보세요. (단, 주사위는 서로 평행한 두 면의 눈의 수의 합이 7입니다.)

2가 나왔다.

윤아

태호

(　　　　　　　)

개념 5 정육면체의 전개도

⭐ **정육면체의 전개도**: 정육면체의 모서리를 잘라서 펼친 그림

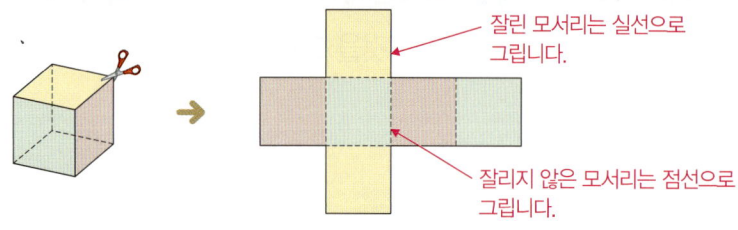

잘린 모서리는 실선으로 그립니다.

잘리지 않은 모서리는 점선으로 그립니다.

돌리거나 뒤집었을 때 같은 모양을 중복해서 세지 않으면 정육면체의 전개도는 다음과 같이 모두 11개가 있습니다.

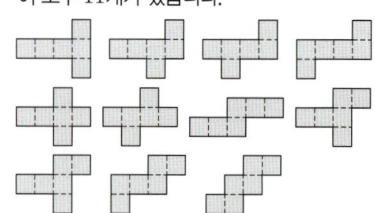

⭐ **정육면체의 전개도 살펴보기**

오른쪽 전개도를 접었을 때

• 점 ㄱ과 만나는 점: 점 ㄷ, 점 ㅋ

• 선분 ㄱㄴ과 겹치는 선분: 선분 ㄷㄴ

• 서로 평행한 면: 면 가와 면 바, 면 나와 면 라, 면 다와 면 마 → 3쌍

• 면 가와 수직인 면: 면 나, 면 다, 면 라, 면 마 → 4개

참고 정육면체의 전개도의 특징
  ① 접었을 때 서로 겹치는 면이 없습니다.
  ② 모든 모서리의 길이가 같습니다.

[1~4] 정육면체의 전개도에 ◯표 하세요.

1

( ) ( )

3
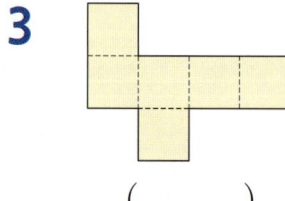
( ) ( )

정육면체의 모서리를 자르는 방법에 따라 전개도의 모양을 다양하게 그릴 수 있어요!

2
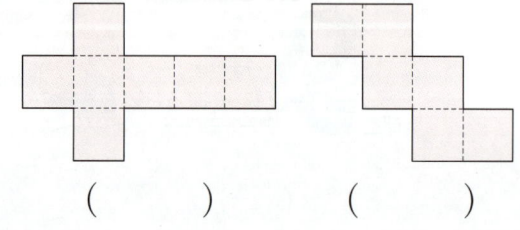
( ) ( )

4
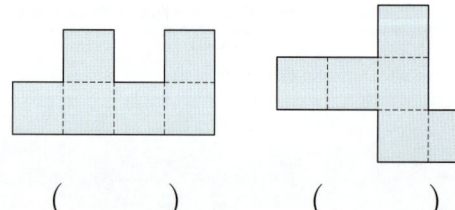
( ) ( )

[5~8] 전개도를 접어서 정육면체를 만들었습니다. 색칠한 면과 평행한 면에 색칠해 보세요.

5

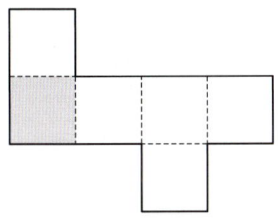

6

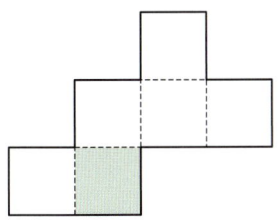

전개도를 접었을 때 색칠한 면과 마주 보는 면을 찾아요!

7

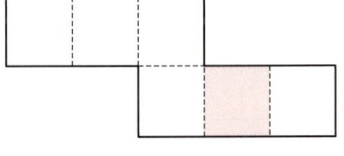

8

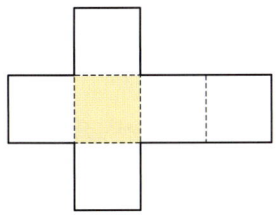

[9~12] 전개도를 접어서 정육면체를 만들었습니다. 색칠한 면과 수직인 면에 색칠해 보세요.

9

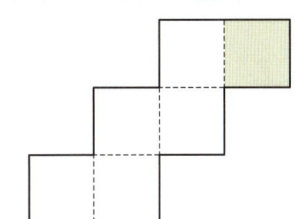

10

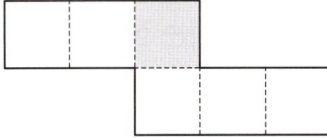

11

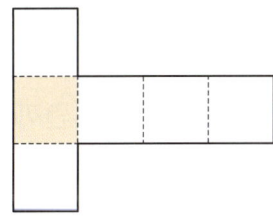

12

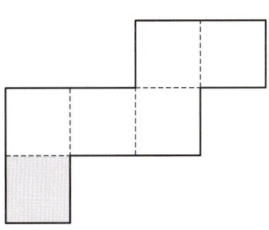

13  개념 체크

☐ 안에 알맞은 말을 써넣으세요.

정육면체의 모서리를 잘라서 펼친 그림을
정육면체의 ☐☐☐☐☐(이)라고 합니다.

5
직육면체

개념 6 직육면체의 전개도

⭐ 직육면체의 모서리를 잘라서 펼친 그림을 직육면체의 **전개도**라고 합니다.

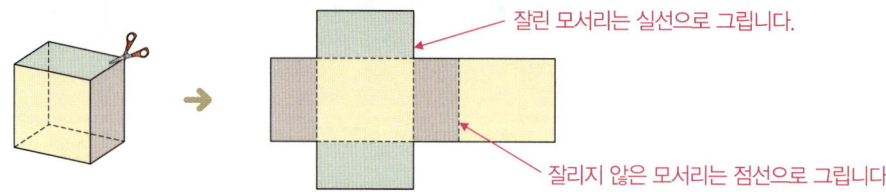

잘린 모서리는 실선으로 그립니다.

잘리지 않은 모서리는 점선으로 그립니다.

⭐ **직육면체의 전개도 살펴보기**

오른쪽 전개도를 접었을 때

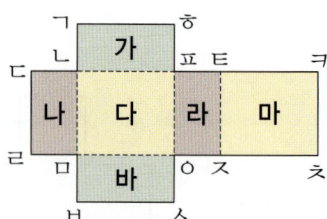

- 점 ㅎ과 만나는 점: 점 ㅌ
- 선분 ㄷㄹ과 겹치는 선분: 선분 ㅋㅊ
- 서로 평행한 면: 면 가와 면 바, 면 나와 면 라, 면 다와 면 마 └→ 3쌍
- 면 나와 수직인 면: 면 가, 면 다, 면 마, 면 바 →4개

⭐ **직육면체의 전개도 그리기**

① 잘린 모서리는 실선으로, 잘리지 않은 모서리는 점선으로 그립니다.

② 서로 마주 보는 3쌍의 면끼리 각각 모양과 크기가 같게 그립니다.

③ 전개도를 접었을 때 맞닿는 선분의 길이가 같게 그립니다. (겹치는 면이 없게 그립니다.)

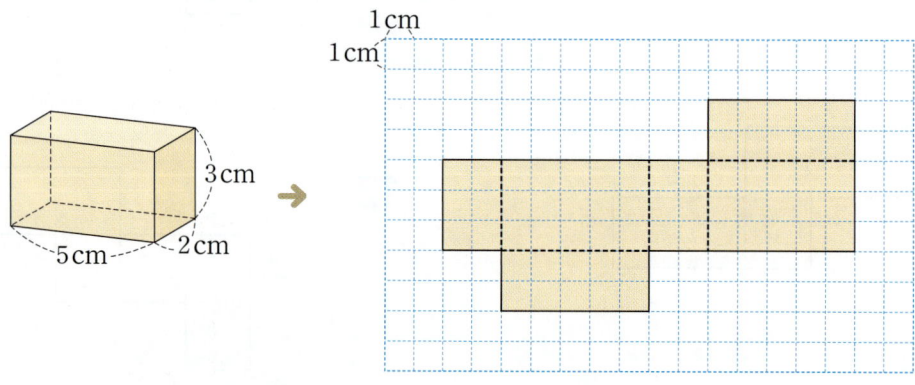

[1~2] 직육면체의 전개도에 ○표 하세요.

1

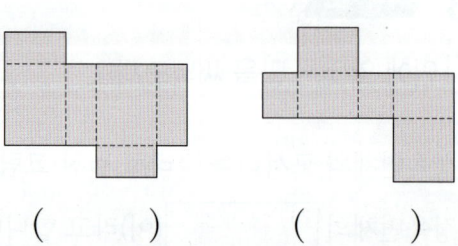

( ) ( )

2

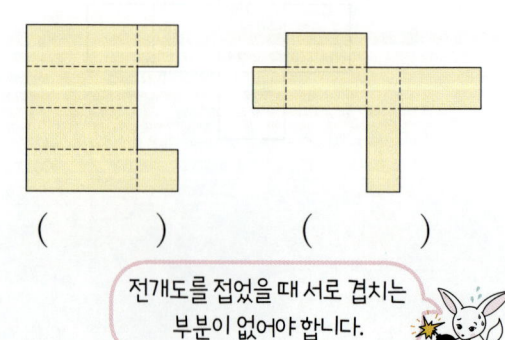

( ) ( )

전개도를 접었을 때 서로 겹치는 부분이 없어야 합니다.

● 정답 40쪽

[3~6] 전개도를 접어서 직육면체를 만들었습
니다. 색칠한 면과 평행한 면에 색칠해 보세요.

3

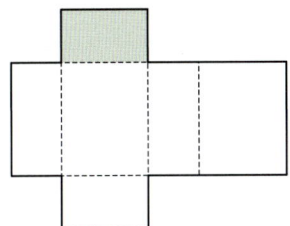

4

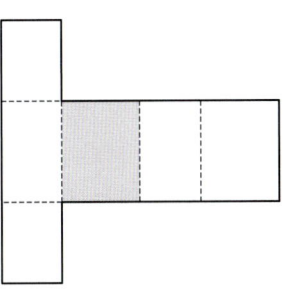

5

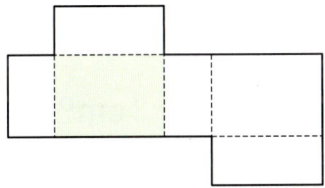

6

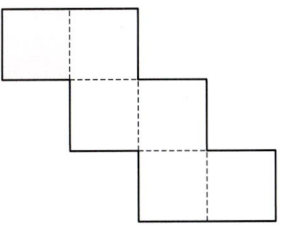

[7~9] 전개도를 접어서 직육면체를 만들었습
니다. 색칠한 면과 수직인 면에 색칠해 보세요.

7

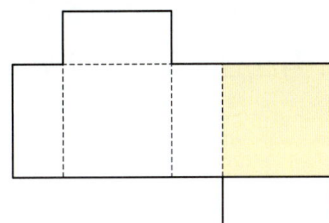

8

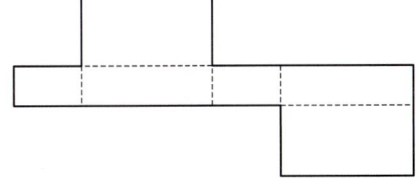

9

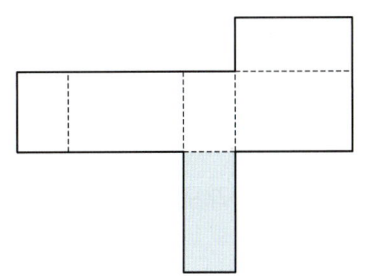

10 개념 체크

☐ 안에 알맞은 수를 넣으세요.

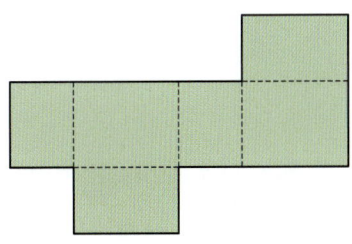

직육면체의 전개도에서

① 잘린 모서리는 ☐ (으)로 그립니다.

② 잘리지 않은 모서리는 ☐ (으)로
그립니다.

③ 그려진 면은 ☐ 개입니다.

④ 모양과 크기가 같은 면이 ☐ 쌍 있습니다.

5

직
육
면
체

개념 5 정육면체의 전개도

1 전개도를 접어서 정육면체를 만들었을 때 면 **가**와 수직인 면을 모두 찾아 써 보세요.

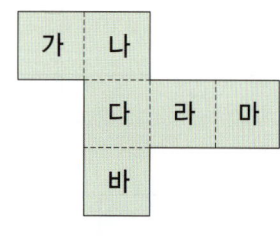

(　　　　　　　　　　　)

2 위 **1**번에서 면 **다**와 평행한 면을 찾아 써 보세요.

(　　　　　　　　　　)

3 정육면체의 전개도에서 빠진 부분을 그려 넣으세요.

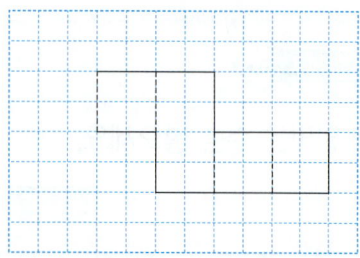

4 전개도를 접어서 정육면체를 만들었을 때 두 면 사이의 관계가 <u>다른</u> 하나를 찾아 기호를 써 보세요.

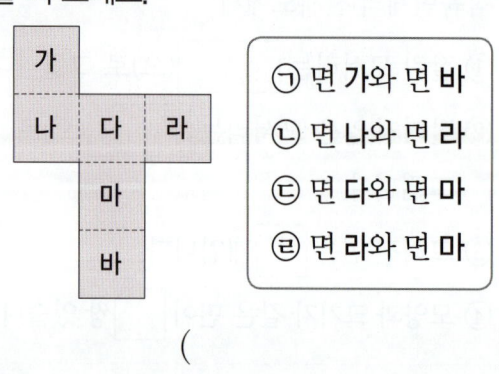

㉠ 면 **가**와 면 **바**
㉡ 면 **나**와 면 **라**
㉢ 면 **다**와 면 **마**
㉣ 면 **라**와 면 **마**

(　　　　　　　　　　)

[5~6] 전개도를 접어서 정육면체를 만들었습니다. 물음에 답하세요.

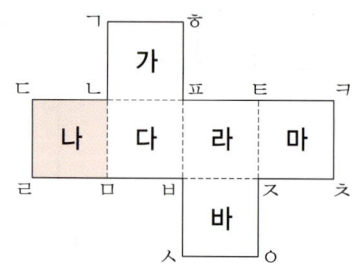

5 점 ㄷ과 만나는 점을 모두 찾아 써 보세요.

(　　　　　　　　　　)

6 주어진 선분과 겹쳐지는 선분을 찾아 써 보세요.

선분 ㄹㅁ과 (　　　　　　　　)

선분 ㄱㅎ과 (　　　　　　　　)

7 한 모서리의 길이가 3 cm인 정육면체의 전개도를 그려 보세요.

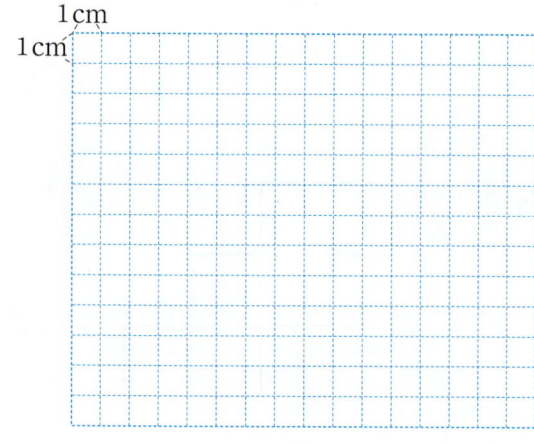

개념 6 직육면체의 전개도

8 직육면체의 전개도를 그린 것입니다. ☐ 안에 알맞은 수를 써넣으세요.

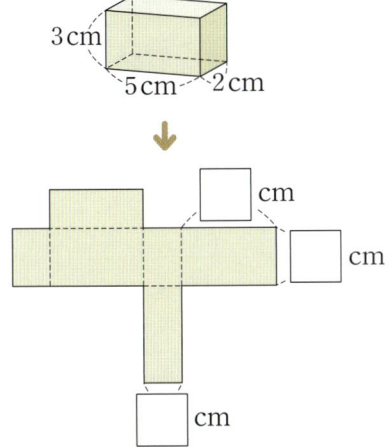

☐ cm
☐ cm
☐ cm

9 왼쪽 전개도를 접어 오른쪽 직육면체를 만들었습니다. 전개도의 ☐ 안에 알맞은 기호를 써넣으세요.

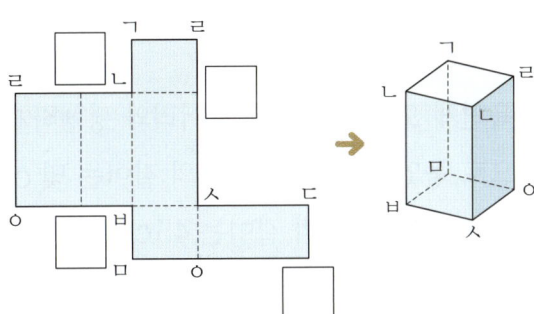

10 오른쪽 직육면체를 보고 전개도를 완성해 보세요.

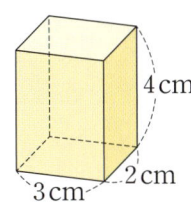

1 cm
1 cm

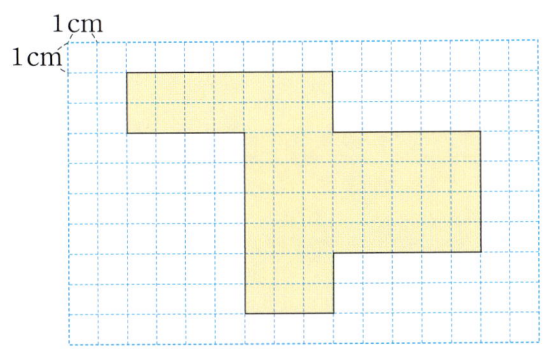

11 전개도를 접어서 직육면체를 만들었을 때 점 ㄱ과 만나는 점을 모두 찾아 써 보세요.

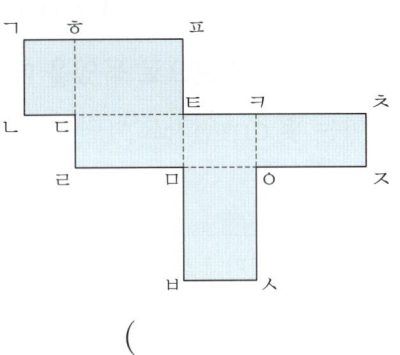

(   )

12 직육면체의 전개도에서 선분 ㄱㄴ의 길이는 몇 cm인가요?

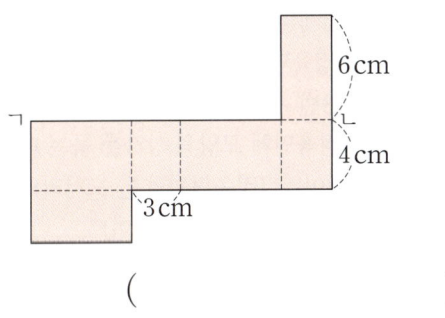

(   )

13 직육면체 모양의 선물 상자를 오른쪽 그림과 같이 끈으로 둘러서 묶었습니다. 직육면체의 전개도가 다음과 같을 때 끈이 지나가는 자리를 바르게 그려 넣으세요.

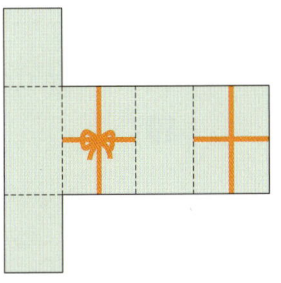

실생활 문제 다잡기

유형 1 사용한 끈의 길이 구하기

지연이가 그림과 같이 정육면체 모양의 상자를 모서리와 평행하게 끈으로 묶었을 때 사용한 끈의 길이는 몇 cm인가요? (단, 매듭의 길이는 20 cm입니다.)

지연
한 모서리의 길이가 12 cm인 정육면체 모양의 상자를 끈으로 묶었어.

핵심 체크

정육면체의 모서리와 평행하게 끈을 묶었으므로 끈이 정육면체의 4면은 한 번씩, 2면은 2번씩으로 모두 8번 지난다는 뜻입니다.

➜ (정육면체 모양의 상자를 묶는 데 사용한 끈의 길이)=(정육면체의 한 모서리의 길이)×8 +(매듭의 길이)

풀이

1단계 매듭을 제외하고 사용한 끈의 길이 구하기

한 모서리의 길이가 ☐ cm이므로
(매듭을 제외하고 사용한 끈의 길이)
= ☐ ×8= ☐ (cm)

2단계 사용한 끈의 길이 구하기

(사용한 끈의 길이)
=(매듭을 제외하고 사용한 끈의 길이)
+(매듭의 길이)
= ☐ + ☐ = ☐ (cm)

답 _____

유형 1-1

직육면체 모양의 상자를 모서리와 평행하게 끈으로 묶었을 때 사용한 끈의 길이는 몇 cm 인가요? (단, 매듭의 길이는 35 cm입니다.)

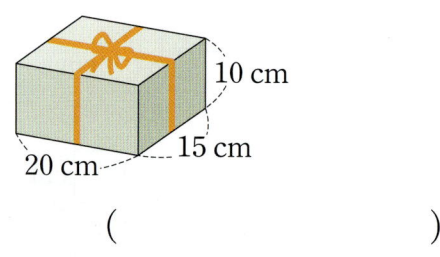

10 cm
20 cm
15 cm

( )

유형 1-2

직육면체 모양의 상자를 모서리와 평행하게 끈으로 묶었을 때 사용한 끈의 길이는 몇 cm 인가요? (단, 매듭의 길이는 45 cm입니다.)

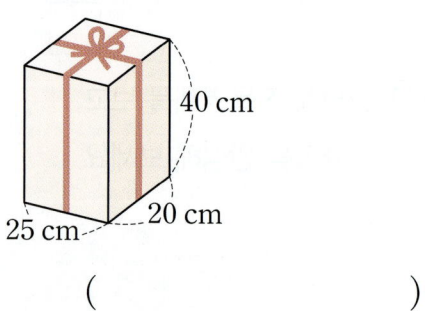

40 cm
25 cm
20 cm

( )

유형 ② 주사위의 눈의 수의 합 구하기

전개도를 접어 주사위를 만들려고 합니다.
주사위의 마주 보는 면에 있는 눈의 수의 합이
7일 때, 전개도의 면 **가**, 면 **나**에 알맞은 눈의
수의 합을 구해 보세요.

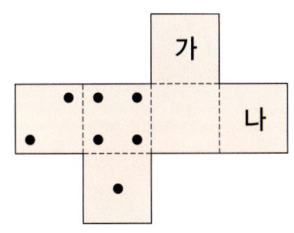

 핵심 체크

면 **가**, 면 **나**와 마주 보는 면을 알아본 후 마주 보는
눈의 수의 합이 7이 되도록 알맞은 눈의 수를
구합니다.

풀이

1단계 **면 가, 면 나에 알맞은 눈의 수 구하기**

면 **가**와 마주 보는 면의 눈의 수가 ☐ 이므로
면 **가**에 알맞은 눈의 수는 ☐ 입니다.
면 **나**와 마주 보는 면의 눈의 수가 ☐ 이므로
면 **나**에 알맞은 눈의 수는 ☐ 입니다.

2단계 **면 가, 면 나에 알맞은 눈의 수의 합 구하기**

면 **가**, 면 **나**에 알맞은 눈의 수의 합은
☐ + ☐ = ☐ 입니다.

답 ....

유형 ②-1

주사위의 마주 보는 면에 있는 눈의 수의 합은
7입니다. 주사위의 전개도에서 ㉠, ㉡, ㉢에
알맞은 눈의 수의 합을 구해 보세요.

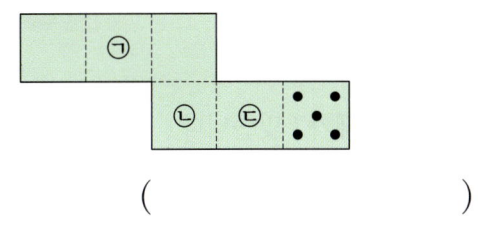

(   )

유형 ②-2

주사위에서 서로 평행한 두 면의 눈의 수의
합이 7이 되도록 전개도의 빈 곳에 눈을 알맞게
그려 넣으세요.

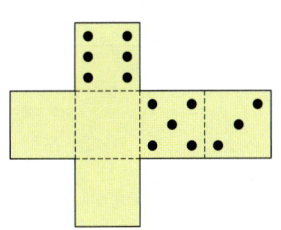

5

직육면체

서술형 대비 문제

❶ 대표 문제

다음 도형이 직육면체인지 <u>아닌지</u> 쓰고, 그 이유를 설명해 보세요.

················ ○ 힌트 체크

❶ 직육면체
➡ 직육면체는 6개의 직사각형
으로 둘러싸인 도형입니다.

답

직육면체가 (맞습니다 , 아닙니다).

이유

직육면체는 [   ] 6개로 둘러싸인 도형인데 주어진 도형은

4개의 [   ] 과 2개의 [   ] 으로 이루어져 있으므로

직육면체가 (맞습니다 , 아닙니다).

❶ 연습 문제

직육면체에 대해 <u>잘못</u> 말한 사람을 모두 찾아 이름을 쓰려고
합니다. 풀이 과정을 쓰고, 답을 구해 보세요.

○ 힌트 체크

★ 힌트가 되는 부분에 ○표
하세요!

> 민주: 서로 평행한 면은 모두 2쌍이야.
>
> 형관: 한 면과 수직인 면은 모두 4개야.
>
> 혜리: 한 꼭짓점에서 만나는 면은 모두 4개야.
>
> 영훈: 한 모서리에서 만나는 두 면은 서로 수직이야.

풀이

답

▶ 정답 43쪽

② 대표 문제

직육면체에서 면 ㄱㄴㄷㄹ과 평행한 면의 모서리 길이의 합은
몇 cm인지 풀이 과정을 쓰고, 답을 구해 보세요.

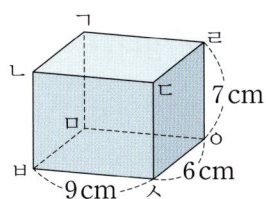

⊙ 힌트 체크

❶ 면 ㄱㄴㄷㄹ과 평행한 면
➡ 직육면체에서 서로 마주
보는 면은 평행합니다.

❷ 직육면체에서 서로 평행한
모서리의 길이는 같습니다.

풀이

면 ㄱㄴㄷㄹ과 평행한 면은 면 ☐☐☐☐ 입니다.

따라서 평행한 면의 모서리 길이의 합은

☐ + ☐ + ☐ + ☐ = ☐ (cm)입니다.

답 _____

5

직육면체

---

② 연습 문제

직육면체에서 면 ㄴㅂㅁㄱ과 평행한 면의 넓이는 몇 cm²인지
풀이 과정을 쓰고, 답을 구해 보세요.

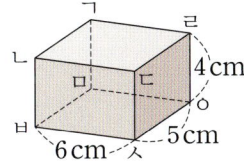

⊙ 힌트 체크

★ 힌트가 되는 부분에 ○표
하세요!

풀이

_____

_____

_____

답 _____

[1~2] 그림을 보고 물음에 답하세요.

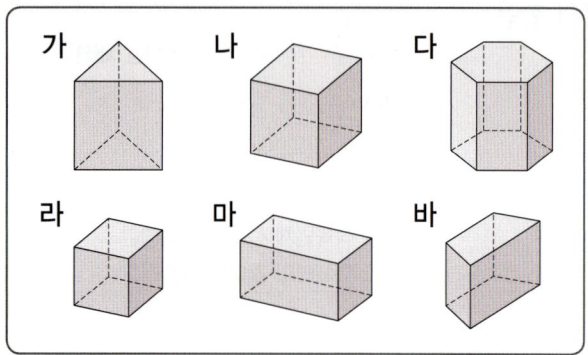

1 시험에 꼭!

정육면체를 모두 찾아 기호를 써 보세요.

( )

2

직육면체가 <u>아닌</u> 것을 모두 찾아 기호를 써 보세요.

( )

3

직육면체와 정육면체의 겨냥도를 보고 빈칸에 알맞은 수를 써넣으세요.

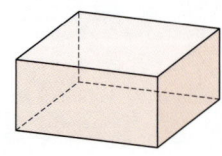 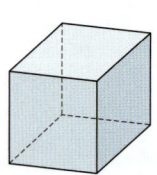

구분	직육면체	정육면체
보이는 면의 수(개)		
보이는 모서리의 수(개)		
보이는 꼭짓점의 수(개)		

4

정육면체에 대한 설명으로 <u>틀린</u> 것을 고르세요.

( )

① 면은 6개입니다.
② 꼭짓점은 8개입니다.
③ 정육면체를 직육면체라고 할 수 있습니다.
④ 모서리의 길이는 3가지입니다.
⑤ 면의 모양은 모두 정사각형입니다.

5

보기 의 직육면체에 색칠한 면과 평행한 면, 수직인 면에 색칠한 것의 기호를 찾아 각각 써 보세요.

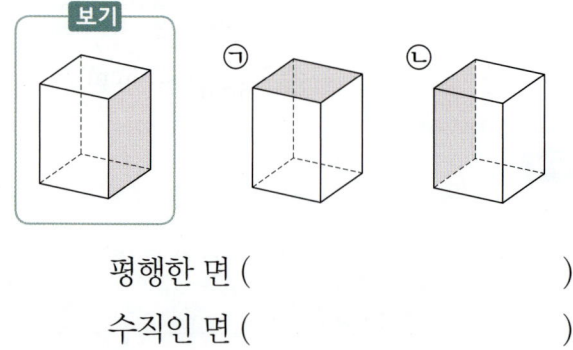

평행한 면 ( )
수직인 면 ( )

▶ 정답 44쪽

6

직육면체와 정육면체의 공통점이 <u>아닌</u> 것을 모두 고르세요. (   )

① 면의 모양   ② 면의 수

③ 모서리의 수   ④ 꼭짓점의 수

⑤ 모서리의 길이

7

준하는 미술 시간에 철사를 사용하여 정육면체를 만들었습니다. 준하가 만든 정육면체의 한 모서리의 길이는 몇 cm인가요?

철사 84 cm를 사용하여 정육면체를 만들었어.

준하

(   )

8

직육면체의 겨냥도에 서로 평행한 면을 같은 색 물감으로 칠하려고 합니다. 몇 가지 색의 물감이 필요한가요? (   )

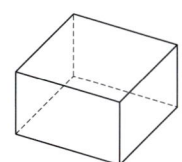

① 2가지   ② 3가지   ③ 4가지

④ 5가지   ⑤ 6가지

9

오른쪽 정육면체의 면 ㄴㅂㅅㄷ 과 면 ㅁㅂㅅㅇ이 이루는 각은 몇 도인가요?

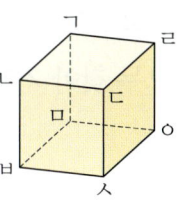

(   )

10

정육면체의 전개도를 모두 찾아 기호를 써 보세요.

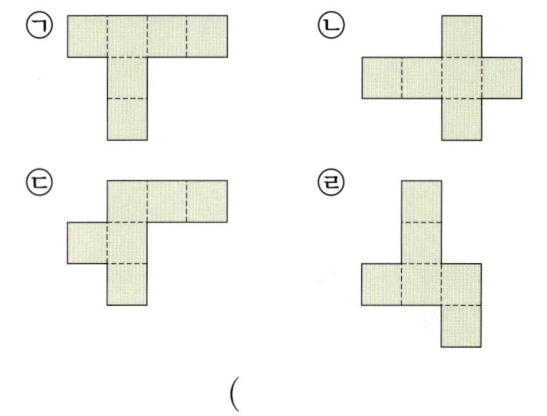

ㄱ   ㄴ

ㄷ   ㄹ

(   )

11

다음은 <u>잘못</u> 그려진 정육면체의 전개도입니다. 면 1개를 옮겨 전개도를 바르게 그려 보세요.

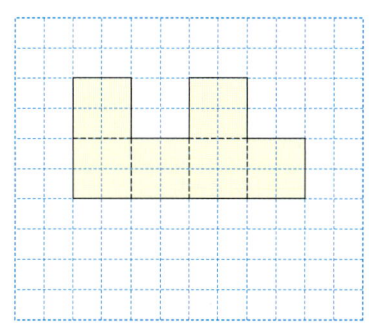

12

직육면체의 겨냥도를 보고 바르게 말한 것을
모두 찾아 기호를 써 보세요.

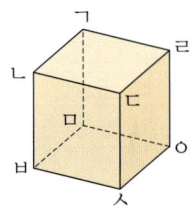

⊙ 꼭짓점 ㄴ에서 만나는 면은 3개입니다.
⊙ 면 ㄴㅂㅅㄷ에 수직인 면은 2개입니다.
⊙ 면 ㄷㅅㅇㄹ은 평행사변형처럼 보이지만
   실제 면은 직사각형 모양입니다.

(   )

13 시험에 꼭!

오른쪽 직육면체의 겨냥도
를 보고 전개도를 그려
보세요.

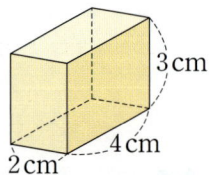

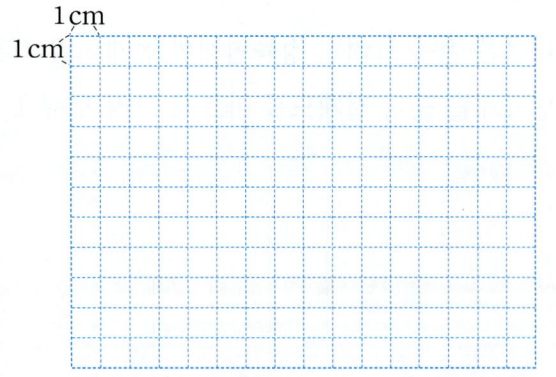

1 cm
1 cm

14

전개도를 접어서 정육면체를 만들었을 때
점 ㄴ과 만나는 점을 모두 찾아 써 보세요.

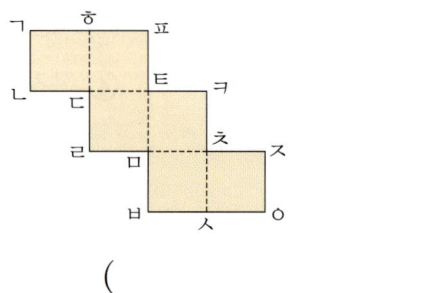

(   )

15

전개도를 접어 직육면체를 만들었을 때 선분
ㅅㅇ과 겹쳐지는 선분을 찾아 써 보세요.

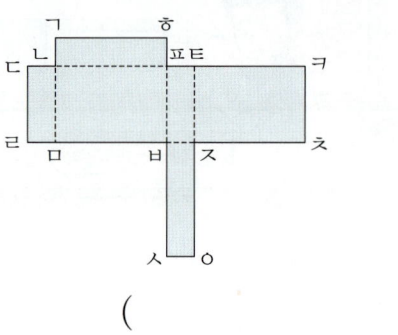

(   )

16

오른쪽 직육면체의 겨냥도에서
보이지 않는 모서리의 길이의
합은 몇 cm인가요?

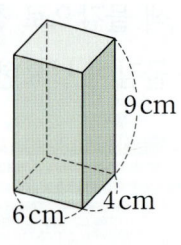

(   )

▶ 정답 44쪽

17

직육면체의 겨냥도에서 면 ㄹㅇㅅㄷ과 평행한
면의 모서리의 길이의 합은 몇 cm인가요?

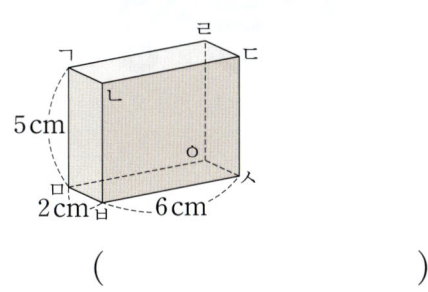

(   )

18 도전해 얍!

작은 정육면체 27개를 이어 붙여서 큰 정육면
체를 만들고 겉면을 분홍색으로 칠했습니다.
두 면에만 분홍색이 칠해진 정육면체는 모두
몇 개인가요?

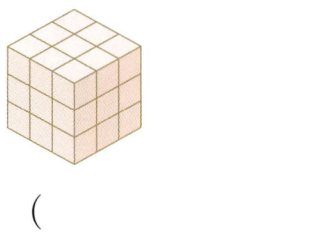

(   )

서술형 문제

19

직육면체의 겨냥도에 빠진 부분이 있습니다.
빠진 부분을 그려 넣고 어떻게 그렸는지 설명해
보세요.

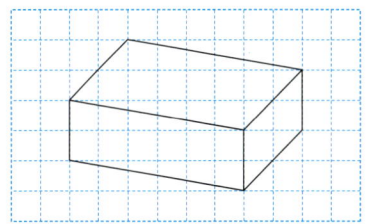

설명

20

직육면체의 전개도를 바르게 그렸는지 아닌지
쓰고, 그 이유를 써 보세요.

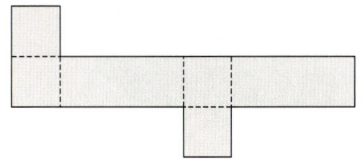

답

이유

6
단원

평균과 가능성

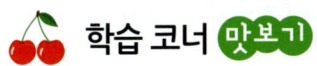

✪ (평균)=(자룟값을 모두 더한 수)÷(자료의 수)

서후네 팀이 경기별 얻은 점수

경기	첫 번째	두 번째	세 번째
점수(점)	19	20	24

→ (서후네 팀이 얻은 점수의 평균)=(얻은 점수의 합)÷(경기 수)

$$=(19+20+24)÷3$$

$$=63÷3=21(점)$$

✪ 가능성: 어떠한 상황에서 특정한 일이 일어나길 기대하는 정도

일이 일어날 가능성이 '불가능하다' 인 경우 → 0

'반반이다' 인 경우 → $\frac{1}{2}$

'확실하다' 인 경우 → 1

초콜릿이 나올 가능성은 0이에요.

초콜릿이 나올 가능성은 $\frac{1}{2}$이에요.

사탕이 나올 가능성은 1이에요.

개념 1 평균 알아보기

⭐ **평균:** 각 자룻값을 고르게 하여 그 자료를 대표하는 값

> (평균) = (자룻값을 모두 더한 수) ÷ (자료의 수)

⭐ **평균 구하기**

〈승기네 모둠의 볼링 핀 쓰러뜨리기 기록〉

이름	승기	나연	혜성
쓰러뜨린 볼링 핀 수(개)	3	4	2

자룻값이 고르게
되도록 ○를
옮겨 봐!

방법 1 자룻값을 고르게 하여 평균 구하기

4			○
3	○	○	○
2	○	○	○
1	○	○	○
볼링 핀 수(개)　　이름	승기	나연	혜성

○를 옮겨 고르게 나타내면
○가 3개씩이므로
볼링 핀 쓰러뜨리기 기록의
평균은 3개입니다.

방법 2 자룻값을 모두 더하고 자료의 수로 나누어 평균 구하기

(볼링 핀 쓰러뜨리기 기록의 평균)=(3＋4＋2)÷3＝9÷3＝3(개)

---

1 유진이네 학교 5학년 학급별 학생 수를 나타낸 표입니다. 물음에 답하세요.

〈학급별 학생 수〉

학급	1반	2반	3반	4반	5반
학생 수(명)	26	24	22	25	23

(1) 한 학급당 학생 수를 정하는 올바른 방법에 ○표 하세요.

방법	○표
각 학급의 학생 수 26, 24, 22, 25, 23 중 가장 큰 수인 26으로 정합니다.	
각 학급의 학생 수 26, 24, 22, 25, 23을 고르게 하면 24, 24, 24, 24, 24가 되므로 24로 정합니다.	

(2) ☐ 안에 알맞은 수를 써넣으세요.

　　유진이네 학교 5학년 한 학급에는 평균 ☐ 명의 학생이 있습니다.

▶ 정답 45쪽

[2~3] 자료의 평균을 구하려고 합니다.
□ 안에 알맞은 수를 써넣으세요.

2

3   4   5

(□+□+□)÷3
=□÷3=□

3

7   8   9   12

(□+□+□+□)÷4
=□÷4=□

[4~6] 자료의 평균을 구해 보세요.

4

15   21   18

(   )

5

33   39   41   35

(   )

6

70 67 60 65 68

(   )

[7~10] 표를 보고 자료의 평균을 구해 보세요.

7 〈유미의 턱걸이 기록〉

회	1회	2회	3회	4회
턱걸이 기록(개)	5	9	4	6

(   )

8 〈승주의 훌라후프 기록〉

회	1회	2회	3회
훌라후프 기록(번)	10	6	8

(   )

9 〈건율이네 모둠 학생이 받은 칭찬 도장 수〉

이름	건율	예은	상진	은호
칭찬 도장 수(개)	9	4	7	8

(   )

10 〈서후의 요일별 공부 시간〉

요일	월	화	수	목	금
공부 시간(분)	60	50	40	30	50

(   )

11  개념 체크

□ 안에 알맞은 말을 써넣으세요.

(□)=(자룟값을 모두 더한 수)
÷ (자료의 수)

6

평균과 가능성

개념 2 평균 이용하기

✪ 평균 비교하기

예 1인당 도서 대출 권 수의 평균이 가장 높은 모둠 찾기

〈모둠별 모둠원 수와 대출 권 수〉

모둠	모둠 1	모둠 2	모둠 3
모둠원 수(명)	4	5	4
대출 권 수(권)	20	25	24

(모둠 1의 대출 권 수의 평균)$=20 \div 4 = 5$(권)

(모둠 2의 대출 권 수의 평균)$=25 \div 5 = 5$(권)

(모둠 3의 대출 권 수의 평균)$=24 \div 4 = 6$(권)

→ 1인당 도서 대출 권 수의 평균이 가장 높은 모둠은 모둠 3입니다.

✪ 평균을 이용하여 자료의 값 구하기

예 현지네 아파트의 동별 자전거 수의 평균이 12대일 때, 3동의 자전거 수 구하기

〈현지네 아파트의 동별 자전거 수〉

동	1동	2동	3동	4동
자전거 수(대)	18	9		11

(자룟값의 합)
$=$(평균)$\times$(자료의 수)
를 이용해요!

(1동, 2동, 3동, 4동의 자전거 수의 합)$=12 \times 4 = 48$(대)

→ (3동의 자전거 수)$=48-(18+9+11)=10$(대)

---

1 인혜와 민아의 과녁 맞히기 점수를 나타낸 표를 보고 두 자료의 평균을 각각 구하고, 알맞은 말에 ○표 하세요.

〈인혜의 과녁 맞히기 점수〉

회	1회	2회	3회	4회	5회
점수(점)	6	8	6	7	8

〈민아의 과녁 맞히기 점수〉

회	1회	2회	3회	4회
점수(점)	7	8	8	9

(1) 인혜의 과녁 맞히기 점수의 평균은 ☐ 점입니다.

(2) 민아의 과녁 맞히기 점수의 평균은 ☐ 점입니다.

(3) 과녁 맞히기를 더 잘한 사람은 (인혜, 민아)입니다.

2 각 모둠별로 캔 고구마의 양을 나타낸 표를 보고 물음에 답하세요.

〈모둠원 수와 캔 고구마의 양〉

모둠	모둠 1	모둠 2	모둠 3
모둠원 수(명)	3	4	5
캔 고구마의 양(kg)	45	80	90

(1) 모둠별 캔 고구마 양의 평균을 구해 보세요.

- 모둠 1: 45÷□=□ (kg)

- 모둠 2: 80÷□=□ (kg)

- 모둠 3: 90÷□=□ (kg)

(2) 캔 고구마 양의 평균이 가장 높은 모둠은 어느 모둠인가요?

(   )

3 경호가 1분씩 5회 동안 기록한 타자 수를 나타낸 표입니다. 경호가 기록한 타자 수의 평균이 290타일 때, 3회의 타자 수는 몇 타인지 구하려고 합니다. □ 안에 알맞은 수를 써넣으세요.

〈회별 타자 수〉

회	1회	2회	3회	4회	5회
타자 수(타)	265	270		300	295

(1) (1회부터 5회까지 타자 수의 합)

=290×□=□(타)

(2) (3회의 타자 수)

=□−(265+270+□

+□)

=□(타)

4 아영이의 월별 독서량을 나타낸 표입니다. 1월부터 5월까지 아영이의 독서량이 평균 19권일 때, 물음에 답하세요.

〈월별 독서량〉

월	1월	2월	3월	4월	5월
독서량(권)	32	20		14	16

(1) 1월부터 5월까지 아영이의 독서량은 모두 몇 권인지 구해 보세요.

(   )

(2) 아영이는 3월에 책을 몇 권 읽었는지 구해 보세요.

(   )

5 용준이네 학교 5학년 학생들 중 안경을 쓴 학생 수를 나타낸 표입니다. 안경을 쓴 학생 수의 평균이 7명일 때 라 반에 안경을 쓴 학생은 몇 명인가요?

〈학급별 안경을 쓴 학생 수〉

학급(반)	가	나	다	라
학생 수(명)	3	11	8	

(   )

6 개념 체크

□ 안에 알맞은 말을 써넣으세요.

(자룟값의 합)=(□)×(자료의 수)

   익히기

[1~3] 지난주 월요일부터 금요일까지 요일별 최고 기온을 나타낸 표입니다. 물음에 답하세요.

〈요일별 최고 기온〉

요일	월	화	수	목	금
기온(℃)	4	5	10	7	9

1 지난주 요일별 최고 기온을 막대그래프로 나타내 보세요.

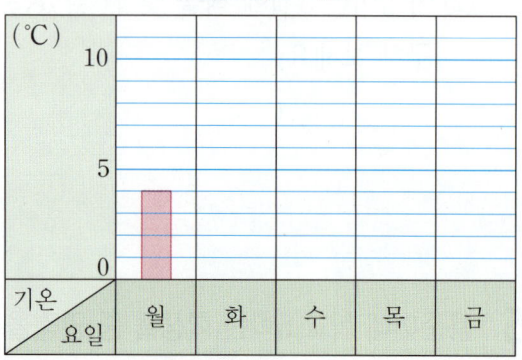

〈요일별 최고 기온〉

2 위 **1**번 막대그래프에 나타낸 막대의 높이를 고르게 해 보세요.

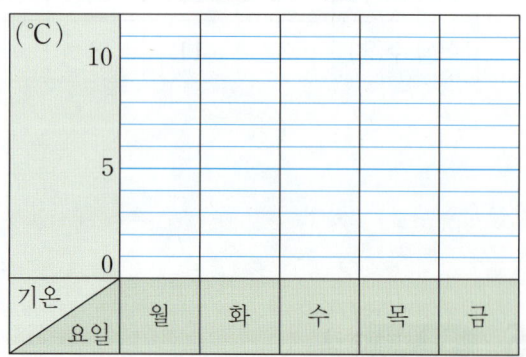

〈요일별 최고 기온〉

3 지난주 요일별 최고 기온은 평균 몇 ℃인가요?

(   )

4 은수가 5월부터 7월까지 받은 칭찬 도장의 수만큼 종이띠를 이어 붙였습니다. 종이띠를 나누어 5월부터 7월까지 받은 칭찬 도장의 평균을 구해 보세요.

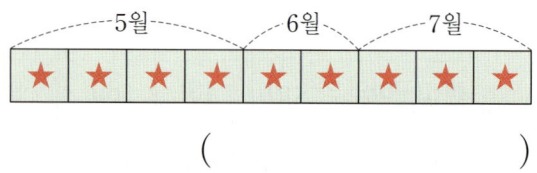

(   )

5 소담이네 모둠 학생들이 지난 주말에 운동한 시간을 나타낸 표입니다. 소담이네 모둠 학생들이 운동한 시간의 평균은 몇 분인가요?

〈소담이네 모둠 학생들이 운동한 시간〉

이름	소담	형호	은주	하람
운동 시간(분)	30	50	40	60

(   )

6 학생 수가 다른 두 모둠이 투호에 넣은 화살 수에 대해 **잘못** 말한 사람의 이름을 써 보세요.

승우네 모둠은 총 16개, 주리네 모둠은 총 15개를 넣었으므로 승우네 모둠이 더 잘했어.
은율

두 모둠의 투호에 넣은 화살 수의 평균을 구해 보면 어느 모둠이 더 잘했는지 비교할 수 있어.

태경

(   )

▶ 정답 46쪽

개념 2 평균 이용하기

[7~9] 민건이네 반에서 각 모둠별로 접은 종이학 수를 나타낸 표입니다. 물음에 답하세요.

〈모둠별 모둠원 수와 접은 종이학 수〉

모둠	모둠 1	모둠 2	모둠 3	모둠 4
모둠원 수(명)	3	4	4	5
접은 종이학 수(마리)	27	32	16	30

7 모둠별로 접은 종이학 수의 평균을 구해 보세요.

〈모둠별 접은 종이학 수의 평균〉

모둠	모둠 1	모둠 2	모둠 3	모둠 4
접은 종이학 수의 평균(마리)				

8 접은 종이학 수의 평균이 가장 높은 모둠은 어느 모둠인가요?

( )

9 모둠원 수가 4명인 모둠의 종이학 수의 평균이 8마리일 때 모둠 친구들이 접은 종이학 수를 바르게 예상한 사람의 이름을 써 보세요.

종이학을 각각 32마리씩 접었을 것 같아.

종이학을 각각 10마리, 9마리, 7마리, 6마리씩 접었을 것 같아.

인영

수호

( )

10 서온이네 반에서 각 모둠별로 모은 칭찬 붙임딱지 수를 나타낸 표입니다. 모둠별 1인당 모은 칭찬 붙임딱지 수가 가장 많은 모둠은 어느 모둠인가요?

〈모둠별 모둠원 수와 모은 칭찬 붙임딱지 수〉

모둠	모둠 1	모둠 2	모둠 3
모둠원 수(명)	5	6	4
모은 칭찬 붙임딱지 수(장)	20	30	28

( )

11 어느 농장에서 귤을 하루에 평균 420개씩 수확합니다. 이 농장에서 2주일 동안 수확한 귤은 모두 몇 개인가요?

( )

12 새롬이가 5일 동안 섭취한 열량을 나타낸 표입니다. 새롬이가 섭취한 열량의 평균은 5학년 여학생 하루 섭취 권장량인 2000킬로칼로리와 같을 때, 새롬이가 금요일에 섭취한 열량을 구해 보세요.

〈섭취한 열량〉

요일	월	화	수	목	금
열량(킬로칼로리)	2050	2150	1950	2100	

( )

6

평균과 가능성

개념 3 일이 일어날 가능성

✪ **가능성:** 어떠한 상황에서 특정한 일이 일어나길 기대할 수 있는 정도

✪ **일이 일어날 가능성을 말로 표현하기**

• '불가능하다, 아닐 것 같다, 반반이다, 일 것 같다, 확실하다' 등으로 표현할 수 있습니다.

일＼가능성	불가능하다	~아닐 것 같다	반반이다	~일 것 같다	확실하다
빨간색 구슬만 2개가 들어 있는 주머니에서 꺼낸 구슬은 파란색일 것입니다.	○				
동전을 세 번 던지면 모두 숫자 면이 나올 것입니다.		○			
동전을 던지면 그림 면이 나올 것입니다.			○		
주사위를 굴리면 주사위 눈의 수가 1 이상 5 이하로 나올 것입니다.				○	
내일 아침에 동쪽에서 해가 뜰 것입니다.					○

✪ **일이 일어날 가능성의 위치 나타내기**

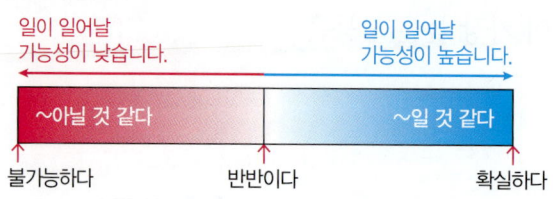

[1~4] 일이 일어날 가능성을 생각해 보고 알맞은 말에 ○표 하세요.

1 │ 계산기에 '2＋2＝'를 누르면 2가 나올 것입니다. │

(불가능하다 , 반반이다 , 확실하다)

2 │ 초록색 구슬만 1개가 들어 있는 주머니에서 꺼낸 구슬은 초록색 구슬일 것입니다. │

(불가능하다 , 반반이다 , 확실하다)

3 │ 자석의 S극과 S극이 서로 끌어당길 것입니다. │

(불가능하다 , 반반이다 , 확실하다)

4 │ 지금 교실에 들어오는 학생은 여학생일 것입니다. │

(불가능하다 , 반반이다 , 확실하다)

▶ 정답 47쪽

[5~6] 일이 일어날 가능성을 알맞게 표현한 곳에 ◯표 하세요.

5

가능성 일	불가능 하다	~아닐 것 같다	반반 이다	~일 것 같다	확실 하다
주사위를 5번 던지면 주사위 눈의 수는 모두 6이 나올 것입니다.					
오늘이 금요일이니까 내일은 토요일이 될 것입니다.					
내일은 오늘보다 더 더울 것입니다.					
내년 8월에는 1월보다 비가 자주 올 것입니다.					

내일은 오늘보다 덥거나 추울 가능성이 반반입니다.

6

가능성 일	불가능 하다	~아닐 것 같다	반반 이다	~일 것 같다	확실 하다
내일 집 앞에서 살아 있는 공룡을 볼 것입니다.					
주사위를 던졌을 때 눈의 수가 홀수가 나올 것입니다.					
사탕 2개와 초콜릿 5개가 들어 있는 주머니에서 1개를 꺼내면 초콜릿일 것입니다.					
올챙이가 자라면 개구리가 될 것입니다.					

[7~10] 일이 일어날 가능성을 판단하여 해당하는 곳을 찾아 기호를 써 보세요.

일이 일어날 가능성이 낮습니다. ◀──── ────▶ 일이 일어날 가능성이 높습니다.

② ~아닐 것 같다	④ ~일 것 같다

① 불가능하다   ③ 반반이다   ⑤ 확실하다

7 내년에는 어린이날이 5월 1일일 것입니다.

(   )

8 겨울에는 반팔티를 입은 사람이 많을 것입니다.

(   )

9 오늘 박물관을 방문한 사람의 수는 홀수일 것입니다.

(   )

10 오후 5시에서 1시간 후는 오후 6시입니다.

(   )

11 개념 체크

☐ 안에 알맞은 말을 써넣으세요.

어떠한 상황에서 특정한 일이 일어나길 기대할 수 있는 정도를 ☐☐☐(이)라고 합니다.

개념 4 일이 일어날 가능성 비교하기

☆ 회전판을 돌릴 때 화살이 초록색에 멈출 가능성 알아보기

불가능하다   ~아닐 것 같다   반반이다   ~일 것 같다   확실하다

• 화살이 초록색에 멈출 가능성이 높은 회전판을 차례로 살펴보면 다음과 같습니다.

회전판에서 초록색 부분이 넓을수록 회전판을 돌릴 때 화살이 초록색에 멈출 가능성이 높습니다.

[1~2] 회전판을 돌렸을 때 화살이 분홍색에 멈출 가능성을 보기 에서 찾아 기호를 써 보세요.

보기
㉠ 불가능하다   ㉡ ~아닐 것 같다
㉢ 반반이다   ㉣ ~일 것 같다
㉤ 확실하다

1

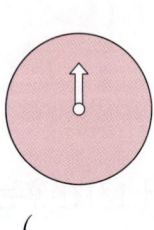

(   )

2

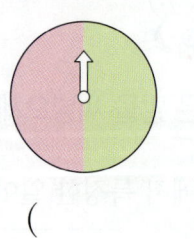

(   )

[3~4] 연두색과 주황색을 사용하여 만든 회전판을 보고 물음에 답하세요.

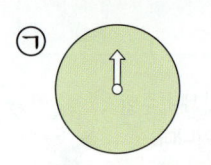 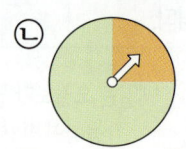 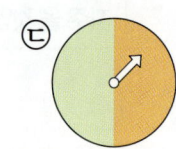

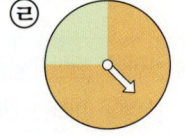 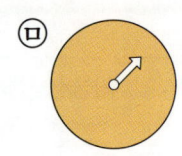

3 화살이 주황색에 멈추는 것이 불가능한 회전판을 찾아 기호를 써 보세요.

(   )

4 화살이 연두색에 멈출 가능성이 낮은 회전판부터 차례대로 써 보세요.

(   )

▶ 정답 47~48쪽

개념 5 **일이 일어날 가능성을 수로 표현하기**

☆ '**불가능하다**'이면 **0**, '**반반이다**'이면 $\frac{1}{2}$, '**확실하다**'이면 **1**로 표현할 수 있습니다.

• 회전판을 돌릴 때 화살이 분홍색에 멈출 가능성을 수로 표현하기

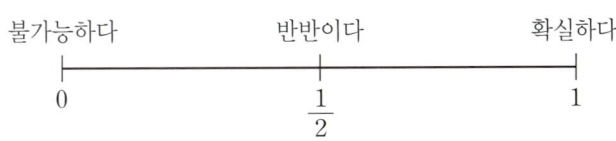

회전판	가	나	다
가능성	불가능하다	반반이다	확실하다
수	0	$\frac{1}{2}$	1

[1~6] 일이 일어날 가능성을 수직선에 ↓로 나타내 보세요.

1 오른쪽 상자에서 공을 한 개 꺼낼 때 파란색 공을 꺼낼 가능성

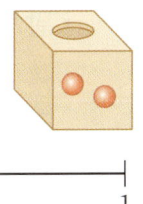

4 회전판을 돌릴 때 화살이 연두색에 멈출 가능성

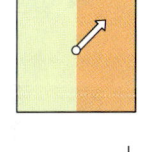

2 오른쪽 상자에서 공을 한 개 꺼낼 때 파란색 공을 꺼낼 가능성

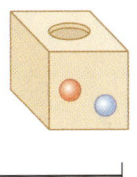

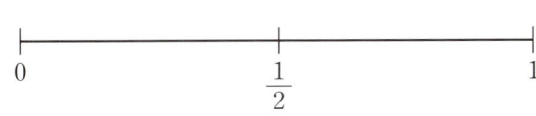

5 회전판을 돌릴 때 화살이 연두색에 멈출 가능성

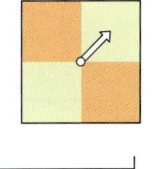

3 오른쪽 상자에서 공을 한 개 꺼낼 때 파란색 공을 꺼낼 가능성

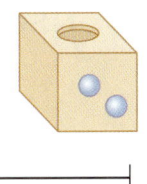

6 회전판을 돌릴 때 화살이 연두색에 멈출 가능성

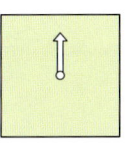

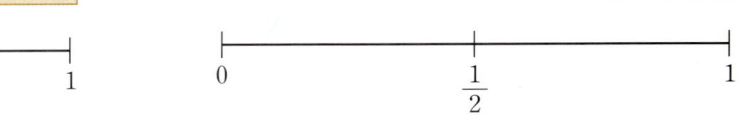

[7~9] 카드 4장 중 한 장을 뽑았습니다. 알맞은 말이나 수에 ◯표 하세요.

7 를 뽑을 가능성

- 말로 표현하기
  ➡ (불가능하다, 반반이다, 확실하다)
- 수로 표현하기 ➡ (0, $\frac{1}{2}$, 1)

8 ■ 를 뽑을 가능성

- 말로 표현하기
  ➡ (불가능하다, 반반이다, 확실하다)
- 수로 표현하기 ➡ (0, $\frac{1}{2}$, 1)

9 ★ 를 뽑을 가능성

- 말로 표현하기
  ➡ (불가능하다, 반반이다, 확실하다)
- 수로 표현하기 ➡ (0, $\frac{1}{2}$, 1)

[10~12] 주사위를 한 번 굴렸습니다. 알맞은 말이나 수에 ◯표 하세요.

10 주사위 눈의 수가 6 이하로 나올 가능성

- 말로 표현하기
  ➡ (불가능하다, 반반이다, 확실하다)
- 수로 표현하기 ➡ (0, $\frac{1}{2}$, 1)

11 주사위 눈의 수가 홀수로 나올 가능성

- 말로 표현하기
  ➡ (불가능하다, 반반이다, 확실하다)
- 수로 표현하기 ➡ (0, $\frac{1}{2}$, 1)

12 주사위 눈의 수가 2의 배수로 나올 가능성

- 말로 표현하기
  ➡ (불가능하다, 반반이다, 확실하다)
- 수로 표현하기 ➡ (0, $\frac{1}{2}$, 1)

▶ 정답 48쪽

[13~18] 일이 일어날 가능성을 수로 표현해 보세요.

13 ○, × 문제에서 ×라고 답했을 때 정답을 맞힐 가능성

(   )

14 당첨 제비만 5개 들어 있는 제비뽑기 상자에서 제비 1개를 뽑았을 때, 뽑은 제비가 당첨 제비일 가능성

(   )

15 내일 같은 반 친구들이 모두 같은 옷을 입고, 같은 신발을 신고 올 가능성

호영   진아

(   )

16 주사위를 던져서 나온 눈의 수가 3 이하로 나올 가능성

(   )

17 검은색 바둑돌 4개가 들어 있는 주머니에서 바둑돌 1개를 꺼낼 때 검은색일 가능성

(   )

18 회전판을 돌릴 때 화살이 보라색에 멈출 가능성

(   )

19 개념 체크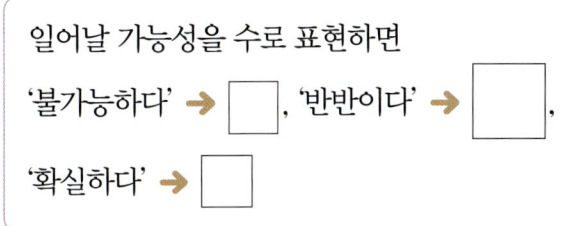

☐ 안에 알맞은 수를 써넣으세요.

일어날 가능성을 수로 표현하면
'불가능하다' → ☐, '반반이다' → ☐, '확실하다' → ☐

개념 3 일이 일어날 가능성

1 일이 일어날 가능성에 대해 알맞게 표현한 것에 ◯표 하세요.

> 12월 달력에는 32일까지 있을 것입니다.

불가능하다	~아닐 것 같다	반반이다	~일 것 같다	확실하다

2 일이 일어날 가능성을 찾아 이어 보세요.

5학년 학생은 키가 모두 같습니다.	확실하다
주사위를 2번 굴리면 주사위 눈의 수가 모두 4가 나올 것입니다.	~일 것 같다
은행에서 뽑은 대기 번호표의 번호는 짝수일 것입니다.	반반이다
여름에는 겨울보다 비가 더 자주 올 것입니다.	~아닐 것 같다
내년에는 3월이 5월보다 빨리 올 것입니다.	불가능하다

3 일이 일어날 가능성을 나타낼 수 있는 상황을 주변에서 찾아 한 가지씩 써 보세요.

일이 일어날 가능성	내용
불가능하다	
확실하다	

개념 4 일이 일어날 가능성 비교하기

[4~6] 분홍색과 노란색을 사용하여 만든 회전판을 보고 물음에 답하세요.

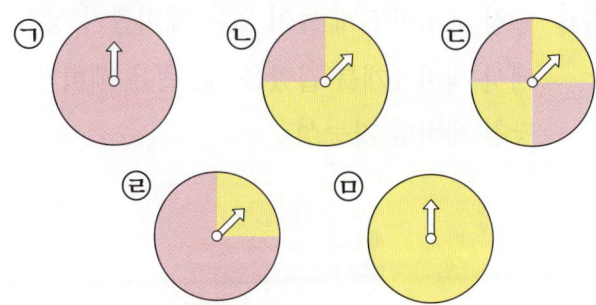

4 화살이 노란색에 멈추는 것이 확실한 회전판을 찾아 써 보세요.

( )

5 회전판 ㉡과 ㉢ 중에서 화살이 노란색에 멈출 가능성이 더 높은 회전판을 찾아 써 보세요.

( )

6 화살이 노란색에 멈출 가능성이 높은 회전판부터 차례대로 써 보세요.

( )

▶ 정답 48~49쪽

[7~8] 다현이와 친구들이 말한 일이 일어날 가능성을 비교해 보려고 합니다. 물음에 답하세요.

 다현
동전 3개를 동시에 던지면 3개 모두 숫자 면이 나올 거야.

나는 지금 5학년이니까 내년에는 6학년이 될 거야.  주영

 해솔
일요일 다음에는 화요일이 올 거야.

흰색 바둑돌 1개와 검은색 바둑돌 1개가 들어 있는 주머니에서 바둑돌 1개를 꺼내면 검은색 바둑돌이 나올 거야.  지호

7 일이 일어날 가능성이 '불가능하다'인 경우를 말한 친구는 누구인가요?

( )

8 일이 일어날 가능성이 높은 순서대로 친구의 이름을 써 보세요.

(, , ,)

개념 5 **일이 일어날 가능성을 수로 표현하기**

9 규은이가 꺼낸 바둑돌이 흰색 바둑돌일 가능성을 수로 표현해 보세요.

 규은
검은색 바둑돌만 들어 있는 통에서 바둑돌을 1개 꺼냈어.

( )

10 유정이네 모둠과 승근이네 모둠이 피구를 하려고 합니다. 동전을 던져 숫자 면이 나오면 유정이네 모둠이, 그림 면이 나오면 승근이네 모둠이 먼저 공격을 하려고 합니다.
유정이네 모둠이 먼저 공격을 하게 될 가능성을 ↓로 나타내고 수로 표현해 보세요.

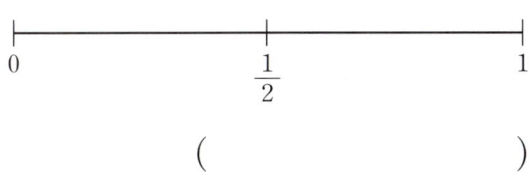

( )

[11~12] 준영이가 공깃돌 개수 맞히기를 하고 있습니다. 공깃돌 8개가 들어 있는 주머니에서 손에 잡히는 대로 공깃돌을 꺼냈습니다. 물음에 답하세요.

11 꺼낸 공깃돌의 개수가 짝수일 가능성을 말과 수로 표현해 보세요.

말 _____

수 _____

12 꺼낸 공깃돌의 개수가 짝수일 가능성과 회전판의 화살이 초록색에 멈출 가능성이 같도록 회전판을 색칠해 보세요.

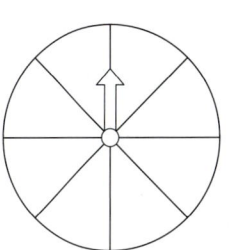

6 평균과 가능성

유형 ① 평균을 이용하여 자료의 값 구하기

재석이와 명수의 팔 굽혀 펴기 기록을 나타낸 표입니다. 두 사람의 팔 굽혀 펴기 기록의 평균이 같을 때, 재석이의 2회 기록은 몇 번인지 구해 보세요.

〈재석이의 기록〉

회	기록(번)
1회	15
2회	
3회	9

〈명수의 기록〉

회	기록(번)
1회	13
2회	10
3회	11
4회	14

핵심 체크

먼저 명수의 팔 굽혀 펴기 기록의 평균을 구한 후 재석이의 기록의 합을 구합니다.

풀이

1단계 명수의 기록의 평균 구하기

(명수의 팔 굽혀 펴기 기록의 평균)

$= (13 + 10 + \boxed{} + \boxed{}) \div \boxed{}$

$= \boxed{} \div \boxed{} = \boxed{}$ (번)

2단계 재석이의 기록의 합 구하기

재석이의 기록의 평균도 $\boxed{}$ 번이므로

(재석이의 팔 굽혀 펴기 기록의 합)

$= \boxed{} \times \boxed{} = \boxed{}$ (번)

3단계 재석이의 2회 기록 구하기

(재석이의 2회 기록)

$= \boxed{} - (15 + 9) = \boxed{}$ (번)

답

유형 ①-1

하진이네 모둠과 태형이네 모둠의 100 m 달리기 기록을 나타낸 표입니다. 두 모둠의 100 m 달리기 기록의 평균이 같을 때, 물음에 답하세요.

〈하진이네 모둠의 100 m 달리기 기록〉

이름	기록(초)
하진	22
채림	23
진규	19
보경	24

〈태형이네 모둠의 100 m 달리기 기록〉

이름	기록(초)
태형	18
예원	26
승환	
지선	25
상욱	20

(1) 하진이네 모둠의 100 m 달리기 기록의 평균은 몇 초인지 구해 보세요.

( )

(2) 태형이네 모둠의 100 m 달리기 기록의 합을 구해 보세요.

( )

(3) 승환이의 100 m 달리기 기록은 몇 초인지 구해 보세요.

( )

▶ 정답 49쪽

유형 2 일이 일어날 가능성 비교하기

일이 일어날 가능성이 높은 순서대로 기호를 써 보세요.

> ㉠ 어미 사자가 고양이를 낳을 것입니다.
> ㉡ 동전을 던지면 그림 면이 나올 것입니다.
> ㉢ 한여름 최고 기온은 30 ℃가 넘을 것 입니다.

핵심 체크

'일이 일어날 가능성'에서 '불가능하다', '반반이다', '확실하다'라는 힌트를 이용합니다.
이때 가능성의 정도가 '확실하다'에 가까울수록 일이 일어날 가능성이 높습니다.

풀이

1단계 일이 일어날 가능성을 각각 말로 표현하기

㉠ (불가능하다 , 반반이다 , 확실하다)

㉡ (불가능하다 , 반반이다 , 확실하다)

㉢ (불가능하다 , 반반이다 , 확실하다)

2단계 일이 일어날 가능성을 비교하기

일이 일어날 가능성이 높은 순서대로 기호를 쓰면 ☐ , ☐ , ☐ 입니다.

답

유형 2 -1

일이 일어날 가능성이 높은 순서대로 기호를 써 보세요.

> ㉠ 동전을 던졌을 때 모서리 부분이 설 것입니다.
> ㉡ 여름에는 겨울보다 야외 물놀이를 더 많이 할 것입니다.
> ㉢ 은행에서 뽑은 대기 번호표의 번호는 홀수일 것입니다.

(   )

유형 2 -2

일이 일어날 가능성이 높은 순서대로 이름을 써 보세요.

바둑돌 6개가 들어 있는 주머니에서 바둑돌을 꺼냈을 때 바둑돌의 개수가 홀수개야.

진아

횡단보도에서 빨간색 불이 꺼진 다음에는 초록색 불이 켜질 거야.

지연

계산기에 5 × 4 = 를 누르면 9가 나올 거야.

호영

(   )

1 대표 문제

재찬이가 7월부터 9월까지 읽은 책 수를 나타 낸 표입니다. 10월에 책을 더 읽어서 읽은 책 수의 평균이 1권 더 늘어났습니다. 재찬이가 10월에 읽은 책은 몇 권인지 풀이 과정을 쓰고, 답을 구해 보세요.

○ 힌트 체크

❶ 읽은 책 수의 평균이 1권 더 늘어났습니다.
➡ 평균이 1 높아지려면 전체 자룟값의 합은 어떻게 변해야 하는지 식을 세워 봅니다.

〈재찬이가 월별 읽은 책의 수〉

월	7월	8월	9월
책 수(권)	9	15	12

풀이

(7월부터 9월까지 읽은 책 수의 평균)

$=(9+15+12)\div\boxed{}=36\div\boxed{}=\boxed{}$ (권)

(7월부터 10월까지 읽은 책 수의 평균)$=\boxed{}+1=\boxed{}$ (권)

(10월에 읽은 책 수를 포함한 전체 책 수)$=\boxed{}\times4=\boxed{}$ (권)

따라서 재찬이가 10월에 읽은 책은

$\boxed{}-(9+15+12)=\boxed{}-36=\boxed{}$ (권)입니다.

답

1 연습 문제

서준이네 모둠의 멀리 던지기 기록을 나타낸 표입니다. 전학생 1명이 와서 멀리 던지기 기록의 평균이 처음 평균보다 1 m 더 적어졌습니다. 이 전학생의 멀리 던지기 기록은 몇 m인지 풀이 과정을 쓰고, 답을 구해 보세요.

○ 힌트 체크

★ 힌트가 되는 부분에 ○표 하세요!

〈서준이네 모둠의 멀리 던지기 기록〉

이름	서준	태희	근영	빛나
기록(m)	37	40	43	36

풀이

답

2 대표 문제

상자 안에 1번부터 6번까지의 번호표가 들어
있습니다. 상자에서 번호표를 한 개 꺼낼 때
2의 배수가 적힌 번호표를 꺼낼 가능성을
수로 표현하려고 합니다. 풀이 과정을 쓰고,
답을 구해 보세요.

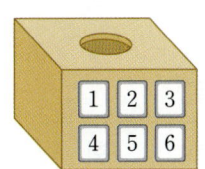

힌트 체크

❶ 2의 배수 ➡ 2, 4, 6, 8, 10, …

❷ 가능성 ➡ 가능성을 $0, \frac{1}{2}, 1$의
수로 표현할 수 있습니다.

풀이

번호표에 적힌 수는 1, 2, 3, 4, 5, 6으로 ☐ 가지입니다.

이 중 2의 배수인 경우는 ☐ , ☐ , ☐ 으로 ☐ 가지입니다.

따라서 2의 배수가 적힌 번호표를 꺼낼 가능성은

(불가능하다, 반반이다, 확실하다)이므로

2의 배수가 적힌 번호표를 꺼낼 가능성을 수로 표현하면

($0, \frac{1}{2}, 1$)입니다.

답

2 연습 문제

상자 안에 1번부터 8번까지의 번호표가
들어 있습니다. 상자에서 번호표를 한 개
꺼낼 때 6의 약수가 적힌 번호표를 꺼낼
가능성을 수로 표현하려고 합니다. 풀이
과정을 쓰고, 답을 구해 보세요.

힌트 체크

★ 힌트가 되는 부분에 ◯표
하세요!

풀이

답

6

평균과 가능성

[1~2] 혜정이네 모둠의 단체 줄넘기 기록을 나타낸 표입니다. 물음에 답하세요.

〈혜정이네 모둠의 단체 줄넘기 기록〉

회	1회	2회	3회	4회
단체 줄넘기 기록(개)	2	5	4	1

1

혜정이네 모둠의 단체 줄넘기 기록만큼 ○를 그려 나타냈습니다. 단체 줄넘기 기록을 고르게 하기 위해 ○표를 옮겨 그려 보세요.

5		○		
4		○	○	
3		○	○	
2	○	○	○	
1	○	○	○	○
줄넘기 기록(개) / 회	1회	2회	3회	4회

↓

5				
4				
3				
2				
1				
줄넘기 기록(개) / 회	1회	2회	3회	4회

2

혜정이네 모둠의 단체 줄넘기 기록은 평균 몇 개인가요?

( )

[3~4] 일이 일어날 가능성을 생각해 보고 알맞게 표현한 것에 ○표 하세요.

3

> 2028년에는 13월까지 있을 것입니다.

(불가능하다 , 반반이다 , 확실하다)

4

> 짝을 바꾸면 남학생일 것입니다.

(불가능하다 , 반반이다 , 확실하다)

[5~6] 수빈이네 모둠 학생들의 키를 나타낸 표입니다. 물음에 답하세요.

〈수빈이네 모둠 학생들의 키〉

이름	수빈	희정	이안	다연
키(cm)	152	148	154	146

5 시험에 꼭!

수빈이네 모둠 학생들의 키는 평균 몇 cm인지 구해 보세요.

( )

6

키가 평균보다 큰 학생의 이름을 모두 써 보세요.

( )

▶ 정답 52쪽

[7~9] 용석이와 친구들이 말한 일이 일어날 가능성을 생각해 보고 물음에 답하세요.

용석
내년에는 3월이 7월보다 빨리 올 거야.

서형
주머니에 든 구슬 10개는 초록색 인데, 내가 구슬 1개를 꺼낼 때 꺼낸 구슬은 보라색일 거야.

예림
전학 올 학생은 남학생일 거야.

7

용석이가 말한 일이 일어날 가능성을 수직선에 ↓로 나타내 보세요.

0 ——————— $\frac{1}{2}$ ——————— 1

8 시험에 꼭!

서형이가 말한 일이 일어날 가능성을 말과 수로 표현해 보세요.

말 ....

수 ....

9

일이 일어날 가능성이 높은 순서대로 이름을 써 보세요.

(   )

[10~11] 정수네 모둠과 효리네 모둠이 항아리에 넣은 화살 수를 나타낸 표입니다. 물음에 답하세요.

〈정수네 모둠〉

이름	넣은 화살 수(개)
정수	8
민주	6
영은	4

〈효리네 모둠〉

이름	넣은 화살 수(개)
효리	5
병우	7
윤기	3
소희	5

10

정수네 모둠과 효리네 모둠이 항아리에 넣은 화살 수의 평균은 각각 몇 개인가요?

정수네 모둠 (   )
효리네 모둠 (   )

11

어느 모둠이 더 잘했다고 볼 수 있나요?

(   )

[12~13] 빛나가 왕복 오래달리기를 4회 했을 때 얻은 기록을 나타낸 표입니다. 물음에 답하세요.

〈빛나의 왕복 오래달리기 기록〉

회	1회	2회	3회	4회
기록(번)	86	90	88	96

12

빛나가 4회 동안 얻은 기록의 평균을 구해 보세요.

(   )

13

빛나가 5회 동안 얻은 기록의 평균이 4회 동안 얻은 기록의 평균보다 높아졌다면 5회에 얻은 기록을 예상해 보세요.

14

회전판을 돌렸을 때 화살이 빨간색에 멈출 가능성이 높은 순서대로 기호를 써 보세요.

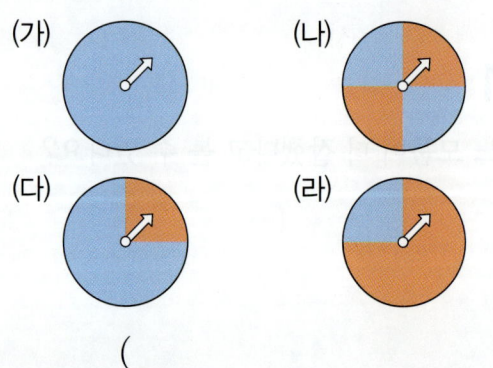

(가)   (나)   (다)   (라)

(   )

[15~16] 각각의 주머니에서 공을 한 개 꺼낼 때 일이 일어날 가능성을 비교하려고 합니다. 물음에 답하세요.

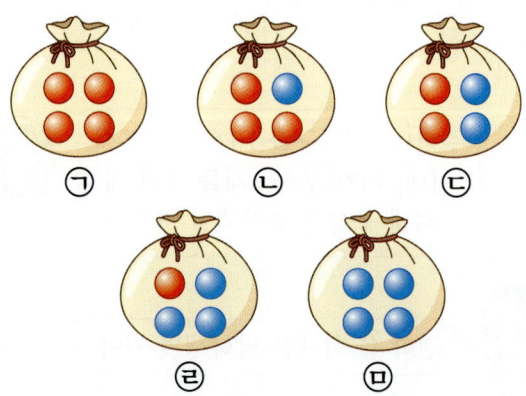

㉠   ㉡   ㉢

㉣   ㉤

15

빨간색 공을 꺼낼 가능성과 파란색 공을 꺼낼 가능성이 비슷한 주머니는 어느 것인지 기호를 써 보세요.

(   )

16

파란색 공을 꺼낼 가능성이 가장 높은 주머니는 어느 것인지 기호를 써 보세요.

(   )

▶ 정답 52쪽

17

지민이가 상자 안에서 공을 한 개 꺼낼 때 13이 적힌 공을 꺼낼 가능성을 말로 표현해 보세요.

상자 안에는 1부터 12까지의 수가 적힌 공이 있어.

지민

말

_____

_____

18 도전해 얍!

주리네 모둠 남학생과 여학생의 농구공 던져 넣기 기록의 평균을 각각 나타낸 표입니다. 주리네 모둠 전체 학생들의 농구공 던져 넣기 기록의 평균은 몇 개인지 구해 보세요.

남학생 4명	11개
여학생 3명	4개

(   )

 **서술형 문제**

19

명진이네 모둠 학생들이 독서한 시간을 나타낸 표입니다. 명진이네 모둠 학생들의 평균 독서 시간을 두 가지 방법으로 구해 보세요.

〈명진이네 모둠 학생들이 독서한 시간〉

이름	명진	상태	지윤	수정
독서 시간(분)	40	35	50	55

방법 1 평균을 예상하고 자룟값을 고르게 하기

방법 2 자룟값을 모두 더하고 자료의 수로 나누기

20

일이 일어날 가능성이 더 큰 것을 찾아 기호를 쓰고 가능성을 수로 표현하려고 합니다. 풀이 과정을 쓰고, 답을 구해 보세요.

> ㉠ 2와 7을 곱하면 14가 될 가능성
> ㉡ 표범과 거북이가 달렸을 때 거북이가 이길 가능성

풀이

_____

_____

(   ), (   )

1 24 이하인 수에 ○표, 24 초과인 수에 △표 하세요.

21	22	23	24
25	26	27	28

2 반올림하여 백의 자리까지 나타내면 3500 이 되는 수에 ○표 하세요.

3490	3600	3599	3449

3 상규가 처음에 생각한 자연수는 무엇인지 구해 보세요.

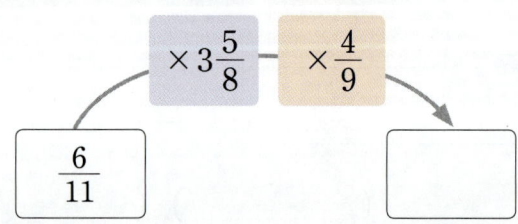

네가 생각한 어떤 자연수에 9를 곱해서 나온 수를 버림하여 십의 자리까지 나타내면 얼마야?

60이야.

태희　　　　　　　　상규

(　　　　　　　　　)

4 빈칸에 알맞은 수를 써넣으세요.

$\dfrac{6}{11}$　$\times 3\dfrac{5}{8}$　$\times \dfrac{4}{9}$　□

5 오른쪽 분수의 곱셈식에 알맞은 문제를 만들고 답을 구해 보세요.

$1\dfrac{2}{7} \times 5$

문제

답

6 □ 안에 들어갈 수 있는 자연수를 모두 구해 보세요.

$$\dfrac{1}{30} < \dfrac{1}{7} \times \dfrac{1}{\square}$$

(　　　　　　　　　)

7 정원사가 오후에 손질하려고 하는 나무의 양은 전체의 얼마인가요?

오전에 전체의 $\dfrac{1}{10}$만큼 나무를 손질하셨네요.

오후에는 오전에 한 양의 $\dfrac{3}{4}$만큼 손질할 거예요.

(　　　　　　　　　)

8 합동인 도형은 모두 몇 쌍인지 써 보세요.

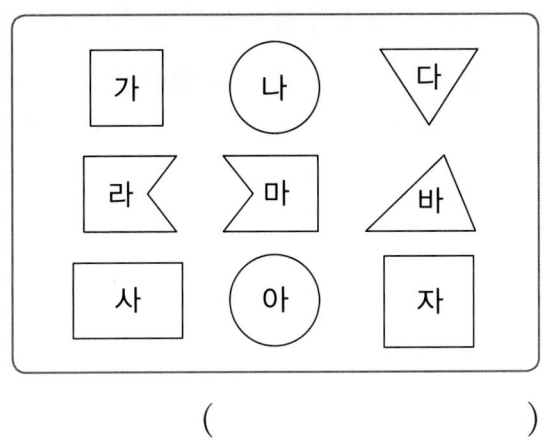

( )

9 선대칭도형은 어느 것인가요? ( )

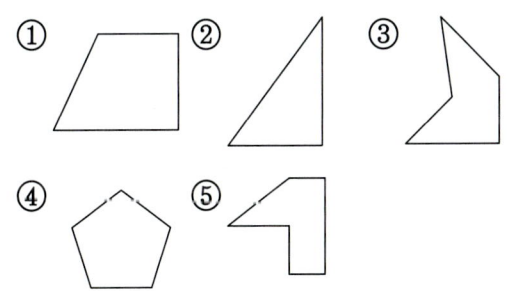

10 점대칭도형의 대칭의 중심을 바르게 나타낸 것을 고르세요. ( )

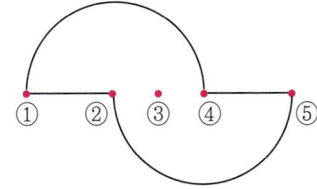

11 ㉮와 ㉯의 합을 구해 보세요.

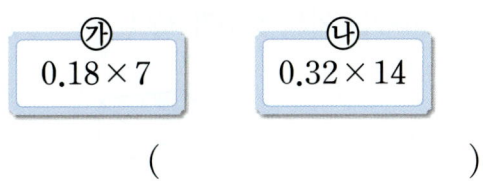

( )

12 민혁이네 가족이 하루에 물을 280 L 사용한다면 하루 동안 아낄 수 있는 물은 몇 L 인가요?

( )

13 직사각형의 넓이는 몇 m^2인가요?

0.93 m
5 m

( )

14 □ 안에 알맞은 수가 가장 큰 것을 찾아 기호를 써 보세요.

㉠ 97 × □ = 0.97
㉡ 283 × □ = 28.3
㉢ 43.6 × □ = 436
㉣ 0.021 × □ = 2.1

( )

15 정육면체에서 두 면 사이의 관계가 <u>다른</u> 하나는 어느 것인가요? (   )

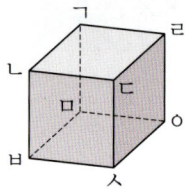

① 면 ㄱㄴㄷㄹ과 면 ㄷㅅㅇㄹ
② 면 ㄴㅂㅅㄷ과 면 ㅁㅂㅅㅇ
③ 면 ㅁㅂㅅㅇ과 면 ㄱㄴㄷㄹ
④ 면 ㄱㅁㅇㄹ과 면 ㄱㄴㅂㅁ
⑤ 면 ㄷㅅㅇㄹ과 면 ㄴㅂㅅㄷ

16 직육면체에서 보이는 모서리의 길이의 합은 몇 cm인가요?

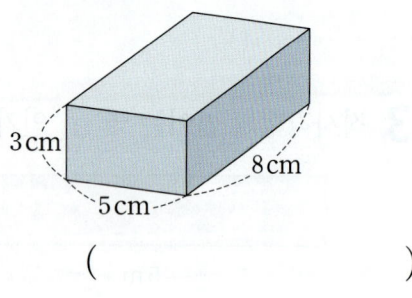

(   )

17 직육면체의 전개도를 그린 것입니다. ☐ 안에 알맞은 수를 써넣으세요.

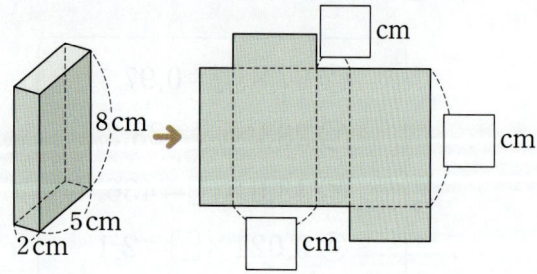

18 상민이네 학교 5학년 학생들 중 국어를 좋아하는 학생 수를 나타낸 표입니다. 국어를 좋아하는 학생 수의 평균이 7명일 때, 나 반에서 국어를 좋아하는 학생은 몇 명인가요?

〈학급별 국어를 좋아하는 학생 수〉

학급(반)	가	나	다	라
학생 수(명)	9		3	6

(   )

19 일이 일어날 가능성이 더 높은 것을 찾아 기호를 써 보세요.

> ㉠ 동물원에 가면 살아 있는 공룡을 볼 수 있습니다.
> ㉡ 여름에는 반바지를 입을 것입니다.

(   )

20 일이 일어날 가능성과 회전판의 화살이 주황색에 멈출 가능성이 같도록 회전판을 색칠해 보세요.

> 당첨 제비만 6개가 들어 있는 상자에서 제비를 1개 뽑았을 때 뽑은 제비가 당첨 제비일 가능성

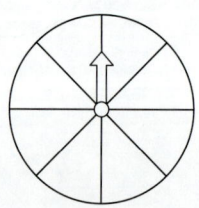

메모장

메모장

메모장

메모장

메모장

My Best friend
수경출판사 · 자이스토리

나만의 학습 계획표를 올려 주세요.

나만의 학습 계획표를 작성하고, 사진을 찍어
인스타그램 또는 블로그에 올려 주세요.

★ 필수 해시태그 - #수경출판사 #자이스토리 #수능기출문제집
　　　　　　　　#학습 계획표

★ 참여해 주신 분께: 바나나우유 기프티콘 증정

 QR코드를 스캔하여 개인 정보 및 작성한 게시물의 URL을 입력합니다.

수경 Mania가 되어 주세요.

인스타그램, 카페, 블로그 등에 수경출판사 교재로
공부하는 모습, 학습 후기, 교재 사진을 올려 주세요.

★ 참여해 주신 분께: 3,000원 편의점 기프티콘 증정
★ 우수 후기 직성자: 강남인강 1년 수강권 증정

QR코드를 스캔하여 개인 정보 및 작성한 게시물의 URL을 입력합니다.

교재 평가 설문지를 작성해 주세요.

수경출판사 교재 학습 후기, 교재 평가 설문지를 작성해 주세요.
[학생, 선생님 모두 가능]

★ 참여해 주신 분께: 2,000원 편의점 기프티콘 증정
★ 우수 후기 작성자: 강남인강 1년 수강권 증정

 QR코드를 스캔하여 해당 링크에 들어가서 설문조사를 진행합니다.

선생님 전용
설문 조사

학생 전용
설문 조사

＊자세한 사항은 해당 QR코드를 스캔하거나, 홈페이지 이벤트 공지글을 참고해 주세요.
＊이벤트의 내용이나 상품이 변경될 수 있으며, 변경시 홈페이지에 공지됩니다.

재미있는 공부, 학교 시험 100점
자이스토리 초등 영어 시리즈

📋 영문법 [초3, 4, 5, 6]

- 초등학생이 꼭 알아야 하는 문법을 매일매일 체계적으로 훈련
- 기초를 쌓아주는 쉽고 효과적인 개념 설명과 다양한 문제로 탄탄히 다지는 문법 실력
- 워크북을 통한 부족함 없는 완전한 복습
- 직접 쓰게 해서 반드시 외우게 하는 영단어 쓰기 노트
- 원어민의 발음으로 들려주는 mp3 파일과 언제 어디서나 들을 수 있는 QR코드 수록

🔊 영어 듣기 평가 [초3-1, 3-2, 4-1, 4-2, 5-1, 5-2, 6-1, 6-2]

- 듣기 평가 필수 유형 모의고사 10회
- 어려운 발음 현상을 훈련하는 '발음 체크＋받아쓰기'
- 통문장으로 연습하는 긴 문장 받아쓰기＋교과서 빈출 의사소통 표현
- 스크립트 해석과 정답이 되는 이유를 자세히 설명한 해설
- 휴대하기 편리하게 제작하여 언제 어디서든 단어 공부를 할 수 있는 미니 단어장

📋 바로바로 초등 영문법 총정리 [초4～예비 중1]

- 초등학교 영어 교과서 문법 필수 개념 30일 완성
- 바로바로 규칙 찾기, 바로바로 문장 완성하기, 바로바로 문장 쓰기의 3단계 개념 확인 문제
- 중학교 내신 만점을 위한 '바로바로 내신 대비 실력 테스트'
- 학습한 문법에 대한 충분한 연습 – Workbook 수록

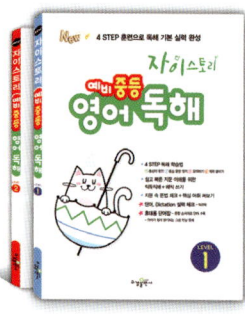

👤 예비 중등 영어 독해 [Level 1, 2]

- 수능까지 이어지는 독해력을 위한 독해력 훈련 교재
- 교과 과정과 연계된 다양한 주제의 지문
- '중심어 찾기, 중심 문장 찾기, 요약하기, 제목 붙이기'로 이루어진 단계별 독해 훈련
- 쉽고 빠른 지문 이해를 도와주는 직독직해＋해석 쓰기
- 독해 필수 문법을 알려주는 지문 속 문법 체크＋핵심 어휘 써보기

2022 개정 교육과정

수학 실력 100% 충전

수력충전

기본

해 설 편

초등 수학 5·2

자이스토리·수경출판사

국어가 쉬워지면 모든 과목 성적이 쑥쑥 오릅니다!

1 단계별 독해 연습 : 독서 지문을 단계별로 기초부터 길러 줍니다.

STEP 1	STEP 2	STEP 3	STEP 4	STEP 5	STEP 6
중심 낱말 찾기	중심 문장 찾기	단락 요약하기	단락 간의 관계 이해하기	글의 구조 이해하기	주제 알아보기

2 쉽고 빠른 지문 접근법과 문제 풀이의 지름길을 알려 주는 지문 술술 이해+정답 콕콕 특강

· STEP별 학습 내용을 적용하여 지문을 읽는 방법을 자세하게 알려 줍니다.

· 지문과 〈보기〉 등을 근거로 다양한 유형의 문제에 접근하는 방법을 익힐 수 있습니다.

3 다양한 유형의 낱말 쑥쑥 테스트와 낱말 쑥쑥 총정리 특별 부록

· 독해력을 밑받침할 풍부한 어휘력도 함께 키울 수 있습니다.

· 낱말 실력이 쑥쑥 오르면 독해력이 쑥쑥 오르고 모든 과목 성적이 쑥쑥 오릅니다.

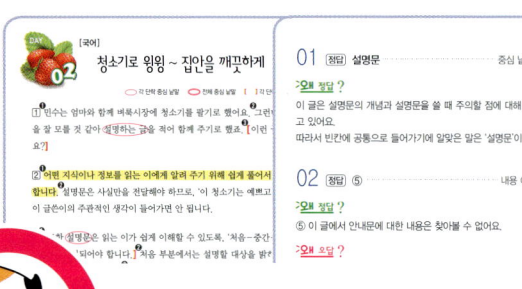

4 글의 내용과 문제를 완벽히 이해시키는 입체 첨삭 해설

· 지문 전체를 이해하도록 중심 낱말, 중심 문장, 단락 요약, 글의 구조도, 주제 등 자세한 정보를 제공합니다.

· 문제 유형부터 어려운 문제 분석까지 문제를 입체적으로 분석합니다.

문제를 채점하고 스스로 평가하여 붙이는 4종의 붙임딱지!!

정답 및 풀이

수의 범위와 어림하기 정답 및 풀이

개념 1 이상과 이하 10~11쪽

1 30, 27, 29에 ○표

2 24, 29.4, 28에 ○표

3 61.2, 61, 83에 ○표

4 78, 90에 ○표

5 99.6, 96.5, 100, 95에 ○표

6 32, 25, 30에 ○표

7 9.1, 10, 12, 11.9에 ○표

8 9, 27, 20.9, 25.3에 ○표

9 10.2, 26, 54, 3.42에 ○표

10 41, 61, 19, 52.1에 ○표

11 이상   **12** 이하

13

```
  6   7   8   9   10  11  12  13  14
```

14

```
 44  45  46  47  48  49  50  51  52
```

15

```
 17  18  19  20  21  22  23  24  25
```

16

```
 92  93  94  95  96  97  98  99  100
```

17 이상, 이하

---

1 27 이상인 수는 27과 같거나 큰 수입니다.

2 24 이상인 수는 24와 같거나 큰 수입니다.

6 32 이하인 수는 32와 같거나 작은 수입니다.

7 12 이하인 수는 12와 같거나 작은 수입니다.

13 11 이상인 수는 11을 점 ●으로 나타내고 오른쪽으로 선을 긋습니다.

15 20 이하인 수는 20을 점 ●으로 나타내고 왼쪽으로 선을 긋습니다.

개념 2 초과와 미만 12~13쪽

1 13, 14, 15에 ○표

2 78, 97.6, 50에 ○표

3 40.4, 56에 ○표

4 89, 90.2에 ○표

5 310, 99.02에 ○표

6 17, 18, 19에 ○표

7 11.4, 4.5, 6, 15, 8.9에 ○표

8 55.9, 31.3, 24에 ○표

9 23, 50.4, 30에 ○표

10 38, 52.3, 25에 ○표

11 초과

12 미만

13

```
 12  13  14  15  16  17  18  19  20
```

14

```
 47  48  49  50  51  52  53  54  55
```

15

```
 19  20  21  22  23  24  25  26  27
```

16

```
 44  45  46  47  48  49  50  51  52
```

17 초과, 미만

---

1 12 초과인 수는 12보다 큰 수입니다.

6 20 미만인 수는 20보다 작은 수입니다.

11 38보다 큰 수이므로 38 초과인 수입니다.

12 63보다 작은 수이므로 63 미만인 수입니다.

13 16 초과인 수는 16을 점 ○으로 나타내고 오른쪽으로 선을 긋습니다.

15 23 미만인 수는 23을 점 ○으로 나타내고 왼쪽으로 선을 긋습니다.

개념 3 수의 범위 활용하기 14~15쪽

1 이상, 이하

2 이상, 미만

3 초과, 미만

4 초과, 이하

5 44, 40, 62에 ○표

6 24.5, 23.7에 ○표

7 97, 95, 95.6에 ○표

8 62, 66, 59.3에 ○표

9
(수직선: 29 30 31 32 33 34 35 36 37)

10 (수직선: 15 16 17 18 19 20 21 22 23)

11 22, 39 / 3

12 (수직선: 20 30 40)

개념 체크

13 ① 이상, 이하 ② 초과, 미만
③ 이상, 미만 ④ 초과, 이하

5 40 이상 62 이하인 수는 40과 같거나 크고 62와 같거나 작은 수입니다.

6 17 초과 25 미만인 수는 17보다 크고 25보다 작은 수입니다.

9 32를 점 ●으로, 37을 점 ○으로 각각 나타내고 두 수 사이를 선으로 긋습니다.

10 17을 점 ○으로, 21을 점 ●으로 각각 나타내고 두 수 사이를 선으로 긋습니다.

11 39회가 속한 횟수의 범위는 22회 이상 39회 이하이므로 종현이의 등급은 3등급입니다.

12 22 이상 39 이하는 수직선에 점 ●을 사용하여 나타낼 수 있습니다.

개념 유형 익히기 16~17쪽

1 10.0초, 9.7초, 8.9초

2 이하 **3** 수지, 재환, 연서

4 19, 20, 21, 22에 ○표,
22, 23, 24, 25, 26에 △표

5 민교, 환희 **6** 3개

7 ③ **8** ㈏, ㈑

9 (수직선: 20 21 22 23 24 25 26 27 28) / 5개

10 ㉠, ㉣ **11** 98

12 80.5 cm, 77.5 cm, 79.2 cm

13

기온(℃)	도시
12 이하	춘천, 제주
12 초과 14 이하	대전
14 초과 16 이하	서울, 인천
16 초과	부산

4 22 이하인 수는 22와 같거나 작은 수,
22 이상인 수는 22와 같거나 큰 수입니다.

5 키가 140 cm 이하인 사람은 놀이 기구를 탈 수 없으므로 140과 같거나 작은 수를 찾으면 138.7, 140.0입니다. 따라서 이 놀이 기구를 탈 수 없는 사람은 민교, 환희입니다.

6 45 미만인 수는 45보다 작은 수이므로 40, 44, 37로 모두 3개입니다.

7 ③ 40 초과인 수는 40보다 큰 수이므로 40을 포함하지 않습니다.

8 36 초과인 수는 36보다 큰 수입니다.
따라서 정원을 초과한 버스는 ㈏, ㈑입니다.

9 22 초과 27 이하인 수는 22보다 크고 27과 같거나 작은 수이므로 이 범위에 속하는 자연수는 23, 24, 25, 26, 27로 모두 5개입니다.

10 ㉠ 33 이상인 수는 33과 같거나 큰 수이므로
33을 포함합니다.
㉣ 35 이하인 수는 35와 같거나 작은 수이므로
33을 포함합니다.

11 47과 같거나 크고 52보다 작은 수이므로
47 이상 52 미만인 수입니다. 수의 범위에
포함되는 가장 큰 자연수는 51, 가장 작은
자연수는 47이므로 합은 $51+47=98$입니다.

12 77.5 이상 80.5 이하인 수는 77.5와 같거나
크고 80.5와 같거나 작은 수입니다.
따라서 앉은 키가 77.5 cm 이상 80.5 cm
이하인 학생의 앉은키는 80.5 cm, 77.5 cm,
79.2 cm입니다.

개념 4 **올림 알아보기** 18~19쪽

1 9, 0   **2** 1, 0   **3** 130
4 260   **5** 370   **6** 600
7 900   **8** 5000   **9** 24000
10 34000   **11** 45000
12 240, 300   **13** 410, 500
14 1910, 2000   **15** 5
16 4.2   **17** 4.16   **18** 2.2
19 5.7   **20** 6.2   **21** 1.63
22 3.3   **23** 4.38

개념 체크

24 올림

---

3 127 ⇨ 130   **6** 527 ⇨ 600
10으로 봅니다.   100으로 봅니다.

8 4955 ⇨ 5000   **9** 23562 ⇨ 24000
100으로 봅니다.   1000으로 봅니다.

18 2.11 ⇨ 2.2   **21** 1.627 ⇨ 1.63
올림합니다.   올림합니다.

개념 5 **버림 알아보기** 20~21쪽

1 7, 0   **2** 1, 0   **3** 120
4 210   **5** 360   **6** 400
7 600   **8** 3400   **9** 21000
10 34000   **11** 51000   **12** 510, 500
13 4020, 4000   **14** 1700, 1000
15 2   **16** 2.8   **17** 2.83
18 1   **19** 5.5   **20** 6
21 3.54   **22** 6.09   **23** 7.91

개념 체크

24 버림

---

6 481 ⇨ 400
0으로 봅니다.

9 21860 ⇨ 21000
0으로 봅니다.

18 1.03 ⇨ 1
0으로 봅니다.

20 6.082 ⇨ 6
0으로 봅니다.

개념 6 **반올림 알아보기** 22~23쪽

1 6, 0   **2** 1, 0   **3** 130
4 240   **5** 380   **6** 500
7 500   **8** 2100   **9** 14000
10 71000   **11** 92000   **12** 690, 700
13 5710, 5700   **14** 6100, 6000
15 2   **16** 2.1   **17** 2.15
18 3.8   **19** 4.2   **20** 8.1
21 1.18   **22** 5.09   **23** 6.17

개념 체크

24 반올림

3 일의 자리 숫자가 7이므로 올림합니다.
127 ⇨ 130

6 십의 자리 숫자가 8이므로 올림합니다.
482 ⇨ 500

9 백의 자리 숫자가 7이므로 올림합니다.
13712 ⇨ 14000

[15~17]

일의 자리	2.149 → 2
소수 첫째 자리	2.149 → 2.1
소수 둘째 자리	2.149 → 2.15

18 소수 둘째 자리 숫자가 5이므로 올림합니다.
3.75 ⇨ 3.8

21 소수 셋째 자리 숫자가 8이므로 올림합니다.
1.178 ⇨ 1.18

개념7 **올림, 버림, 반올림 활용하기**   24~25쪽

1 올림, 60 **2** 6 **3** 버림
4 700 cm **5** 7개 **6** 올림
7 6대 **8** 52, 58, 41, 40
9 건우

 개념 체크

10 (1) 올림 (2) 버림 (3) 반올림

---

3 1 m보다 짧은 리본은 사용할 수 없으므로 버림 해야 합니다.

4 1 m=100 cm이므로 765를 버림하여 백의 자리까지 나타내면 700입니다. 따라서 사용하게 될 리본은 700 cm입니다.

5 700÷100=7(개)이므로 상품을 최대 7개까지 포장할 수 있습니다.

---

6 사과를 100상자씩 싣고 남은 78상자도 실어야 하므로 올림해야 합니다.

7 578을 올림하여 백의 자리까지 나타내면 600 입니다. 따라서 트럭은 최소 600÷100=6(대)가 필요합니다.

8 재빈: 52.2 ⇨ 52, 승훈: 57.6 ⇨ 58
　　　버립니다.　　　　　올립니다.
빛나: 41.3 ⇨ 41, 지은: 39.5 ⇨ 40
　　　버립니다.　　　　올립니다.

9 반올림하여 일의 자리까지 나타내려면 소수 첫째 자리에서 반올림을 해야 합니다.
지환이네 모둠 친구들의 멀리뛰기 기록을 반올림 하여 일의 자리까지 나타내면 다음과 같습니다.

〈지환이네 모둠 친구들의 멀리뛰기 기록〉

이름	지환	건우	혁재	서윤
기록(cm)	128.9	126.2	126.6	127.5
반올림한 기록(cm)	129	126	127	128

따라서 어림한 기록이 가장 짧은 친구는 건우 입니다.

 개념 유형 익히기   26~27쪽

1 1630, 1700 **2** <
3 2745 **4** 7100, 7100
5 > **6** 3699
7 3530, 3500 **8** 5 cm
9 5, 6, 7, 8, 9 **10** 100개
11 40800, 40700, 40700
12 20000원 **13** 6개
14 풀이 참조

---

1 1624 ⇨ 1630, 1624 ⇨ 1700
　　10으로 봅니다.　　100으로 봅니다.

2 725 ⇨ 730, 713 ⇨ 800
　　10으로 봅니다.　　100으로 봅니다.
⇨ 730 < 800

3 올림하여 백의 자리까지 나타내면 2800이 되므로 올림하기 전의 수는 27■■입니다. 따라서 지호의 여행 가방 비밀번호는 2745입니다.

4 7109 ⇨ 7100,   7109 ⇨ 7100
     0으로 봅니다.   0으로 봅니다.

5 1684 ⇨ 1680,   1609 ⇨ 1600
     0으로 봅니다.   0으로 봅니다.

⇨ 1680 ⊙> 1600

6 버림하여 백의 자리까지 나타내면 3600이 되는 자연수는 36□□입니다. □□에는 00부터 99까지 들어갈 수 있으므로 이 중에서 가장 큰 자연수는 3699입니다.

7 3528 ⇨ 3530,   3528 ⇨ 3500
     올립니다.   버립니다.

8 크레파스의 실제 길이는 4.8 cm입니다. 4.8을 반올림하여 일의 자리까지 나타내면 소수 첫째 자리 숫자가 8이므로 올림하여 5가 됩니다.

9 주어진 수의 십의 자리 숫자가 3인데 반올림하여 십의 자리까지 나타낸 수가 8140으로 십의 자리 숫자가 4가 되었으므로 일의 자리에서 올림한 것을 알 수 있습니다.
따라서 □ 안에 들어갈 수 있는 수는 5, 6, 7, 8, 9입니다.

10 반올림하여 백의 자리까지 나타낸 수가 2300인 자연수는 2250부터 2349까지이므로 모두 100개입니다.

11 올림: 40725 ⇨ 40800,
           100으로 봅니다.
버림: 40725 ⇨ 40700,
           0으로 봅니다.
반올림: 40725 ⇨ 40700
             버립니다.

12 10000원 미만의 돈은 바꿀 수 없으므로 25900원을 버림하여 만의 자리까지 나타내면 20000입니다. 따라서 최대 20000원까지 바꿀 수 있습니다.

13 (전체 바둑돌 수)=276+284=560(개)
560을 올림하여 백의 자리까지 나타내면 600이므로 통은 최소 600÷100=6(개) 필요합니다.

14 방법 1   예 올림하여 천의 자리까지 나타내었습니다.
      5864 ⇨ 6000
       1000으로 봅니다.

방법 2   예 반올림하여 천의 자리까지 나타내었습니다.
      5864 ⇨ 6000
       올립니다.

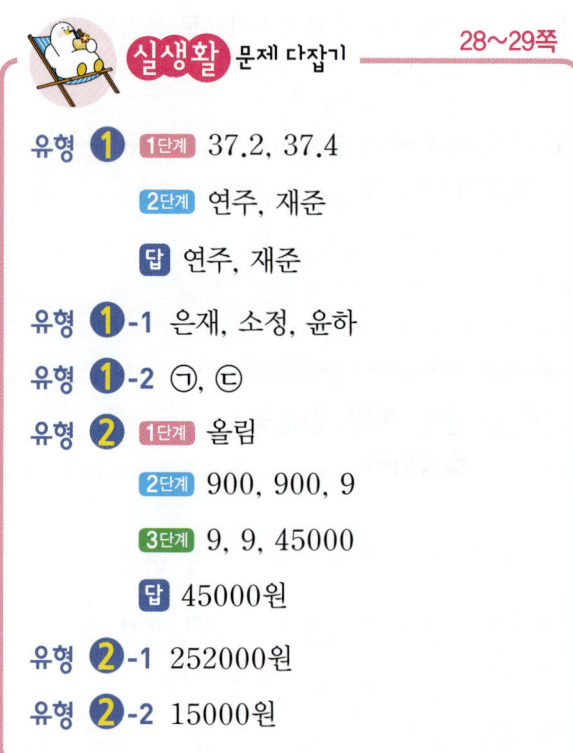

실생활 문제 다잡기   28~29쪽

유형 **1**   1단계 37.2, 37.4
      2단계 연주, 재준
      답 연주, 재준

유형 **1**-1 은재, 소정, 윤하
유형 **1**-2 ㉠, ㉢
유형 **2**   1단계 올림
      2단계 900, 900, 9
      3단계 9, 9, 45000
      답 45000원

유형 **2**-1 252000원
유형 **2**-2 15000원

유형 **1**

풀이

1단계 **체온이 37 ℃ 초과인 수 찾기**

표에서 37 초과인 수는
37.2 , 37.4 입니다.

2단계 **체온이 37 ℃ 초과인 학생 모두 구하기**

따라서 체온이 37 ℃ 초과인 학생은
연주 , 재준 입니다.

답 연주, 재준

유형 ①-1

 핵심 체크

'▲ kg 이하'는 ▲와 같거나 작은 수를 찾으라는 뜻입니다. 몸무게를 조사하여 나타낸 표를 보고 46과 같거나 작은 수를 찾습니다.

표에서 46 이하인 수는 46.0, 45.2, 39.8입니다. 따라서 몸무게가 46 kg 이하인 학생은 은재, 소정, 윤하입니다.

유형 ①-2

 핵심 체크

'★ m 미만'은 ★ m＝★×100 cm이므로 ★×100보다 작은 수를 찾으라는 뜻입니다. 육교 아래를 통과할 수 있는 자동차는 높이가 3 m＝300 cm보다 낮은 자동차이므로 300보다 작은 수를 찾습니다.

표에서 300 미만인 수는 270, 260입니다. 따라서 높이가 300 cm 미만인 자동차는 ㉠, ㉢입니다.

유형 ②

풀이

1단계 사야 하는 공책 수 어림하는 방법 알아보기

공책을 모자라지 않게 사야 하므로
(올림 , 버림 , 반올림)해야 합니다.

2단계 공책을 사야 하는 최소 상자 수 구하기

892를 올림하여 백의 자리까지 나타내면 900 입니다.

따라서 공책은 최소 900 개 사야 하므로 최소 9 상자를 사야 합니다.

3단계 공책을 사는 데 필요한 돈 구하기

최소 9 상자를 사야 하므로 필요한 돈은
최소 5000× 9 ＝ 45000 (원)입니다.

답 45000원

유형 ②-1

 핵심 체크

'몇 개씩 담아'는 버림을 이용하라는 뜻입니다. 한 봉지에 10개씩 담고 남은 것은 세지 않고 버림합니다.

10개 미만의 쿠키는 팔 수 없으므로 637을 버림하여 십의 자리까지 나타내면 630입니다. 쿠키를 한 봉지에 10개씩 담으면 63봉지이므로 쿠키를 팔고 받게 되는 돈은 모두 63×4000＝252000(원)입니다.

유형 ②-2

책값은 모두 8500＋6300＝14800(원)입니다. 14800을 올림하여 천의 자리까지 나타내면 15000 이므로 최소 15000원이 필요합니다.

 서술형 대비 문제　　30~31쪽

❶ 대표 올림, 290, 290, 29 / 29번

❶ 연습 풀이 참조, 9개

❷ 대표 9543, 4, 버림, 9500 / 9500

❷ 연습 풀이 참조, 9000

❶ 대표 문제

풀이

사람을 남김없이 모두 태워야 하므로 (올림 , 버림) 을 이용합니다.

284를 올림하여 십의 자리까지 나타내면 290 입니다. …㉠

따라서 케이블카는 최소 290 ÷10＝ 29 (번) 운행해야 합니다. …㉡

답 29번

〈평가 기준〉

㉠ 올림하여 십의 자리까지 나타낸 수를 구합니다.

㉡ 최소 몇 번 운행해야 하는지 구합니다.

○ 힌트 체크

모빌 한 개를 만드는 데 철사 1 m가 필요합니다. 철사 941 cm로 모빌을 최대 몇 개까지 만들 수 있는지 풀이 과정을 쓰고, 답을 구해 보세요.

❶ 최대 몇 개까지 만들 수 있는지 ➡ 1 m＝100 cm가 안 되는 철사로는 모빌을 만들 수 없으므로 941 cm를 버림하여 백의 자리까지 나타냅니다.

풀이

㉠ 모빌을 만들 수 있는 철사는 941 cm를 버림하여 백의 자리까지 나타내면 900 cm입니다. …㉠

따라서 모빌을 최대 900÷100＝9(개)까지 만들 수 있습니다. …㉡

답 9개

〈평가 기준〉

㉠ 버림하여 백의 자리까지 나타낸 수를 구합니다.

㉡ 최대 몇 개까지 만들 수 있는지 구합니다.

② 대표 문제

풀이

9＞5＞4＞3이므로 만들 수 있는 가장 큰 네 자리 수는 9543 입니다. …㉠

만든 네 자리 수를 반올림하여 백의 자리까지 나타내면 십의 자리 숫자가 4 이므로 (올림 , ⑯림)하여 9500 입니다. …㉡

답 9500

〈평가 기준〉

㉠ 가장 큰 네 자리 수를 구합니다.

㉡ 반올림하여 백의 자리까지 나타낸 수를 구합니다.

---

② 연습 문제

○ 힌트 체크

수 카드 4장을 한 번씩만 사용해 가장 큰 네 자리 수를 만들고, 만든 네 자리 수를 반올림하여 천의 자리까지 나타내려고 합니다. 풀이 과정을 쓰고, 답을 구해 보세요.

❶ 가장 큰 네 자리 수를 만들고 ➡ 큰 수부터 차례대로 써서 수를 만듭니다.

❷ 반올림하여 천의 자리까지 ➡ 백의 자리 숫자가 5보다 크거나 같은지, 작은지 확인합니다.

풀이

㉠ 8＞7＞6＞2이므로 만들 수 있는 가장 큰 네 자리 수는 8762입니다. …㉠

8762를 반올림하여 천의 자리까지 나타내면 백의 자리 숫자가 7이므로 올림하여 9000입니다. …㉡

답 9000

〈평가 기준〉

㉠ 가장 큰 네 자리 수를 구합니다.

㉡ 반올림하여 천의 자리까지 나타낸 수를 구합니다.

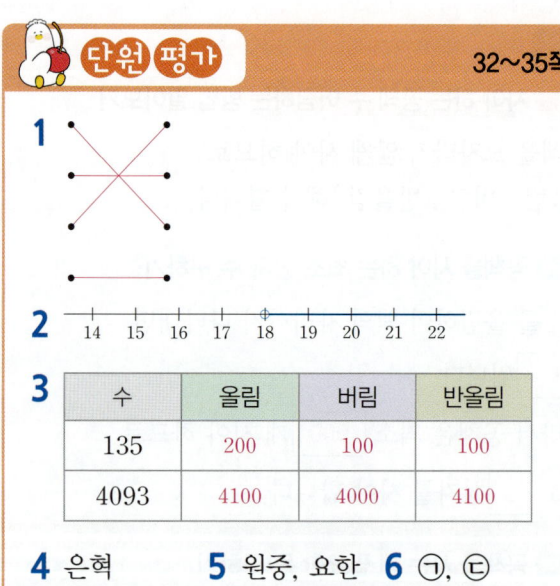

단원 평가   32~35쪽

3

수	올림	버림	반올림
135	200	100	100
4093	4100	4000	4100

4 은혁   **5** 원중, 요한   **6** ㉠, ㉢

7 ㉠, ㉢, ㉡   **8** 낮 12시, 오후 1시

9 29   **10** 재석, 은찬

12 버림, 올림, 반올림　　　**13** 형준

14 27개　　　　　　　　**15** 35000원

16

$$
\begin{array}{cccccc}
\text{+++} & \text{+++} & \text{+++} & \text{+++} & \text{+++} \\
450 & 455 & 460 & 465 & 470
\end{array}
$$

17 165 cm　　　　　　　**18** 27000원

19 풀이 참조, 7개　　　　**20** 풀이 참조, 10

---

1 8과 같거나 큰 수 ⇨ 8 이상인 수
8과 같거나 작은 수 ⇨ 8 이하인 수
8보다 큰 수 ⇨ 8 초과인 수
8보다 작은 수 ⇨ 8 미만인 수

2 18을 점 ○으로 나타내고 오른쪽으로 선을 긋습니다.

3 올림: 135 ⇨ 200,　　4093 ⇨ 4100
　　　　 <u>100으로 봅니다.</u>　<u>100으로 봅니다.</u>
버림: 135 ⇨ 100,　　4093 ⇨ 4000
　　　　 <u>0으로 봅니다.</u>　　<u>0으로 봅니다.</u>
반올림: 135 ⇨ 100,　4093 ⇨ 4100
　　　　　 <u>버림합니다.</u>　　<u>올림합니다.</u>

4 재희: 4.2<u>8</u> ⇨ 4.2　　은혁: 6.1<u>45</u> ⇨ 6.14
　　　　 <u>0으로 봅니다.</u>　　　　 <u>0으로 봅니다.</u>

5 80 이상은 80과 같거나 큰 수이고, 85 미만은 85보다 작은 수이므로 수학 점수가 80점 이상 85점 미만인 학생은 83점인 원중, 80점인 요한이입니다.

6 ㉠ 68 이상 72 미만인 수는 68과 같거나 크고 72보다 작은 수이므로 68이 포함됩니다.
㉡ 67 초과 74 미만인 수는 67보다 크고 74보다 작은 수이므로 68이 포함됩니다.

7 ㉠ 5<u>100</u> ⇨ 6000　　㉡ 50<u>10</u> ⇨ 5000
　　 <u>1000으로 봅니다.</u>　　　 <u>0으로 봅니다.</u>
㉢ 50<u>08</u> ⇨ 5010
　　 <u>올림합니다.</u>

8 표에서 27 이상인 수는 27, 29입니다.
따라서 에어컨이 작동된 시각은 낮 12시, 오후 1시입니다.

9 30보다 작은 수이므로 30 미만인 수입니다.
30 미만인 수 중에서 가장 큰 자연수는 29입니다.

---

10 대근이의 몸무게는 35.7 kg이므로 밴텀급에 속합니다. 밴텀급의 몸무게 범위는 34 kg 초과 36 kg 이하이므로 대근이와 같이 밴텀급에 속하는 학생은 재석, 은찬입니다.

11 명수의 몸무게는 37.2 kg이므로 페더급에 속합니다. 페더급의 몸무게 범위는 36 kg 초과 39 kg 이하이므로 36을 점 ○으로, 39를 점 ●으로 각각 나타내고 두 수 사이를 선으로 긋습니다.

12 온유: 14<u>900</u> ⇨ 14000, 9<u>400</u> ⇨ 9000,
　　　 3<u>800</u> ⇨ 3000
　　　 ⇨ 버림을 이용했습니다.
형준: 14<u>900</u> ⇨ 15000, 9<u>400</u> ⇨ 10000,
　　　 3<u>800</u> ⇨ 4000
　　　 ⇨ 올림을 이용했습니다.
태희: 14<u>900</u> ⇨ 15000, 9<u>400</u> ⇨ 9000,
　　　 3<u>800</u> ⇨ 4000
　　　 ⇨ 반올림을 이용했습니다.

13 세 가지 물건값을 모두 더하면
14900+9400+3800=28100(원)이므로 버림과 반올림을 하면 돈이 부족합니다.
따라서 물건을 살 때는 형준이의 방법인 올림이 가장 적절합니다.

14 263을 올림하여 십의 자리까지 나타내면 270 이므로 긴 의자는 최소 270÷10=27(개)가 필요합니다.

15 100원짜리 동전 359개는 35900원입니다.
1000원 미만은 지폐로 바꿀 수 없으므로 35900원을 버림하여 천의 자리까지 나타내면 35000입니다.
따라서 최대 35000원까지 바꿀 수 있습니다.

16 반올림하여 십의 자리까지 나타내었을 때 460 이 되는 수의 범위는 455 이상 465 미만인 수입니다.

17 (액자의 둘레)=(532+295)×2
　　　　　　　　 =1654 (mm)
액자의 둘레는 1654 mm=165.4 cm이므로 반올림하여 일의 자리까지 나타내면 165 cm 입니다.

18 ・은송: 어린이 요금으로 3000원

・언니, 아버지, 어머니: 성인 요금으로 각 8000원

・동생, 할머니: 무료

따라서 은송이네 가족이 모두 입장하려면

$$3000+8000\times3=3000+24000$$
$$=27000(원)$$

을 입장료로 내야 합니다.

19

○ **힌트 체크** .....

43 초과 50.5 미만인 자연수는 모두 몇 개인지 풀이 과정을 쓰고, 답을 구해 보세요.

❶ 초과, 미만 ➡ 초과는 ~보다 큰 수, 미만은 ~보다 작은 수

풀이

⑩ 43 초과 50.5 미만인 자연수는 43보다 크고 50.5보다 작은 수입니다. …㉠

따라서 44, 45, 46, 47, 48, 49, 50으로 모두 7개 입니다. …㉡   **답** 7개

〈평가 기준〉

㉠ 43 초과 50.5 미만인 수의 범위를 알아야 합니다.

㉡ 43 초과 50.5 미만인 자연수의 개수를 구합니다.

20

○ **힌트 체크** .....

주어진 수를 올림하여 십의 자리까지 나타낸 수와 버림하여 십의 자리까지 나타낸 수의 차는 얼마 인지 풀이 과정을 쓰고, 답을 구해 보세요.

2736

❶ 올림 ➡ 구하려는 자리의 아래 수를 올립니다.
❷ 버림 ➡ 구하려는 자리의 아래 수를 버립니다.

풀이

⑩ 2736의 십의 자리 아래 수인 6을 10으로 보고 올림하여 십의 자리까지 나타낸 수는 2740입니다. 2736의 십의 자리 아래 수인 6을 0으로 보고 버림 하여 십의 자리까지 나타낸 수는 2730입니다. …㉠ 따라서 두 수의 차는 2740−2730=10입니다. …㉡   **답** 10

〈평가 기준〉

㉠ 올림하여 십의 자리까지 나타낸 수와 버림하여 십의 자리까지 나타낸 수를 각각 구합니다.

㉡ 어림하여 나타낸 두 수의 차를 구합니다.

SPECIAL **연산 다지기**   36~37쪽

❶ **수의 범위와 어림하기**

1 70 71 72 73 74 75 76 77 78

2 41 42 43 44 45 46 47 48 49

3 26 27 28 29 30 31 32 33 34

4 51 52 53 54 55 56 57 58 59

5 39 40 41 42 43 44 45 46 47

6 65 66 67 68 69 70 71 72 73

7 90, 53.2, 41.1에 각각 ○표

8 64, 61.3, 56, 43.69에 각각 ○표

9 88, 73, 80.3, 87.8에 ○표

10 54, 52, 50.5에 ○표

11 71.2, 66.3, 62에 ○표

12 34.5, 46에 ○표

13 110, 100, 100

14 260, 250, 260

15 1340, 1330, 1340

16 500, 400, 400

17 7900, 7800, 7900

18 12500, 12400, 12500

19 18000, 17000, 17000

20 22000, 21000, 21000

21 79000, 78000, 78000

22 18.3, 18.2, 18.2

23 1.4, 1.3, 1.3

24 9.3, 9.2, 9.3

2 분수의 곱셈 정답 및 풀이

개념 1 (진분수)×(자연수) 40~41쪽

1 2, 2, 3, 6, 2

2 6, $\cancel{18}^{9}$, 9, $2\frac{1}{4}$ / 3, 9, $2\frac{1}{4}$

3 3, 6, $\cancel{18}^{9}$, 9, $4\frac{1}{2}$

4 $3\frac{3}{4}$　　　**5** $4\frac{2}{3}$　　　**6** $26\frac{2}{3}$

7 $\cancel{10}^{5}$, 5, 15, $7\frac{1}{2}$　　　**8** $1\frac{1}{3}$

9 6　　　**10** $1\frac{11}{19}$　　　**11** $\frac{1}{2}$

12 $3\frac{1}{2}$　　　**13** 6　　　**14** $1\frac{1}{8}$

15 분모, 분자

1 $\frac{2}{3}\times 3$은 $\frac{2}{3}$를 3번 더한 것과 같습니다.

6 $\frac{5}{6}\times 32=\frac{5\times 32}{6}=\frac{\cancel{160}^{80}}{\cancel{6}_{3}}=\frac{80}{3}=26\frac{2}{3}$

9 $\frac{2}{5}\times 15=\frac{2\times \cancel{15}^{3}}{\cancel{5}_{1}}=2\times 3=6$

12 $\frac{7}{\cancel{10}_{2}}\times \cancel{5}^{1}=\frac{7}{2}=3\frac{1}{2}$

13 $\frac{2}{\cancel{3}_{1}}\times \cancel{9}^{3}=2\times 3=6$

14 $\frac{3}{\cancel{16}_{8}}\times \cancel{6}^{3}=\frac{9}{8}=1\frac{1}{8}$

개념 2 (대분수)×(자연수) 42~43쪽

1 5, 10, 3, 1　　　**2** 1, 2, 2, 2, $2\frac{2}{5}$

3 25, 25, 12, 1 / 4, 2, 12, 2, $12\frac{1}{2}$

4 11, $\cancel{4}^{2}$, 22, $7\frac{1}{3}$

5 $15\frac{1}{4}$　　　**6** $21\frac{1}{3}$　　　**7** $20\frac{2}{3}$

8 1, 5, 18, 45, 18, $11\frac{1}{4}$, $29\frac{1}{4}$

9 $16\frac{5}{7}$　　　**10** $58\frac{2}{3}$　　　**11** $17\frac{1}{4}$

12 $3\frac{3}{4}$　　　**13** $23\frac{2}{5}$　　　**14** 34

15 $40\frac{1}{2}$

16 가분수, 진분수

5 $2\frac{5}{28}\times 7=\frac{61}{\cancel{28}_{4}}\times \cancel{7}^{1}=\frac{61}{4}=15\frac{1}{4}$

10 $2\frac{2}{21}\times 28=(2\times 28)+\left(\frac{2}{\cancel{21}_{3}}\times \cancel{28}^{4}\right)$
$=56+\frac{8}{3}=56+2\frac{2}{3}=58\frac{2}{3}$

12 $1\frac{1}{4}\times 3=\frac{5}{4}\times 3=\frac{15}{4}=3\frac{3}{4}$

13 $3\frac{9}{10}\times 6=\frac{39}{\cancel{10}_{5}}\times \cancel{6}^{3}=\frac{117}{5}=23\frac{2}{5}$

14 $8\frac{1}{2}\times 4=\frac{17}{\cancel{2}_{1}}\times \cancel{4}^{2}=34$

15 $3\frac{3}{8}\times 12=\frac{27}{\cancel{8}_{2}}\times \cancel{12}^{3}=\frac{81}{2}=40\frac{1}{2}$

개념 3 (자연수)×(진분수)　44~45쪽

1 2 / 2, 2, 6, 1, 2

2 40, 8 / 2, 8　（8）　　**3** 2, 3, 8, $2\frac{2}{3}$

4 5, 120, 15, $7\frac{1}{2}$　（15）

5 $5\frac{1}{3}$　　**6** $1\frac{4}{11}$　　**7** $5\frac{5}{7}$

8 12, 9, $1\frac{2}{7}$　（3）　　**9** $3\frac{8}{9}$

10 $31\frac{7}{8}$　　**11** $\frac{5}{24}$　　**12** $\frac{6}{7}$

13 $6\frac{1}{4}$　　**14** $3\frac{5}{9}$　　**15** 9

개념 체크

16 분모, 분자

5 $40\times\frac{2}{15}=\frac{40\times2}{15}=\frac{80}{15}=\frac{16}{3}=5\frac{1}{3}$

11 $3\times\frac{5}{72}=\frac{3\times5}{72}=\frac{5}{24}$

12 $3\times\frac{2}{7}=\frac{3\times2}{7}=\frac{6}{7}$

13 $10\times\frac{5}{8}=\frac{25}{4}=6\frac{1}{4}$

14 $4\times\frac{8}{9}=\frac{4\times8}{9}=\frac{32}{9}=3\frac{5}{9}$

15 $15\times\frac{3}{5}=9$

개념 4 (자연수)×(대분수)　46~47쪽

1 5, 20, 6, 2　　**2** 2, 2, $2\frac{2}{3}$

3 13, 13, 6, 1 / 3, 1, 6, 1, $6\frac{1}{2}$

4 17, 17, $5\frac{2}{3}$　　**5** 138

6 $15\frac{6}{7}$　　**7** $23\frac{2}{3}$

8 1, 1, 5, 5, $6\frac{1}{5}$　　**9** $35\frac{5}{13}$

10 $66\frac{2}{11}$　　**11** $3\frac{2}{5}$　　**12** $22\frac{1}{2}$

13 $11\frac{1}{2}$　　**14** $13\frac{1}{3}$　　**15** $29\frac{1}{4}$

개념 체크

16 가분수, 진분수

6 $15\times1\frac{2}{35}=15\times\frac{37}{35}=\frac{111}{7}=15\frac{6}{7}$

10 $20\times3\frac{17}{55}=(20\times3)+\left(20\times\frac{17}{55}\right)$
$=60+\frac{68}{11}=60+6\frac{2}{11}=66\frac{2}{11}$

11 $3\times1\frac{2}{15}=(3\times1)+\left(3\times\frac{2}{15}\right)$
$=3+\frac{2}{5}=3\frac{2}{5}$

12 $5\times4\frac{1}{2}=5\times\frac{9}{2}=\frac{45}{2}=22\frac{1}{2}$

13 $7\times1\frac{9}{14}=7\times\frac{23}{14}=\frac{23}{2}=11\frac{1}{2}$

14 $6\times2\frac{2}{9}=6\times\frac{20}{9}=\frac{40}{3}=13\frac{1}{3}$

15 $18\times1\frac{5}{8}=18\times\frac{13}{8}=\frac{117}{4}=29\frac{1}{4}$

1 4, 4   **2** $1\frac{3}{4}$ m

3 식 $\frac{1}{8} \times 32 = 4$ 답 4판

4

5 연우   **6** $98\frac{1}{3}$ **7** ( ) (○)

8 ㉡, ㉠, ㉢

9 식 $20 \times \frac{4}{5} = 16$ 답 16장

10 14 L   **11** 39   **12** <

13 $26\frac{1}{4}$ cm^2 **14** $11\frac{3}{7}$ km

2 (정삼각형의 둘레)=(한 변의 길이)×(변의 수)

$$= \frac{7}{\underset{4}{\cancel{12}}} \times \overset{1}{\cancel{3}} = \frac{7}{4} = 1\frac{3}{4} \text{ (m)}$$

3 (필요한 피자 수)

=(한 사람이 먹는 피자 조각의 수)×(반 학생 수)

$$= \frac{1}{\underset{1}{\cancel{8}}} \times \overset{4}{\cancel{32}} = 4(\text{판})$$

4 $2\frac{1}{15} \times 5 = \frac{31}{\underset{3}{\cancel{15}}} \times \overset{1}{\cancel{5}} = \frac{31}{3} = 10\frac{1}{3}$

$3\frac{1}{8} \times 2 = \frac{25}{\underset{4}{\cancel{8}}} \times \overset{1}{\cancel{2}} = \frac{25}{4} = 6\frac{1}{4}$

$4\frac{1}{6} \times 9 = \frac{25}{\underset{2}{\cancel{6}}} \times \overset{3}{\cancel{9}} = \frac{75}{2} = 37\frac{1}{2}$

5 연우: $1\frac{5}{9} \times 6 = \frac{14}{\underset{3}{\cancel{9}}} \times \overset{2}{\cancel{6}} = \frac{28}{3} = 9\frac{1}{3}$

민기: $2\frac{2}{3} \times 4 = \frac{8}{3} \times 4 = \frac{32}{3} = 10\frac{2}{3}$

채연: $5\frac{1}{3} \times 2 = \frac{16}{3} \times 2 = \frac{32}{3} = 10\frac{2}{3}$

6 만들 수 있는 가장 큰 대분수: $9\frac{5}{6}$

$$\Rightarrow 9\frac{5}{6} \times 10 = \frac{59}{\underset{3}{\cancel{6}}} \times \overset{5}{\cancel{10}} = \frac{295}{3} = 98\frac{1}{3}$$

7 $\overset{2}{\cancel{8}} \times \frac{5}{\underset{3}{\cancel{12}}} = \frac{10}{3} = 3\frac{1}{3}$, $\overset{1}{\cancel{7}} \times \frac{9}{\underset{2}{\cancel{14}}} = \frac{9}{2} = 4\frac{1}{2}$

8 ㉠ $8 \times \frac{5}{7} = \frac{40}{7} = 5\frac{5}{7}$

㉡ $\overset{2}{\cancel{16}} \times \frac{3}{\underset{1}{\cancel{8}}} = 6$

㉢ $\overset{7}{\cancel{21}} \times \frac{2}{\underset{3}{\cancel{9}}} = \frac{14}{3} = 4\frac{2}{3}$

$\Rightarrow$ ㉡ > ㉠ > ㉢

9 (사용한 색종이 수)

$= $(가지고 있던 색종이 수)$\times \frac{4}{5}$

$= \overset{4}{\cancel{20}} \times \frac{4}{\underset{1}{\cancel{5}}} = 16(\text{장})$

10 (사용한 물의 양)

$= $(욕조에 들어 있는 물의 양)$\times \frac{7}{8}$

$= \overset{2}{\cancel{16}} \times \frac{7}{\underset{1}{\cancel{8}}} = 14 \text{ (L)}$

11 $8 \times 3\frac{1}{2} = \overset{4}{\cancel{8}} \times \frac{7}{\underset{1}{\cancel{2}}} = 28$이므로

㉠=4, ㉡=7, ㉢=28입니다.

$\Rightarrow$ ㉠+㉡+㉢=4+7+28=39

12 $9 \times 4\frac{1}{6} = \overset{3}{\cancel{9}} \times \frac{25}{\underset{2}{\cancel{6}}} = \frac{75}{2} = 37\frac{1}{2}$,

$14 \times 2\frac{3}{4} = \overset{7}{\cancel{14}} \times \frac{11}{\underset{2}{\cancel{4}}} = \frac{77}{2} = 38\frac{1}{2}$

$\Rightarrow 37\frac{1}{2} < 38\frac{1}{2}$

13 (평행사변형의 넓이)=(밑변의 길이)×(높이)

$$=6×4\frac{3}{8}=\overset{3}{\cancel{6}}×\frac{35}{\underset{4}{\cancel{8}}}$$

$$=\frac{105}{4}=26\frac{1}{4}\,(\text{cm}^2)$$

14 (찬욱이네 집~시청)

$$=(\text{찬욱이네 집~법원})×2\frac{6}{7}$$

$$=4×2\frac{6}{7}=4×\frac{20}{7}=\frac{80}{7}=11\frac{3}{7}\,(\text{km})$$

9 $\dfrac{5}{9}×\dfrac{3}{10}=\dfrac{5×3}{9×10}=\dfrac{\overset{1}{\cancel{15}}}{\underset{6}{\cancel{90}}}=\dfrac{1}{6}$

10 $\dfrac{5}{6}×\dfrac{3}{7}=\dfrac{5×3}{6×7}=\dfrac{\overset{5}{\cancel{15}}}{\underset{14}{\cancel{42}}}=\dfrac{5}{14}$

12 $\dfrac{\overset{1}{\cancel{9}}}{\underset{5}{\cancel{25}}}×\dfrac{\overset{4}{\cancel{20}}}{\underset{3}{\cancel{27}}}=\dfrac{1×4}{5×3}=\dfrac{4}{15}$

13 $\dfrac{\overset{1}{\cancel{11}}}{\underset{9}{\cancel{27}}}×\dfrac{\overset{5}{\cancel{15}}}{\underset{4}{\cancel{44}}}=\dfrac{1×5}{9×4}=\dfrac{5}{36}$

14 $\dfrac{1}{9}×\dfrac{1}{3}=\dfrac{1}{9×3}=\dfrac{1}{27}$

15 $\dfrac{\overset{1}{\cancel{3}}}{\underset{2}{\cancel{8}}}×\dfrac{\overset{1}{\cancel{4}}}{\underset{1}{\cancel{3}}}=\dfrac{1×1}{2×1}=\dfrac{1}{2}$

개념 5 (진분수)×(진분수)　　50~51쪽

1 예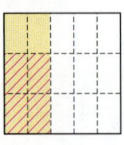

2 $\dfrac{4}{15}$

3 $3,\ 5,\ \dfrac{1}{15}$

4 $3\,/\,7,\ 2,\ \dfrac{3}{14}$

5 $4\,/\,7,\ \dfrac{12}{35}$

6 $4,\ \dfrac{7}{36}$

7 $2,\ \dfrac{5}{8}$

8 $6\,/\,7,\ \overset{3}{\cancel{6}}\,/\,\underset{7}{\cancel{14}},\ \dfrac{3}{7}$

9 $\dfrac{1}{6}$

10 $\dfrac{5}{14}$

11 $1\,/\,3,\ 1\,/\,2,\ 1\,/\,3,\ 2,\ \dfrac{1}{6}$

12 $\dfrac{4}{15}$

13 $\dfrac{5}{36}$

14 $\dfrac{1}{27}$

15 $\dfrac{1}{2}$

개념 체크

16 (1) 1, 분모　(2) 분자, 분모

2 빗금을 그은 부분은 전체의 $\dfrac{4}{15}$이므로

$\dfrac{2}{5}×\dfrac{2}{3}=\dfrac{4}{15}$입니다.

개념 6 (대분수)×(대분수)　　52~53쪽

1 $5,\ 15,\ 3\dfrac{3}{4}\,/\,9,\ 2,\ 6,\ 2,\ 3\dfrac{3}{4}$

2 $3,\ 3,\ 9,\ 1\dfrac{4}{5}$

3 $4\dfrac{1}{5}$

4 $5\dfrac{5}{8}$

5 $4\dfrac{4}{9}$

6 $1,\ \dfrac{1}{7},\ 1\dfrac{1}{4},\ \dfrac{1}{7},\ 5,\ 7,\ 5,\ \overset{3}{\cancel{12}},\ 1\dfrac{3}{7}$

7 10

8 $3\dfrac{11}{28}$

9 $7\dfrac{1}{2}$

10 8

11 $4\dfrac{7}{12}$

12 8

개념 체크

13 가분수, 진분수

2 $1\frac{1}{2} \times 1\frac{1}{5} = \frac{3}{2} \times \frac{\overset{3}{6}}{5} = \frac{9}{5} = 1\frac{4}{5}$

3 $1\frac{3}{4} \times 2\frac{2}{5} = \frac{7}{\underset{1}{4}} \times \frac{\overset{3}{12}}{2} = \frac{21}{5} = 4\frac{1}{5}$

4 $2\frac{5}{8} \times 2\frac{1}{7} = \frac{21}{8} \times \frac{15}{\underset{1}{7}} = \frac{45}{8} = 5\frac{5}{8}$

5 $3\frac{1}{9} \times 1\frac{3}{7} = \frac{28}{9} \times \frac{10}{\underset{1}{7}} = \frac{40}{9} = 4\frac{4}{9}$

7 $4\frac{1}{6} \times 2\frac{2}{5} = \left(4\frac{1}{6} \times 2\right) + \left(4\frac{1}{6} \times \frac{2}{5}\right)$

$= \left(\frac{25}{\underset{3}{6}} \times \overset{1}{2}\right) + \left(\frac{25}{\underset{3}{6}} \times \frac{\overset{5}{2}}{\underset{1}{5}}\right)$

$= \frac{25}{3} + \frac{5}{3} = \frac{\overset{10}{30}}{\underset{1}{3}} = 10$

8 $1\frac{3}{7} \times 2\frac{3}{8} = \left(1\frac{3}{7} \times 2\right) + \left(1\frac{3}{7} \times \frac{3}{8}\right)$

$= \left(\frac{10}{7} \times 2\right) + \left(\frac{\overset{5}{10}}{7} \times \frac{3}{\underset{4}{8}}\right)$

$= \frac{20}{7} + \frac{15}{28} = \frac{80}{28} + \frac{15}{28}$

$= \frac{95}{28} = 3\frac{11}{28}$

9 $4\frac{3}{8} \times 1\frac{5}{7} = \frac{\overset{5}{35}}{\underset{2}{8}} \times \frac{\overset{3}{12}}{\underset{1}{7}} = \frac{15}{2} = 7\frac{1}{2}$

10 $6\frac{1}{2} \times 1\frac{3}{13} = \frac{13}{\underset{1}{2}} \times \frac{\overset{8}{16}}{\underset{1}{13}} = 8$

11 $2\frac{4}{9} \times 1\frac{7}{8} = \frac{\overset{11}{22}}{\underset{3}{9}} \times \frac{15}{\underset{4}{8}} = \frac{55}{12} = 4\frac{7}{12}$

12 $3\frac{3}{7} \times 2\frac{1}{3} = \frac{\overset{8}{24}}{\underset{1}{7}} \times \frac{\overset{1}{7}}{\underset{1}{3}} = 8$

개념**7** 세 분수의 곱셈　　　54~55쪽

1 $\frac{1}{15}$　　　**2** $\frac{1}{15}$　　　**3** $3, \frac{3}{40}$

4 (위에서부터) $3, 2, \frac{3}{112}$

5 $3, 5, \frac{4}{105}$　　　　**6** $\frac{1}{20}$

7 $1\frac{7}{9}$　　**8** $\frac{1}{36}$　　**9** $\frac{1}{21}$

10 $\frac{18}{35}$　　**11** $\frac{7}{24}$　　**12** 8

13 $\frac{1}{54}$　　**14** $\frac{5}{16}$　　**15** $\frac{5}{84}$

16 12　　**17** $2\frac{1}{7}$　　**18** $\frac{1}{9}$

19 $8\frac{1}{4}$

3 분자는 분자끼리, 분모는 분모끼리 곱합니다.

4 분자는 분자끼리, 분모는 분모끼리 곱하는 과정에서 약분하여 계산합니다.

5 주어진 곱셈식에서 바로 약분하여 계산합니다.

6 $\frac{1}{\underset{2}{8}} \times \frac{1}{2} \times \frac{\overset{1}{4}}{5} = \frac{1}{20}$

12 $\frac{4}{5} \times 1\frac{2}{3} \times 6 = \frac{4}{\underset{1}{5}} \times \frac{\overset{1}{5}}{\underset{1}{3}} \times \frac{\overset{2}{6}}{1} = 8$

13 $\frac{1}{9} \times \frac{\overset{1}{5}}{6} \times \frac{1}{\underset{1}{5}} = \frac{1}{54}$

16 $\frac{6}{7} \times 5 \times 2\frac{4}{5} = \frac{6}{\underset{1}{7}} \times \frac{\overset{1}{5}}{1} \times \frac{\overset{2}{14}}{\underset{1}{5}} = 12$

17 $4 \times 1\frac{7}{8} \times \frac{2}{7} = \frac{\overset{1}{4}}{1} \times \frac{15}{\underset{2}{8}} \times \frac{\overset{1}{2}}{7} = \frac{15}{7} = 2\frac{1}{7}$

19 $2\frac{3}{4} \times 2 \times 1\frac{1}{2} = \frac{11}{4} \times \frac{\overset{1}{2}}{1} \times \frac{3}{\underset{1}{2}} = \frac{33}{4} = 8\frac{1}{4}$

1 •━━• **2** $\frac{5}{9} \times \frac{2}{3}$, $\frac{5}{6} \times \frac{5}{9}$에 ○표

•╳• **3** $\frac{3}{5}$ kg

4 예 문제 내가 가지고 있는 사탕 중에서 $\frac{2}{3}$는 막대 사탕입니다. 막대 사탕 중에서 $\frac{3}{4}$은 딸기맛입니다. 딸기맛 막대 사탕은 내가 가진 사탕의 얼마인가요? 답 $\frac{1}{2}$

5 $\overset{9}{2\!\!\!/7}$, $\overset{}{\underset{2}{6\!\!\!/}}$, 153, $9\frac{9}{16}$

6 $>$ **7** 8 km **8** 8 cm^2

9 4개 **10** 22 **11** 19

12 $\frac{5}{6} \times 1\frac{3}{4} \times 2$에 색칠

13 식 $\frac{2}{9} \times \frac{3}{7} \times \frac{2}{5} = \frac{4}{105}$ 답 $\frac{4}{105}$

14 $\frac{4}{9}$ m^2

---

1 • $\frac{\overset{1}{3\!\!\!/}}{5} \times \frac{4}{\underset{3}{9\!\!\!/}} = \frac{4}{15}$ • $\frac{2}{\underset{3}{9\!\!\!/}} \times \frac{\overset{2}{6\!\!\!/}}{13} = \frac{4}{39}$

• $\frac{7}{\underset{5}{10\!\!\!/}} \times \frac{\overset{1}{2\!\!\!/}}{5} = \frac{7}{25}$

2 $\frac{5}{9}$에 1보다 작은 수를 곱하면 계산 결과가 $\frac{5}{9}$보다 작습니다.

3 (딸기주스를 만드는 데 사용한 딸기의 양)
$=$ (처음에 있던 딸기의 양) $\times \frac{2}{3}$

$= \frac{\overset{3}{9\!\!\!/}}{\underset{5}{10\!\!\!/}} \times \frac{\overset{1}{2\!\!\!/}}{\underset{1}{3\!\!\!/}} = \frac{3}{5}$ (kg)

---

6 $3\frac{2}{3} \times 2\frac{5}{8} = \frac{11}{\underset{1}{3\!\!\!/}} \times \frac{\overset{7}{21\!\!\!/}}{8} = \frac{77}{8} = 9\frac{5}{8}$

$2\frac{4}{9} \times 2\frac{5}{11} = \frac{\overset{2}{22\!\!\!/}}{\underset{1}{9\!\!\!/}} \times \frac{\overset{3}{27\!\!\!/}}{\underset{1}{11\!\!\!/}} = 6$

$\Rightarrow 9\frac{5}{8} > 6$

7 (휘발유 $1\frac{3}{7}$ L로 갈 수 있는 거리)
$=$ (휘발유 1 L로 갈 수 있는 거리)
$\quad \times$ (휘발유의 양)

$= 5\frac{3}{5} \times 1\frac{3}{7} = \frac{\overset{4}{28\!\!\!/}}{\underset{1}{5\!\!\!/}} \times \frac{\overset{2}{10\!\!\!/}}{\underset{1}{7\!\!\!/}} = 8$ (km)

8 (마름모의 넓이)
$=$ (한 대각선의 길이) $\times$ (다른 대각선의 길이) $\div 2$

$= 3\frac{1}{3} \times 4\frac{4}{5} \div 2 = \frac{\overset{2}{10\!\!\!/}}{\underset{1}{3\!\!\!/}} \times \frac{\overset{8}{24\!\!\!/}}{\underset{1}{5\!\!\!/}} \div 2 = 8$ (cm^2)

9 $2\frac{1}{6} \times 2\frac{1}{4} = \frac{13}{\underset{2}{6\!\!\!/}} \times \frac{\overset{3}{9\!\!\!/}}{4} = \frac{39}{8} = 4\frac{7}{8}$

$4\frac{7}{8} > \square\frac{3}{4} \Rightarrow 4\frac{7}{8} > \square\frac{6}{8}$이므로

$\square$ 안에 들어갈 수 있는 자연수는 1, 2, 3, 4로 모두 4개입니다.

10 $2\frac{2}{5} \times 1\frac{5}{6} \times 5 = \frac{\overset{2}{12\!\!\!/}}{\underset{1}{5\!\!\!/}} \times \frac{11}{\underset{1}{6\!\!\!/}} \times \frac{\overset{1}{5\!\!\!/}}{1} = 22$

11 $\frac{4}{5} \times \frac{5}{7} \times \frac{3}{8} = \frac{4 \times \overset{1}{5\!\!\!/} \times 3}{\underset{1}{5\!\!\!/} \times 7 \times \underset{2}{8\!\!\!/}} = \frac{3}{14}$이므로

㉠$=2$, ㉡$=3$, ㉢$=14$입니다.
$\Rightarrow$ ㉠$+$㉡$+$㉢$=2+3+14=19$

12 $\dfrac{1}{8} \times 1\dfrac{3}{5} \times \dfrac{4}{9} = \dfrac{1}{8} \times \dfrac{\overset{1}{8}}{5} \times \dfrac{4}{9} = \dfrac{4}{45}$

$\dfrac{5}{6} \times 1\dfrac{3}{4} \times 2 = \dfrac{5}{6} \times \dfrac{7}{\underset{2}{4}} \times \dfrac{\overset{1}{2}}{1} = \dfrac{35}{12} = 2\dfrac{11}{12}$

$\Rightarrow \dfrac{4}{45} < 2\dfrac{11}{12}$

13 분수의 곱셈을 좋아하는 5학년 여학생은 전체

학생의 $\dfrac{2}{\underset{3}{9}} \times \dfrac{\overset{1}{3}}{7} \times \dfrac{2}{5} = \dfrac{4}{105}$입니다.

14 (타일을 붙인 부분의 넓이)

$= 1\dfrac{1}{3} \times 1\dfrac{1}{3} \times \dfrac{1}{4} = \dfrac{4}{3} \times \dfrac{\overset{1}{4}}{3} \times \dfrac{1}{\underset{1}{4}} = \dfrac{4}{9}\,(\text{m}^2)$

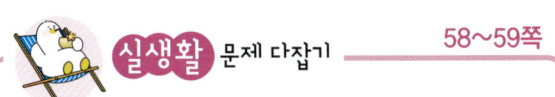

실생활 문제 다잡기   58~59쪽

유형 **1**   **1단계** $\dfrac{4}{9}$

     2단계 $5,\ \dfrac{4}{9},\ \dfrac{20}{9},\ 2\dfrac{2}{9}\ /\ 2\dfrac{2}{9}$

     답 $2\dfrac{2}{9}$ m

유형 **1**-1 $1\dfrac{1}{5}$ m²   유형 **1**-2   75 m²

유형 **2**   **1단계** 5, 5, 10

     2단계 10, 8, 10 / 1, 80

     답 80쪽

유형 **2**-1 $\dfrac{11}{54}$ 유형 **2**-2 $\dfrac{1}{2}$

유형 1

풀이

1단계 공이 튀어 오르는 높이는 떨어뜨린 높이의 얼마만큼인지 구하기

떨어뜨린 높이의 $\boxed{\dfrac{4}{9}}$ 만큼 튀어 오릅니다.

2단계 공이 땅에 한 번 닿았다가 튀어 오른 높이 구하기

$\boxed{5} \times \boxed{\dfrac{4}{9}} = \boxed{\dfrac{20}{9}} = \boxed{2\dfrac{2}{9}}$

따라서 공이 땅에 한 번 닿았다가 튀어 오른

높이는 $\boxed{2\dfrac{2}{9}}$ m입니다.

답 $2\dfrac{2}{9}$ m

유형 1-1

(꽃을 심은 부분의 넓이) = (화단의 넓이) × $\dfrac{2}{5}$

$\qquad\qquad = 3 \times \dfrac{2}{5} = \dfrac{3 \times 2}{5}$

$\qquad\qquad = \dfrac{6}{5} = 1\dfrac{1}{5}\,(\text{m}^2)$

유형 1-2

$\left(\text{두 농기계로 } 3\dfrac{3}{4}\text{시간 동안 간 밭의 넓이}\right)$

= (한 시간 동안 갈 수 있는 밭의 넓이) × (간 시간)

$= 20 \times 3\dfrac{3}{4} = 20 \times \dfrac{15}{\underset{1}{4}} = 75\,(\text{m}^2)$

유형 2

풀이

1단계 오늘 읽은 양은 책 전체의 얼마인지 구하기

어제 읽고 난 나머지는 책 전체의

$1 - \dfrac{4}{9} = \boxed{\dfrac{5}{9}}$ 이고, 오늘 읽은 양은

책 전체의 $\dfrac{\boxed{5}}{\underset{3}{9}} \times \dfrac{\overset{2}{6}}{7} = \boxed{\dfrac{10}{21}}$ 입니다.

2단계 오늘 읽은 양은 모두 몇 쪽인지 구하기

오늘 읽은 양은 책 전체의 $\boxed{\dfrac{10}{21}}$ 이므로 모두

$\overset{8}{168} \times \dfrac{\boxed{10}}{\underset{1}{21}} = \boxed{80}$ (쪽)입니다.

답 80쪽

유형 ②-1

입장객 중 남자는 전체의 $\frac{7}{18}$이므로 여자는 전체의

$1-\frac{7}{18}=\frac{11}{18}$입니다.

입장객 중 여자의 $\frac{1}{3}$이 안경을 썼으므로 입장한 사람

중 안경을 쓴 여자는 전체의 $\frac{11}{18}\times\frac{1}{3}=\frac{11}{54}$입니다.

유형 ②-2

수영을 못하는 학생이 전체의 $\frac{1}{5}$이므로 수영할 수

있는 학생은 전체의 $1-\frac{1}{5}=\frac{4}{5}$입니다.

평영을 할 수 있는 학생은 수영을 할 수 있는 학생의

$\frac{5}{8}$이므로 $\overset{1}{\cancel{\frac{4}{5}}}\times\overset{1}{\underset{2}{\cancel{\frac{5}{8}}}}=\frac{1}{2}$입니다.

서술형 대비 문제 60~61쪽

❶ 대표 15, 1, 1, 5, 95 / 95 km

❶ 연습 풀이 참조, $31\frac{2}{3}$ km

❷ 대표 작아지므로, 7, 8, 9, 1, 2, 3 /
(위에서부터) 2, 3, 8, 9 / 1 / $\frac{1}{84}$

❷ 연습 풀이 참조, $\frac{1}{21}$

❶ 대표 문제

풀이

1시간 15분=$1\dfrac{\boxed{15}}{60}$시간=$1\dfrac{\boxed{1}}{4}$시간 …㉠

(버스가 1시간 15분 동안 이동할 수 있는 거리)

$=76\times1\dfrac{\boxed{1}}{4}=\overset{19}{\cancel{76}}\times\dfrac{\boxed{5}}{\underset{1}{\cancel{4}}}=\boxed{95}$ (km) …㉡

답 95 km

〈평가 기준〉

㉠ 1시간 15분은 몇 시간인지 분수로 나타냅니다.
㉡ 버스가 이동할 수 있는 거리를 구합니다.

❶ 연습 문제

✚ 힌트 체크

세연이는 하루에 $2\frac{1}{9}$ km를 달립니다. 15일 동안
달렸다면 세연이가 달린 거리는 모두 몇 km인지
풀이 과정을 쓰고, 답을 구해 보세요.

❶ 달린 거리 ➡ 하루에 달린 거리와 날수를 곱해 구합니다.

풀이

예 (달린 전체 거리)=(하루에 달린 거리)×(날수)

$=2\dfrac{1}{9}\times15=\dfrac{19}{\underset{3}{\cancel{9}}}\times\overset{5}{\cancel{15}}$

$=\dfrac{95}{3}=31\dfrac{2}{3}$ (km)

답 $31\dfrac{2}{3}$ km

〈평가 기준〉

세연이가 달린 전체 거리를 구합니다.

❷ 대표 문제

풀이

분모가 클수록, 분자가 작을수록 곱이
(커지므로 , ⟨작아지므로⟩)

분모로 사용할 수 카드는 $\boxed{7}$, $\boxed{8}$, $\boxed{9}$ 이고

분자로 사용할 수 카드는 $\boxed{1}$, $\boxed{2}$, $\boxed{3}$ 입니다.

…㉠

따라서 가장 작은 곱은 $\dfrac{1\times\boxed{2}\times\boxed{3}}{7\times\boxed{8}\times\boxed{9}}=\dfrac{\boxed{1}}{84}$

입니다. …㉡

답 $\dfrac{1}{84}$

〈평가 기준〉

㉠ 분모와 분자에 사용할 수 카드를 각각 구합니다.
㉡ 가장 작은 곱을 구합니다.

수 카드 8장 중 6장을 골라 한 번씩만 사용하여 3개의 진분수를 만들어 곱할 때 가장 작은 곱은 얼마인지 풀이 과정을 쓰고, 답을 구해 보세요. (단, 분모와 분자에 각각 한 장의 카드만 사용합니다.)

❶ 진분수 ➡ 진분수는 분모가 분자보다 큰 분수입니다.
❷ 가장 작은 곱 ➡ 분수의 곱셈에서 분모가 클수록, 분자가 작을수록 계산 결과가 작아집니다.

풀이

예 분모가 클수록, 분자가 작을수록 곱이 작아지므로 분모로 사용할 수 카드는 7, 8, 9이고 분자로 사용할 수 카드는 2, 3, 4입니다. …㉠

따라서 가장 작은 곱은 $\dfrac{2 \times 3 \times 4}{7 \times 8 \times 9} = \dfrac{1}{21}$ 입니다.

…㉡

답 $\dfrac{1}{21}$

〈평가 기준〉

㉠	분모와 분자에 사용할 수 카드를 각각 구합니다.
㉡	가장 작은 곱을 구합니다.

단원 평가 　62~65쪽

1 ②　　　　**2** <

3

$\dfrac{1}{3}$　$\times \dfrac{2}{5}$　$\dfrac{5}{6}$　$\times \dfrac{8}{9}$　$\dfrac{20}{27}$

$\times \dfrac{10}{17}$

$\dfrac{25}{51}$

4 식 $\dfrac{1}{6} \times 42 = 7$　답 7개

5 $= \overset{2}{\cancel{10}} \times \dfrac{18}{\underset{1}{\cancel{5}}} = 36$　**6** 58

---

7 (1) $\dfrac{1}{5}$ m, $\dfrac{1}{6}$ m　(2) $\dfrac{1}{30}$ m²

8 ㉡　　　　**9** $11\dfrac{1}{3}$ cm

10 $9\dfrac{1}{3}$ m　　**11** 4200원

12 정국　　　　**13** $\dfrac{7}{12}$ kg

14

$6 \times 2\dfrac{1}{5}$　$6 \times \dfrac{4}{7}$　$6 \times \dfrac{2}{9}$

6×1　$6 \times 1\dfrac{3}{8}$

15 ㉮　　　　**16** 3개

17 $\dfrac{9}{20}$ m　　**18** 오전 8시 16분

19 풀이 참조, $75\dfrac{5}{7}$　**20** 풀이 참조

1 $\underset{①}{\dfrac{4}{7} \times 3} = \underset{④}{\dfrac{4}{7} + \dfrac{4}{7} + \dfrac{4}{7}} = \underset{③}{\dfrac{4 \times 3}{7}} = \dfrac{12}{7} = \underset{⑤}{1\dfrac{5}{7}}$

2 $\dfrac{1}{\underset{4}{\cancel{8}}} \times \overset{3}{\cancel{6}} = \dfrac{3}{4}$, $\dfrac{3}{\underset{2}{\cancel{10}}} \times \overset{1}{\cancel{5}} = \dfrac{3}{2} = 1\dfrac{1}{2}$

⇨ $\dfrac{3}{4} < 1\dfrac{1}{2}$

3 • $\dfrac{\overset{1}{\cancel{5}}}{\underset{3}{\cancel{6}}} \times \dfrac{\overset{1}{\cancel{2}}}{5} = \dfrac{1}{3}$　• $\dfrac{5}{\underset{3}{\cancel{6}}} \times \dfrac{\overset{4}{\cancel{8}}}{9} = \dfrac{20}{27}$

• $\dfrac{5}{\underset{3}{\cancel{6}}} \times \dfrac{\overset{5}{\cancel{10}}}{17} = \dfrac{25}{51}$

4 (필요한 호두파이 수)
= (한 명에게 나누어 주는 호두파이의 양) × (사람 수)
= $\dfrac{1}{\underset{1}{\cancel{6}}} \times \overset{7}{\cancel{42}} = 7$(개)

6 $9\frac{2}{3} > 8 > 7\frac{1}{12} > 6$이므로 가장 큰 수는

$9\frac{2}{3}$, 가장 작은 수는 6입니다.

$\Rightarrow 9\frac{2}{3} \times 6 = \frac{29}{\overset{}{3}} \times \overset{2}{6} = 58$

7 (1) 가로는 1 m를 똑같이 5칸으로 나눈 것 중

하나이므로 $\frac{1}{5}$ m이고 세로는 1 m를 똑같이

6칸으로 나눈 것 중의 하나이므로 $\frac{1}{6}$ m

입니다.

(2) (한 칸의 넓이)$=\frac{1}{5} \times \frac{1}{6} = \frac{1}{5 \times 6} = \frac{1}{30}$ (m²)

8 ㉡ $4\frac{1}{2} \times 7 = \frac{9}{2} \times 7 = \frac{63}{2} = 31\frac{1}{2}$

9 (정사각형의 둘레)

$=$(한 변의 길이)$\times 4$

$= 2\frac{5}{6} \times 4 = \frac{17}{\overset{}{6}} \times \overset{2}{4} = \frac{34}{3} = 11\frac{1}{3}$ (cm)

10 색칠한 부분은 12 m의 $\frac{7}{9}$입니다.

$\Rightarrow \overset{4}{12} \times \frac{7}{\overset{}{9}} = \frac{28}{3} = 9\frac{1}{3}$ (m)

11 (입장권 2장의 금액)$= 3500 \times 2 = 7000$(원)

(내야 하는 금액)$= \overset{1400}{7000} \times \frac{3}{\overset{}{5}} = 4200$(원)

12 지수: 1시간은 60분이므로 1시간의 $\frac{2}{3}$는

$\overset{20}{60} \times \frac{2}{\overset{}{3}} = 40$(분)입니다.

정국: 1 m는 100 cm이므로 1 m의 $\frac{3}{5}$은

$\overset{20}{100} \times \frac{3}{\overset{}{5}} = 60$ (cm)입니다.

민호: 1 L는 1000 mL이므로 1 L의 $\frac{1}{2}$은

$\overset{500}{1000} \times \frac{1}{\overset{}{2}} = 500$ (mL)입니다.

13 (정표가 먹을 수 있는 밤고구마의 양)

$= 5\frac{4}{9} \times \frac{3}{7} \times \frac{1}{4} = \frac{\overset{7}{49}}{\overset{}{9}} \times \frac{\overset{1}{3}}{\overset{}{7}} \times \frac{1}{4} = \frac{7}{12}$ (kg)

14 $6 \times 2\frac{1}{5} = 6 \times \frac{11}{5} = \frac{66}{5} = 13\frac{1}{5}$,

$6 \times \frac{4}{7} = \frac{24}{7} = 3\frac{3}{7}$, $\overset{2}{6} \times \frac{2}{\overset{}{9}} = \frac{4}{3} = 1\frac{1}{3}$,

$6 \times 1 = 6$, $6 \times 1\frac{3}{8} = \overset{3}{6} \times \frac{11}{\overset{}{8}} = \frac{33}{4} = 8\frac{1}{4}$

15 (㉮의 넓이)$= 3\frac{1}{4} \times 3\frac{1}{4} = \frac{13}{4} \times \frac{13}{4}$

$= \frac{169}{16} = 10\frac{9}{16}$ (cm²)

(㉯의 넓이)$= 2\frac{2}{5} \times 4\frac{3}{8} = \frac{\overset{3}{12}}{\overset{}{5}} \times \frac{\overset{7}{35}}{\overset{}{8}}$

$= \frac{21}{2} = 10\frac{1}{2}$ (cm²)

$\Rightarrow 10\frac{9}{16} > 10\frac{1}{2}$

16 $\frac{1}{60} < \frac{1}{9} \times \frac{1}{\square} < \frac{1}{30} \Rightarrow \frac{1}{60} < \frac{1}{9 \times \square} < \frac{1}{30}$

이므로 $30 < 9 \times \square < 60$입니다.

따라서 □ 안에 들어갈 수 있는 자연수는

4, 5, 6으로 모두 3개입니다.

17 (공이 두 번째로 튀어 오른 높이)

$= 7\frac{1}{5} \times \frac{1}{4} \times \frac{1}{4} = \frac{\overset{9}{36}}{5} \times \frac{1}{\overset{}{4}} \times \frac{1}{4} = \frac{9}{20}$ (m)

18 (10일 동안 느려지는 시간)

$= 4\frac{2}{5} \times 10 = \frac{22}{\overset{}{5}} \times \overset{2}{10} = 44$(분)

$\Rightarrow$ (10일 후 오전 9시에 시계가 가리키는 시각)

$=$ 오전 9시-44분$=$ 오전 8시 16분

19

힌트 체크

㉠과 ㉡을 계산한 값의 차는 얼마인지 풀이 과정을 쓰고, 답을 구해 보세요.

$$㉠ \ 8\frac{1}{4} \times 9\frac{1}{3} \qquad ㉡ \ 6 \times \frac{3}{14}$$

❶ $8\frac{1}{4} \times 9\frac{1}{3}$ ➡ (대분수)×(대분수)는 대분수를 가분수로 나타낸 다음 분자는 분자끼리, 분모는 분모끼리 계산합니다.

풀이

예 ㉠ $8\frac{1}{4} \times 9\frac{1}{3} = \dfrac{\overset{11}{\cancel{33}}}{\underset{1}{\cancel{4}}} \times \dfrac{\overset{7}{\cancel{28}}}{\underset{1}{\cancel{3}}} = 77$

㉡ $6 \times \dfrac{3}{14} = \dfrac{\overset{3}{\cancel{6}}}{1} \times \dfrac{3}{\underset{7}{\cancel{14}}} = \dfrac{9}{7} = 1\frac{2}{7}$ …(1)

⇨ ㉠－㉡ $= 77 - 1\frac{2}{7} = 76\frac{7}{7} - 1\frac{2}{7} = 75\frac{5}{7}$ …(2)

답 $75\frac{5}{7}$

〈평가 기준〉

(1) ㉠과 ㉡을 계산한 값을 구합니다.
(2) ㉠과 ㉡의 차를 구합니다.

20

힌트 체크

나래는 분수의 곱셈을 하는 데 어려움을 겪고 있습니다. 다음 계산에서 잘못된 부분을 찾아 바르게 계산하고, 잘못 계산한 이유를 써 보세요.

나래의 계산

$6\frac{3}{4} \times 1\frac{7}{9} = \dfrac{\overset{1}{\cancel{25}}}{\underset{3}{\cancel{4}}} \times \dfrac{\overset{5}{\cancel{10}}}{\underset{2}{\cancel{3}}} = \dfrac{125}{6} = 20\frac{5}{6}$

❶ 대분수끼리의 곱셈에서는 대분수를 가분수로 먼저 나타냅니다.

바른 계산

예 $= \dfrac{\overset{3}{\cancel{27}}}{\underset{1}{\cancel{4}}} \times \dfrac{\overset{4}{\cancel{16}}}{\underset{1}{\cancel{9}}} = 12$ …㉠

이유 예 대분수를 가분수로 바꾸기 전에 약분하여 계산했습니다. …㉡

〈평가 기준〉

㉠ 바르게 계산한 값을 구합니다.
㉡ 계산이 잘못된 이유를 설명합니다.

66~67쪽

❷ 분수의 곱셈

1 $13\frac{1}{3}$	**2** 10	**3** $1\frac{3}{5}$
4 $3\frac{1}{9}$	**5** $7\frac{1}{7}$	**6** $105\frac{5}{6}$
7 $17\frac{1}{3}$	**8** $16\frac{4}{5}$	**9** $28\frac{2}{3}$
10 $21\frac{1}{2}$	**11** $2\frac{2}{7}$	**12** $\frac{2}{3}$
13 $4\frac{11}{26}$	**14** $\frac{8}{15}$	**15** $\frac{39}{40}$
16 $10\frac{3}{14}$	**17** $6\frac{3}{5}$	**18** $22\frac{3}{7}$
19 $36\frac{5}{6}$	**20** $40\frac{1}{3}$	**21** $22\frac{1}{2}$
22 $\frac{1}{42}$	**23** $\frac{1}{36}$	**24** $\frac{10}{51}$
25 $\frac{14}{45}$	**26** $\frac{3}{55}$	**27** $\frac{2}{15}$
28 $\frac{7}{24}$	**29** $3\frac{3}{4}$	**30** $2\frac{10}{13}$
31 $2\frac{11}{14}$	**32** $3\frac{3}{8}$	**33** $4\frac{1}{3}$
34 $3\frac{1}{4}$	**35** $1\frac{5}{9}$	**36** $\frac{1}{90}$
37 $\frac{2}{35}$	**38** $\frac{9}{40}$	**39** $\frac{1}{18}$
40 $\frac{1}{28}$	**41** $4\frac{1}{2}$	**42** $\frac{1}{9}$

개념1 도형의 합동   70~71쪽

1 ( )( )(○)

2 ( )(○)( )

3 ( )(○)( )

4 ( )(○)( )

5 나   **6** 합동

7 다, 라

8

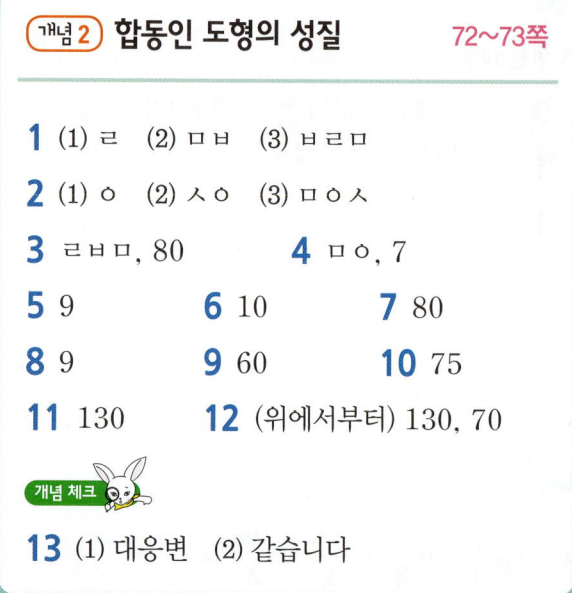

9

10 ○   **11** ×   **12** ○

13 가

개념 체크

14 모양, 크기

[1~4] 주어진 도형과 포개었을 때 완전히 겹치는 도형을 찾습니다.

5 도형 나와 모양과 크기가 같아서 포개었을 때 완전히 겹쳐집니다.

7 다를 시계 방향으로 90° 돌리면 라와 완전히 겹쳐집니다.

[8~9] 주어진 도형과 완전히 겹치도록 그립니다.

[10~12] 점선을 따라 잘랐을 때 잘린 두 도형의 모양과 크기가 같은 것이 서로 합동입니다.

13 가를 따라 자른 두 도형을 포개면 완전히 겹쳐집니다.

개념2 합동인 도형의 성질   72~73쪽

1 (1) ㄹ (2) ㅁㅂ (3) ㅂㄹㅁ

2 (1) ㅇ (2) ㅅㅇ (3) ㅁㅇㅅ

3 ㄹㅂㅁ, 80   **4** ㅁㅇ, 7

5 9   **6** 10   **7** 80

8 9   **9** 60   **10** 75

11 130   **12** (위에서부터) 130, 70

개념 체크

13 (1) 대응변 (2) 같습니다

1 서로 합동인 두 삼각형을 포개었을 때 완전히 겹치는 곳을 찾아봅니다.

3 (각 ㄹㅂㅁ)=(각 ㄱㄴㄷ)=80°
  참고 (각 ㅂㅁㄹ)=(각 ㄴㄷㄱ)=25°
       (각 ㅁㄹㅂ)=(각 ㄷㄱㄴ)=75°

4 (변 ㄱㄹ)=(변 ㅁㅇ)=7 cm

11

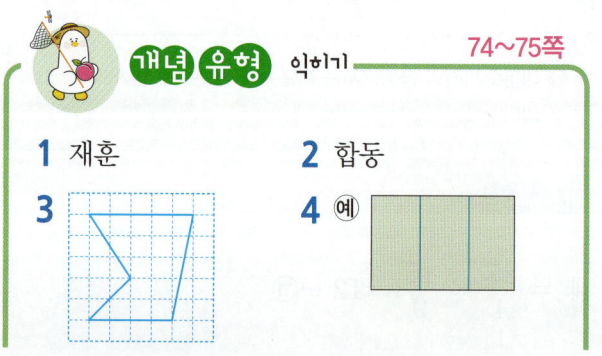

두 도형은 합동이므로 ㉠=50°
➡ 50°+90°+90°+□=360°,
  230°+□=360°, □=130°

12 서로 합동인 두 도형에서 각각의 대응변의 길이와 각각의 대응각의 크기가 서로 같습니다.

개념 유형 익히기   74~75쪽

1 재훈   **2** 합동

3   **4** 예

5 나   **6** 변 ㅁㅂ

7 5쌍, 5쌍, 5쌍   **8** 각 ㄷㄴㄹ

9 3 cm   **10** 115°

11 23 cm   **12** 104 cm²

13 60°

1 모양과 크기가 같아서 포개었을 때 완전히 겹치는 두 도형을 서로 합동이라고 합니다.

2 포개었을 때 완전히 겹치는 두 도형을 서로 합동이라고 합니다.

3 주어진 도형과 포개었을 때 완전히 겹치도록 그립니다.

4 잘린 3개의 도형을 포개었을 때 완전히 겹치도록 자릅니다.

5 모양과 크기가 같아서 완전히 겹치는 모양의 타일을 찾습니다.

6 포개었을 때 완전히 겹치는 변은 변 ㄱㄴ과 변 ㄹㅁ, 변 ㄴㄷ과 변 ㅁㅂ, 변 ㄷㄱ과 변 ㅂㄹ입니다.

7 두 도형은 서로 합동인 오각형이므로 대응점, 대응변, 대응각이 각각 5쌍 있습니다.

8 대응각은 각 ㄱㄴㄷ과 각 ㄹㅁㄷ, 각 ㄴㄷㄱ과 각 ㄷㄹㄴ, 각 ㄷㄱㄴ과 각 ㄴㄹㄷ입니다.

9 변 ㄹㄷ의 대응변은 변 ㅁㅂ이므로 변 ㄹㄷ은 3 cm입니다.

10 각 ㄴㄱㄹ의 대응각은 각 ㅅㅇㅁ이므로 각 ㄴㄱㄹ은 115°입니다.

11 변 ㄱㄷ의 대응변은 변 ㄹㅁ이므로 변 ㄱㄷ의 길이는 9 cm입니다.
⇨ (삼각형 ㄱㄴㄷ의 둘레)$=6+8+9$
$=23$ (cm)

12 변 ㅁㅂ의 대응변은 변 ㄴㄷ이므로 변 ㅁㅂ은 13 cm입니다.
⇨ (직사각형 ㅁㅂㅅㅇ의 넓이)$=8 \times 13$
$=104$ (cm²)

13 각 ㅁㄹㅂ의 대응각은 각 ㄷㄱㄴ이므로 각 ㅁㄹㅂ은 30°입니다.
삼각형의 세 각의 크기의 합은 180°이므로
(각 ㄹㅁㅂ)$=180°-30°-90°=60°$입니다.

개념 3 선대칭도형 알아보기   *76~77쪽*

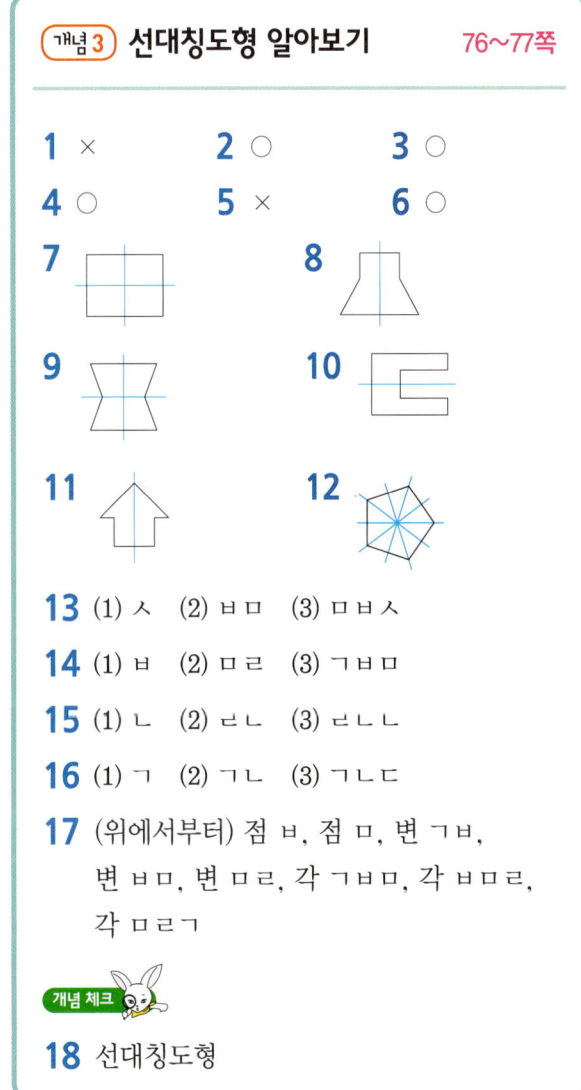

1 ×   **2** ○   **3** ○

4 ○   **5** ×   **6** ○

7

8

9

10

11

12

13 (1) ㅅ (2) ㅂㅁ (3) ㅁㅂㅅ

14 (1) ㅂ (2) ㅁㄹ (3) ㄱㅂㅁ

15 (1) ㄴ (2) ㄷㄴ (3) ㄷㄴㄴ

16 (1) ㄱ (2) ㄱㄴ (3) ㄱㄴㄷ

17 (위에서부터) 점 ㅂ, 점 ㅁ, 변 ㄱㅂ, 변 ㅂㅁ, 변 ㅁㄹ, 각 ㄱㅂㅁ, 각 ㅂㅁㄹ, 각 ㅁㄹㄱ

개념 체크

18 선대칭도형

[7~12] 선대칭도형은 대칭축을 따라 접으면 완전히 겹칩니다.

[13~17] (1) 대칭축을 따라 포개었을 때 겹치는 점을 대응점이라고 합니다.

(2) 대칭축을 따라 포개었을 때 겹치는 변을 대응변이라고 합니다.

(3) 대칭축을 따라 포개었을 때 겹치는 각을 대응각이라고 합니다.

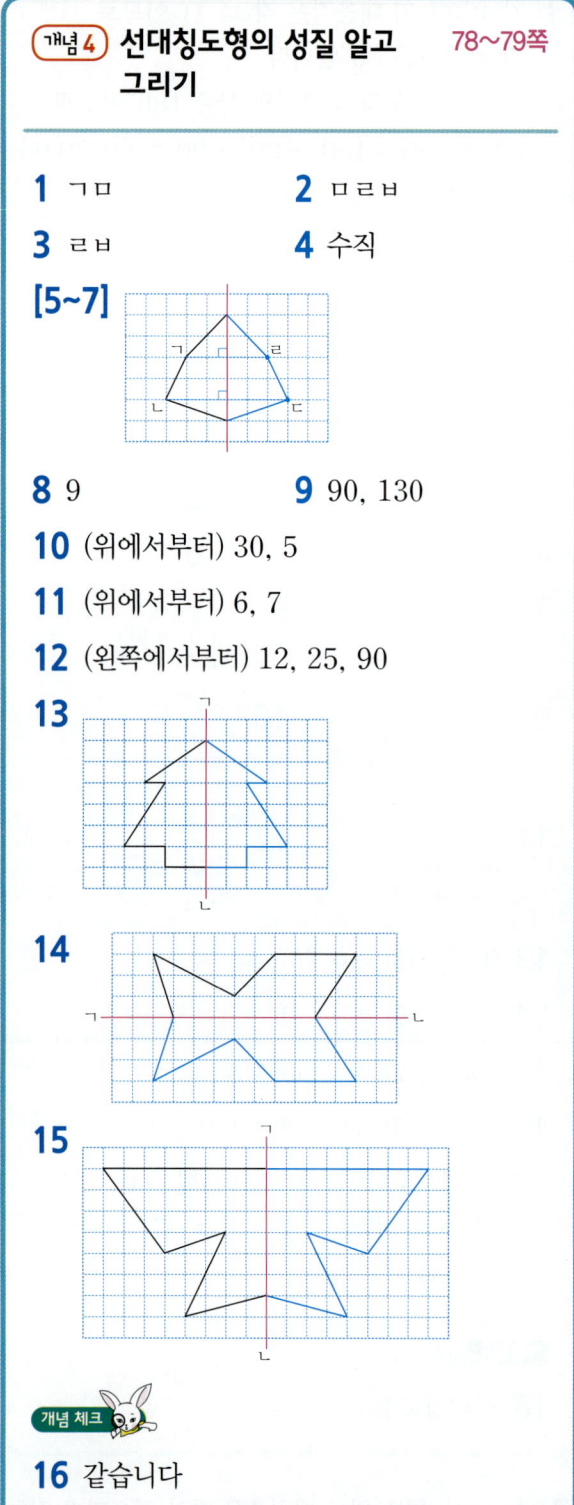

개념 4 선대칭도형의 성질 알고 그리기   78~79쪽

1 ㄱㅁ   **2** ㅁㄹㅂ

3 ㄹㅂ   **4** 수직

[5~7]

8 9   **9** 90, 130

10 (위에서부터) 30, 5

11 (위에서부터) 6, 7

12 (왼쪽에서부터) 12, 25, 90

13

14

15

개념 체크

16 같습니다

5 점 ㄱ에서 대칭축에 수선을 긋고, 이 수선에서 점 ㄱ과 같은 거리에 있도록 대응점인 점 ㄹ을 찍습니다.

7 대칭축을 따라 접었을 때 완전히 겹치도록 점들을 이어 그립니다.

11 각 대응점에서 대칭축까지의 거리가 같습니다.

12 대응점끼리 이은 선분은 대칭축과 수직(90°)으로 만납니다.

[13~15] 대응점을 찾아 표시한 후 차례대로 이어 선대칭도형을 완성합니다.

개념 5 점대칭도형 알아보기   80~81쪽

1 ×   **2** ○   **3** ○

4 ○   **5** ×   **6** ○

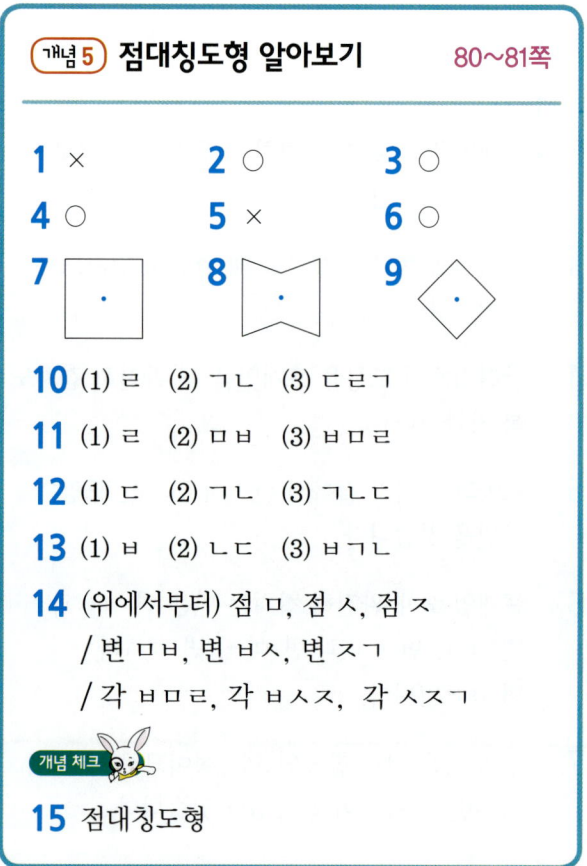

7   **8**   **9**

10 (1) ㄹ   (2) ㄱㄴ   (3) ㄷㄹㄱ

11 (1) ㄹ   (2) ㅁㅂ   (3) ㅂㅁㄹ

12 (1) ㄷ   (2) ㄱㄴ   (3) ㄱㄴㄷ

13 (1) ㅂ   (2) ㄴㄷ   (3) ㅂㄱㄴ

14 (위에서부터) 점 ㅁ, 점 ㅅ, 점 ㅈ
/ 변 ㅁㅂ, 변 ㅂㅅ, 변 ㅈㄱ
/ 각 ㅂㅁㄹ, 각 ㅂㅅㅈ, 각 ㅅㅈㄱ

개념 체크

15 점대칭도형

1 대칭의 중심을 중심으로 180° 돌렸을 때 처음 도형과 완전히 겹치지 않습니다.

2 대칭의 중심을 중심으로 180° 돌렸을 때 처음 도형과 완전히 겹칩니다.

[7~9] 대응점끼리 이은 선분이 만나는 점을 찾습니다.

개념 6 점대칭도형의 성질 알고 그리기   82~83쪽

1 ㅁㅂ   **2** ㅂㅁㄹ

3 대응점, 대응점

[4~6]

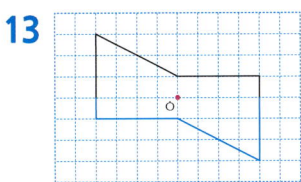

7 (왼쪽에서부터) 4, 10

8 (위에서부터) 9, 35

9 (위에서부터) 60, 110, 6

10 (위에서부터) 6, 90

11 (왼쪽에서부터) 40, 7

12

13

14

15

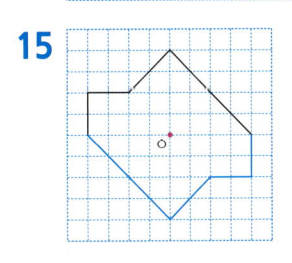

개념 체크

16 같습니다

8 점대칭도형에서 각각의 대응변의 길이와 각각의 대응각의 크기가 서로 같습니다.

[12~15] 각 점에서 대칭의 중심을 지나는 직선을 긋습니다. 각 점에서 대칭의 중심까지의 길이가 같도록 대응점을 찾아 표시한 다음, 각 대응점을 차례로 이어 점대칭도형을 완성합니다.

개념 유형 익히기

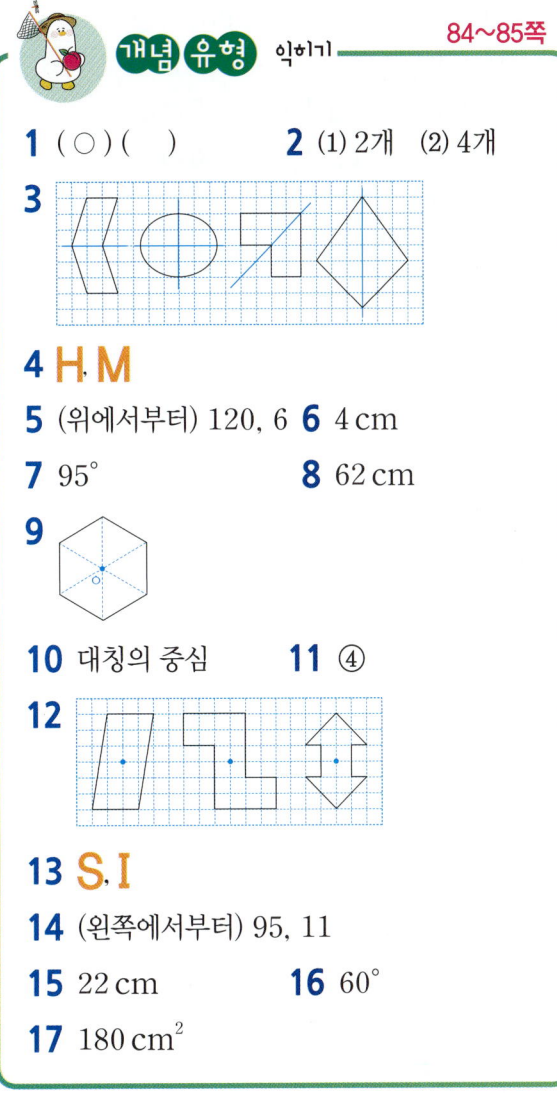

1 (○) (　)　　　　**2** (1) 2개　(2) 4개

3

4 H M

5 (위에서부터) 120, 6　**6** 4 cm

7 95°　　　　　　**8** 62 cm

9

10 대칭의 중심　　**11** ④

12

13 S, I

14 (왼쪽에서부터) 95, 11

15 22 cm　　　　**16** 60°

17 180 cm²

2 (1)은 ㉠, ㉢ 2개, (2)는 ㉠, ㉡, ㉢, ㉣ 4개로 포개었을 때 도형이 완전히 겹쳐집니다.

4 F H M N ➡ 선대칭도형: H M

5 선대칭도형에서 각각의 대응변의 길이와 각각의 대응각의 크기는 서로 같습니다.

6 각각의 대응점에서 대칭축까지의 거리가 서로 같으므로
(선분 ㄴㅅ)＝8÷2＝4 (cm)

7 각각의 대응각의 크기는 서로 같으므로
(각 ㄹㄱㄷ)＝(각 ㄴㄱㄷ)＝40°,
(각 ㄹㄷㄱ)＝(각 ㄴㄷㄱ)＝45°
삼각형의 세 각의 크기의 합은 180°이므로
(각 ㄱㄹㄷ)＝180°－40°－45°＝95°

8 (변 ㄱㄴ)=(변 ㅂㅁ)=7 cm,
(변 ㄴㄷ)=(변 ㅁㄹ)=13 cm,
(선분 ㄹㅇ)=(선분 ㄷㅇ)=5 cm,
(선분 ㅂㅅ)=(선분 ㄱㅅ)=6 cm
⇨ (선대칭도형의 둘레)
　=7+13+5+5+13+7+6+6
　=62 (cm)

10 점 ㅇ을 중심으로 180° 돌렸을 때 처음 도형과 완전히 겹치므로 점 ㅇ은 대칭의 중심입니다.

11 ①, ②, ③, ⑤는 대칭의 중심을 중심으로 180° 돌렸을 때 처음과 완전히 겹칩니다.

13 B를 180° 돌리면 B, E를 180° 돌리면 Ǝ 모양입니다.

14 각각의 대응변의 길이는 서로 같으므로
(변 ㄹㅁ)=(변 ㄱㄴ)=11 cm
각각의 대응각의 크기는 서로 같으므로
(각 ㄴㄷㄹ)=(각 ㅁㅂㄱ)=95°

15 각각의 대응점에서 대칭의 중심까지의 거리가 서로 같으므로
(선분 ㅁㅇ)=(선분 ㄴㅇ)=11 cm
⇨ (선분 ㄴㅁ)=11+11=22 (cm)

16 삼각형의 세 각의 크기의 합은 180°이므로
(각 ㄱㄴㄷ)=180°−80°−40°=60°
⇨ (각 ㄷㄹㄱ)=(각 ㄱㄴㄷ)=60°

17 (완성한 점대칭도형의 넓이)
　=(사다리꼴 ㄱㄴㄷㄹ의 넓이)×2
　=(5+13)×10÷2×2
　=180 (cm²)

실생활 문제 다잡기 　　86~87쪽

유형 **1** [1단계] ㅁㄹㅂ, 8, 6, 6, 16
　　　[2단계] 16, 8, 128
　　　[답] 128 cm²

유형 **1**-1 375 cm²　유형 **1**-2 24 cm²

유형 **2** [1단계] 1, 2, 8
　　　[2단계] 8, 8, 1, 1, 2, 2, 8, 8, 1, 1, 2, 2, 8, 8, 7
　　　[답] 7개

유형 **2**-1 10개　　유형 **2**-2 1038

유형 **1**

[풀이]

[1단계] **변 ㄱㄴ과 변 ㄱㄹ의 길이 구하기**

삼각형 ㄱㄴㅂ과 삼각형 ㅁㄹㅂ이 서로 합동이므로
(변 ㄱㄴ)=(변 ㅁㄹ)= 8 cm,
(변 ㄱㅂ)=(변 ㅁㅂ)= 6 cm,
(변 ㄱㄹ)=(변 ㄱㅂ)+(변 ㅂㄹ)
　　　　= 6 +10= 16 (cm)

[2단계] **직사각형의 넓이 구하기**

(직사각형 ㄱㄴㄷㄹ의 넓이)
= 16 × 8 = 128 (cm²)

[답] 128 cm²

유형 **1**-1

삼각형 ㄴㅁㅂ과 삼각형 ㄹㄷㅂ이 서로 합동이므로
(변 ㄹㄷ)=(변 ㄴㅁ)=15 cm,
(변 ㅂㄷ)=(변 ㅂㅁ)=8 cm이므로
(변 ㄴㄷ)=(변 ㄴㅂ)+(변 ㅂㄷ)
　　　　=17+8=25 (cm)
⇨ (직사각형 ㄱㄴㄷㄹ의 넓이)
　=25×15=375 (cm²)

유형 **1**-2

접은 삼각형 ㄱㅂㄷ과 삼각형 ㄱㄹㄷ은 서로 합동입니다.
(변 ㄱㄹ)=(변 ㄱㅂ)=6 cm,
(변 ㄹㄷ)=(변 ㅂㄷ)=4 cm
⇨ (직사각형 ㄱㄴㄷㄹ의 넓이)
　=6×4=24 (cm²)

유형 2

풀이

1단계 점대칭인 숫자 모두 찾기

주어진 수 카드의 숫자 중에서 한 점을 중심으로
180° 돌려도 같은 숫자를 나타내는 것은
1 , 2 , 8 입니다.

2단계 점대칭이 되는 네 자리 수 찾기

수 카드로 만들 수 있는 점대칭이 되는 네 자리 수는
1▲▲1, 2▲▲2, 8▲▲8입니다.

따라서 1221보다 큰 네 자리 수는 1 8 8 1,
2 1 1 2, 2 2 2 2, 2 8 8 2, 8 1 1 8,
8 2 2 8, 8 8 8 8이므로 만들 수 있는
네 자리 수는 모두 7 개입니다.

답 7개

유형 2-1

주어진 수 카드의 숫자 중에서 한 점을 중심으로
180° 돌려도 같은 숫자를 나타내는 것은 0, 2, 5, 8
입니다.
수 카드로 만들 수 있는 점대칭이 되는 네 자리 수는
2▲▲2, 5▲▲5, 8▲▲8입니다.
따라서 8558보다 작은 네 자리 수는 2002, 2222,
2552, 2882, 5005, 5225, 5555, 5885, 8008,
8228이므로 모두 10개입니다.

유형 2-2

어떤 직선을 따라 접었을 때 완전히 포개어지는
숫자를 찾으면 0, 1, 3, 8입니다.
0<1<3<8이고, 천의 자리에 0을 사용할 수
없으므로 만들 수 있는 가장 작은 수는 1038입니다.

 서술형 대비 문제 **88~89쪽**

1 대표 대응각, ㄷㄹㄴ, 40, 180, 40, 35
/ 35°

1 연습 풀이 참조, 90°

---

2 대표 대응변, ㄹㄷ, 8, ㅁㅂ, 6, 36, 8, 8,
4 / 4 cm

2 연습 풀이 참조, 2 cm

1 대표 문제

풀이

합동인 도형은 대응각 의 크기가 같으므로
(각 ㄴㄱㄷ)=(각 ㄷㄹㄴ)= 40 ° …㉠
삼각형 ㄱㄴㄷ에서 세 각의 크기의 합은 180 °
이므로
(각 ㄱㄷㄴ)=180°-105°- 40 °= 35 °
입니다. …㉡

답 35°

〈평가 기준〉

㉠ 각 ㄴㄱㄷ의 크기를 구합니다.
㉡ 각 ㄱㄷㄴ의 크기를 구합니다.

1 연습 문제

힌트 체크

삼각형 ㄱㄴㄷ과 삼각형 ㄷㄹㅁ은 서로 합동입
니다. 각 ㄱㄷㅁ의 크기는 몇 도인지 풀이 과정
을 쓰고, 답을 구해 보세요.

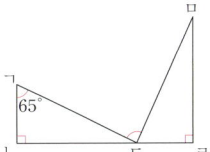

1 합동인 삼각형은 각각의 대응각의 크기가 같습니다.
2 직선이 이루는 각은 180°입니다.

풀이

예 삼각형 ㄱㄴㄷ에서
(각 ㄱㄷㄴ)=180°-90°-65°=25°입니다.
합동인 도형은 대응각의 크기가 같으므로
(각 ㅁㄷㄹ)=(각 ㄷㄱㄴ)=65°입니다. …㉠
따라서 직선이 이루는 각은 180°이므로
(각 ㄱㄷㅁ)=180°-25°-65°=90°입니다. …㉡

답 90°

❷ 대표 문제

풀이

점대칭도형에서 대응변 의 길이가 같으므로

(변 ㄱㅂ)=(변 ㄹㄷ)= 8 cm,

(변 ㄴㄷ)=(변 ㅁㅂ)= 6 cm,

(변 ㄱㄴ)+(변 ㄹㅁ)

= 36 −8−8−6−6= 8 (cm) …ㄱ

⇨ (변 ㄱㄴ)=(변 ㄹㅁ)= 8 ÷2= 4 (cm)

…ㄴ

답 4 cm

❷ 연습 문제

⊕ 힌트 체크

점 ㅇ을 대칭의 중심으로 하는 점대칭도형의 둘레가 36 cm입니다. 변 ㄴㄷ은 몇 cm인지 풀이 과정을 쓰고, 답을 구해 보세요.

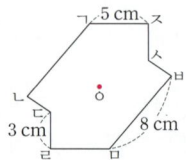

❶ 변 ㄴㄷ은 몇 cm인지 ➡ 변 ㄴㄷ과 변 ㅂㅅ은 대응변입니다. 전체 도형의 둘레에서 주어진 길이를 빼서 변 ㄴㄷ과 변 ㅂㅅ 의 길이의 합을 구합니다.

풀이

예 (변 ㄱㄴ)=(변 ㅁㅂ)=8 cm,

(변 ㄹㅁ)=(변 ㅈㄱ)=5 cm,

(변 ㅈㅅ)=(변 ㄹㄷ)=3 cm

(변 ㄴㄷ)+(변 ㅂㅅ)

=36−(8+3+5+8+3+5)=4 (cm) …ㄱ

⇨ (변 ㄴㄷ)=(변 ㅂㅅ)=4÷2=2 (cm) …ㄴ

답 2 cm

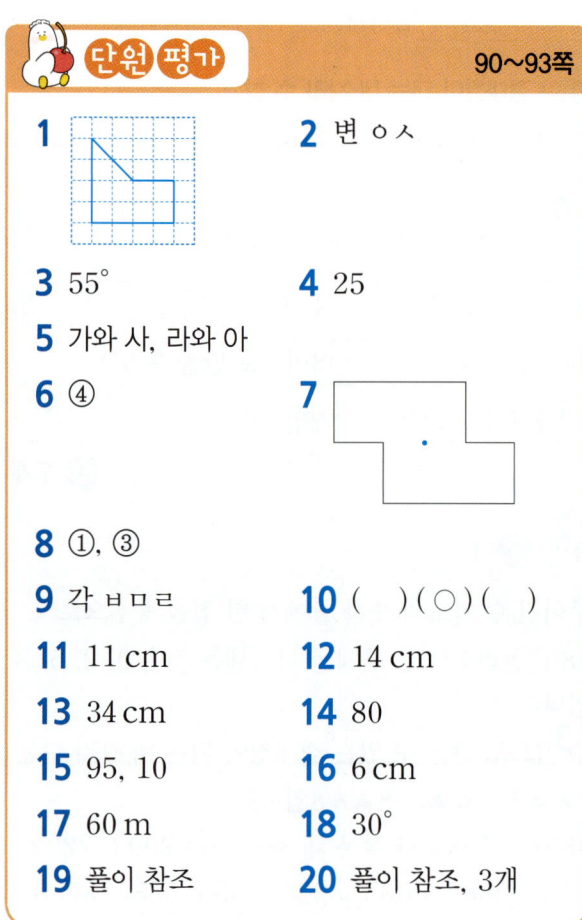

단원 평가 90~93쪽

1 [도형]

2 변 ㅇㅅ

3 55°

4 25

5 가와 사, 라와 아

6 ④

7 [도형]

8 ①, ③

9 각 ㅂㅁㄹ

10 ( ) (○) ( )

11 11 cm

12 14 cm

13 34 cm

14 80

15 95, 10

16 6 cm

17 60 m

18 30°

19 풀이 참조

20 풀이 참조, 3개

1 주어진 도형과 포개었을 때 완전히 겹치도록 그립니다.

2 두 사각형을 포개었을 때 변 ㄴㄷ과 완전히 겹치는 변을 찾습니다.

3 (각 ㅁㅇㅅ)=(각 ㄱㄴㄷ)=55°

4 (각 ㅁㄹㅂ)=(각 ㄴㄷㄹ)=30°

(각 ㄹㅁㅂ)=(각 ㄱㄴㄷ)=125°

삼각형의 세 각의 크기의 합은 180°이므로

(각 ㄹㅂㅁ)=180°−30°−125°=25°

5 두 표지판을 포개었을 때 완전히 겹치는 것을 찾습니다.

⇨ 가와 사, 라와 아

6 한 직선을 따라 접어서 완전히 겹치는 도형을 선대칭도형이라고 합니다.

7 대응점끼리 이은 선분이 만나는 점이 대칭의 중심입니다.

8 ①, ③을 중심으로 180° 돌리면 처음 도형과 완전히 겹칩니다.

9 대칭축을 따라 접어서 완전히 포개어 보면 각 ㄴㄷㄹ과 각 ㅂㅁㄹ이 겹칩니다.

10 점 ㅇ을 중심으로 180° 돌린 모양:

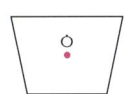 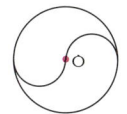 

11 (변 ㄱㄷ)＝(변 ㄹㄴ)＝14 cm
⇨ (변 ㄴㄷ)＝31－6－14＝11 (cm)

12 선대칭도형에서 대응변의 길이는 각각 같습니다.
(선분 ㅁㅇ)＝(선분 ㄷㅇ)＝7 cm
(선분 ㄷㅁ)＝(선분 ㄷㅇ)＋(선분 ㅁㅇ)
＝7＋7＝14 (cm)

13 (완성한 선대칭도형의 둘레)
＝(7＋6＋4)×2＝34 (cm)

14 (각 ㄹㅁㅂ)＝(각 ㄹㅁㄴ)＝90°,
(각 ㅁㅂㄱ)＝(각 ㄷㄴㄱ)＝100°
사각형의 네 각의 크기의 합은 360°이므로
(각 ㄹㄱㅂ)＝360°－90°－90°－100°
＝80°

15 (변 ㄷㄹ)＝(변 ㅂㄱ)＝10 cm
(각 ㄴㄱㅂ)＝(각 ㅁㄱㄷ)＝95°

16 대칭의 중심은 대응점끼리 이은 선분을 둘로 똑같이 나누므로
(선분 ㄴㅇ)＝(선분 ㅁㅇ)＝12÷2＝6 (cm)

17 삼각형 ㄱㄴㅁ과 삼각형 ㄹㅁㄷ이 서로 합동이므로 (변 ㄱㄴ)＝(변 ㄹㅁ)＝5 m,
(변 ㄷㄹ)＝(변 ㅁㄱ)＝14 m입니다.
따라서 울타리를 5＋14＋5＋14＋22＝60 (m) 쳐야 합니다.

18 (선분 ㄱㅇ)＝(선분 ㄷㅇ)＝9 cm이므로
삼각형 ㄱㄴㅇ은 이등변삼각형입니다.
(각 ㄱㄴㅇ)＝(각 ㄴㄱㅇ)＝75°이므로
(각 ㄱㅇㄴ)＝180°－75°－75°＝30°입니다.

19

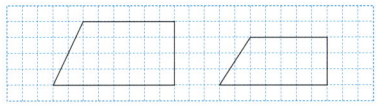
답 예 합동이 아닙니다. …㉠
이유 두 도형은 포개었을 때 완전히 겹쳐지지 않으므로 합동이 아닙니다. …㉡

〈평가 기준〉

㉠ 두 도형이 합동인지 아닌지 씁니다.
㉡ 이유를 바르게 설명합니다.

20

풀이

O I 3 5 8

예 선대칭도형: O, I, 3, 8, 점대칭도형: O, I, 8 …㉠
따라서 선대칭도형도 되고 점대칭도형도 되는 수는
O, I, 8로 모두 3개입니다. …㉡

답 3개

〈평가 기준〉

㉠ 선대칭도형이 되는 수와 점대칭도형이 되는 수를 각각 찾습니다.
㉡ 선대칭도형도 되고 점대칭도형도 되는 수는 몇 개인지 찾습니다.

개념1 (소수) × (자연수)   96~97쪽

1 방법1 7.3, 7.3, 7.3, 29.2

   방법2 10, 4 / 10, $\frac{292}{10}$, 29.2

   방법3 292, 29.2, 292, 29.2

2 0, 6   **3** 3, 0, 5   **4** 3, 6

5 1, 0 / 5 / 6, 3   **6** 4

7 2.52   **8** 5.85   **9** 2.94

10 41.72   **11** 1.23   **12** 16.35

13 3.24   **14** 11.7

개념 체크

15 분수, 10

1 방법1 (소수) × (자연수)는 덧셈식으로 계산할 수 있습니다.

   방법2 (소수) × (자연수)는 분수의 곱셈으로 계산할 수 있습니다. 이때 소수 한 자리 수는 분모가 10인 분수로 나타냅니다.

   방법3 (소수) × (자연수)는 자연수의 곱셈으로 계산할 수 있습니다. 이때 곱해지는 수가 $\frac{1}{10}$배가 되면 계산 결과도 $\frac{1}{10}$배가 됩니다.

7 $42 \times 6 = 252 \Rightarrow 0.42 \times 6 = 2.52$

8 $39 \times 15 = 585 \Rightarrow 0.39 \times 15 = 5.85$

9 $147 \times 2 = 294 \Rightarrow 1.47 \times 2 = 2.94$

10 $298 \times 14 = 4172 \Rightarrow 2.98 \times 14 = 41.72$

개념2 (자연수) × (소수)   98~99쪽

1 방법1 10, 16 / 10, $\frac{80}{10}$, 8

   방법2 80, $\frac{1}{10}$, 8

2 방법1 100, 63 / 100, $\frac{252}{100}$, 2.52

   방법2 $\frac{1}{100}$, 2.52

3 2

4 1, 8 / 1, 2 / 1, 4, 4

5 2 / 2, 1 / 2, 3

6 2, 0 / 2, 0, 8 / 2, 2, 8

7 7.5   **8** 2.04

9 3.76   **10** 41.5

11 29.25   **12** 1.68

13 36.12   **14** 22.95

15 165.54

개념 체크

16 있습니다

1 $8.0 \Rightarrow 8$

소수점 아래 마지막 0은 생략합니다.

2   방법1 소수 두 자리 수는 분모가 100인 분수로 나타내어 계산할 수 있습니다.

   방법2 곱하는 수가 $\frac{1}{100}$배이면 계산 결과도 $\frac{1}{100}$배가 됩니다.

8 $6 \times 34 = 204 \Rightarrow 6 \times 0.34 = 2.04$

10 $5 \times 83 = 415 \Rightarrow 5 \times 8.3 = 41.5$

11 $9 \times 325 = 2925 \Rightarrow 9 \times 3.25 = 29.25$

 개념 유형 익히기

100~101쪽

1 (1) 1.2 (2) 1.2 L

2 2.72   **3** 71.82

4 ⑤   **5** 1.9

6 3.6 km   **7** 위안

8 6.5   **9** 12.85

10 ③   **11** ㉡

12 >   **13** 55.2 m²

14 175번   **15** 301

2
$$\begin{array}{r} 0.3\ 4 \\ \times\qquad 8 \\ \hline 2.7\ 2 \end{array}$$

3
$$\begin{array}{r} 3.4\ 2 \\ \times\qquad 2\ 1 \\ \hline 3\ 4\ 2 \\ 6\ 8\ 4\quad \\ \hline 7\ 1.8\ 2 \end{array}$$

4 ①, ②, ③, ④는 0.72입니다.

⑤ $\dfrac{24}{1000} + \dfrac{24}{1000} + \dfrac{24}{1000} = \dfrac{72}{1000} = 0.072$

5 ㉮ 8.7×4=34.8, ㉯ 6.58×5=32.9

⇨ ㉮−㉯=34.8−32.9=1.9

6 (거북이 30분 동안 이동한 거리)
=(1분 동안 이동한 거리)×30
=0.12×30=3.6 (km)

7 우리나라 돈 6000원은 중국 돈으로는
5.12×6(위안)이고, 말레이시아 돈으로는
3.03×6(링깃)입니다.
5.12×6=30.72, 3.03×6=18.18 중 30에
가까운 것은 5.12×6이므로 □ 안에 알맞은
화폐 단위는 위안입니다.

8
$$\begin{array}{r} 1\ 3 \\ \times\ 0.5 \\ \hline 6.5 \end{array}$$

9
$$\begin{array}{r} 5 \\ \times\ 2.5\ 7 \\ \hline 3\ 5 \\ 2\ 5\quad \\ 1\ 0\qquad \\ \hline 1\ 2.8\ 5 \end{array}$$

---

10 ① 15.3 ② 1.47 ③ 0.92
④ 25.2 ⑤ 1.08

11 ㉠ 10의 0.47은 10의 0.5인 5보다 작습니다.
㉡ 9의 0.9배는 9보다 조금 작습니다.
㉢ 4×0.86은 4보다 작습니다.
따라서 어림하여 계산 결과가 8보다 큰 것은
㉡입니다.

12 34×7.23=245.82, 26×9.1=236.6
⇨ 245.82>236.6

13 (평행사변형의 넓이)=(밑변의 길이)×(높이)
=8×6.9=55.2 (m²)

14 (안타 수)=(타수)×(타율)
=500×0.35=175(번)

15 35×8.6=301이므로 △△ 지역의 초미세먼지
농도는 301마이크로그램입니다.

개념 3 (1보다 작은 소수)
×(1보다 작은 소수)

102~103쪽

1 0.01   **2** 42

3 0.42

4 방법 1 100, 10, 1000, 0.639

방법 2 $\dfrac{1}{1000}$, 0.639 / 0.639

5 10, 100, 1000, 1000, 0.13

6 1, 0 / 1, 0 / 1, 1, 2, 2

7 0.16   **8** 0.048   **9** 0.204

10 0.18   **11** 0.0645   **12** 0.05

13 0.1674

개념 체크

14 두

---

2 7×6=42(칸)

3 0.01이 42칸이므로 0.7×0.6=0.42입니다.

7 $0.8 \times 0.2 = 0.16$

8 $0.12 \times 0.4 = 0.048$

9 $0.6 \times 0.34 = 0.204$

10 $0.6 \times 0.3 = 0.18$

11 $0.15 \times 0.43 = 0.0645$

12 $0.25 \times 0.2 = 0.05$

13 $0.62 \times 0.27 = 0.1674$

11 $3.6 \times 4.22 = 15.192$

12 $5.1 \times 2.69 = 13.719$

13 $7.4 \times 3.6 = 26.64$

14 $9.12 \times 5.1 = 46.512$

15 $6.2 \times 1.9 = 11.78$

16 $7.39 \times 4.3 = 31.777$

개념 4 (1보다 큰 소수) ×(1보다 큰 소수)   104~105쪽

1 방법 1 10, 10, 100, 2.52

　　방법 2 $\dfrac{1}{100}$, 2.52 / 2.52

2 615, 46, 615, 46, 28290, 28.29

3 1, 3 / 3 / 4, 7, 6　　**4** 7.239

5 20.634　　　　　　**6** 10.64

7 47.45　　　　　　**8** 6.617

9 6.93　　　　　　**10** 9.9

11 15.192　　　　　**12** 13.719

13 26.64　　　　　**14** 46.512

15 11.78　　　　　**16** 31.777

개념 체크

17 세

개념 5 곱의 소수점의 위치   106~107쪽

1 2.5, 25, 250

2 48.6, 4.86, 0.486

3 1, 9, 63, 63 / 10, 9, 63, 0.63 / 10, 9, 1000, 0.063 / 더한에 ○표

4 6.1, 61, 610

5 70.99, 709.9, 7099

6 3.8, 0.38, 0.038

7 1000, 100, 10

8 0.001, 0.01, 0.1

9 6.12　　　　　**10** 0.612

11 84.32　　　　**12** 0.8432

개념 체크

13 오른쪽

---

6 $38 \times 28 = 1064 \Rightarrow 3.8 \times 2.8 = 10.64$

7 $73 \times 65 = 4745 \Rightarrow 7.3 \times 6.5 = 47.45$

8 $13 \times 509 = 6617 \Rightarrow 1.3 \times 5.09 = 6.617$

9 $198 \times 35 = 6930 \Rightarrow 1.98 \times 3.5 = 6.93$

10 $4.5 \times 2.2 = 9.9$

1 곱하는 수의 0이 하나씩 늘어날 때마다 곱의 소수점이 오른쪽으로 한 칸씩 옮겨집니다.

2 곱하는 소수의 소수점 아래 자리 수가 하나씩 늘어날 때마다 곱의 소수점이 왼쪽으로 한 칸씩 옮겨집니다.

[9~12] 곱하는 두 수의 소수점 아래 자리 수를 더한 것과 결과 값의 소수점 아래 자리 수가 같습니다.

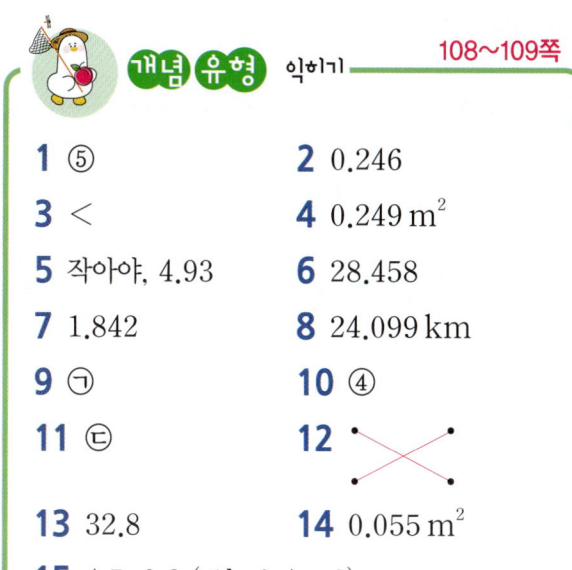

108~109쪽

1 ⑤   **2** 0.246

3 <   **4** $0.249\,\text{m}^2$

5 작아야, 4.93   **6** 28.458

7 1.842   **8** 24.099 km

9 ㉠   **10** ④

11 ㉢   **12**

13 32.8   **14** $0.055\,\text{m}^2$

15 4.5, 0.2 (또는 0.45, 2)

---

1 ① $0.3 \times 0.9 = 0.27$
② $0.07 \times 0.3 = 0.021$
③ $0.13 \times 0.8 = 0.104$
④ $0.6 \times 0.03 = 0.018$

2 ㉮ $0.79 \times 0.4 = 0.316$
㉯ $0.35 \times 0.2 = 0.07$
➡ ㉮ $-$ ㉯ $= 0.316 - 0.07 = 0.246$

3 $0.27 \times 0.6 = 0.162$, $0.64 \times 0.3 = 0.192$
➡ $0.162 < 0.192$

4 (꽃밭의 넓이) $=$ (가로) $\times$ (세로)
$= 0.83 \times 0.3 = 0.249\,(\text{m}^2)$

6 $15.3 > 9.7 > 3.12 > 1.86$이므로 가장 큰 수는 15.3, 가장 작은 수는 1.86입니다.
➡ $15.3 \times 1.86 = 28.458$

7 ㉮ $2.45 \times 6.6 = 16.17$
㉯ $1.99 \times 7.2 = 14.328$
➡ ㉮ $-$ ㉯ $= 16.17 - 14.328 = 1.842$

8 (자동차가 갈 수 있는 거리)
$=$ (1 L 휘발유로 가는 거리) $\times$ (휘발유의 양)
$= 8.31 \times 2.9 = 24.099\,(\text{km})$

9 ㉠ 6 ㉡ 5.92 ㉢ 6.72 ㉣ 25.92
따라서 소수점 아래 자리 수가 나머지와 다른 것은 ㉠입니다.

---

10 100을 곱하였으므로 소수점을 오른쪽으로 두 자리 옮겨야합니다.

11 ㉠, ㉡, ㉣은 계산 결과가 537이지만, ㉢은 계산 결과가 5370입니다.

12 $0.8 \times 0.6 = 0.48$ $8 \times 0.06 = 0.48$
$80 \times 0.06 = 4.8$ $0.8 \times 6 = 4.8$

13 $1.35 \times \square = 13.5$에서 $\square = 10$입니다.
따라서 $3.28 \times 10 = 32.8$입니다.

14 $25 \times 22 = 550$
➡ $0.25 \times 0.22 = 0.055$

15 0.45×0.2는 0.09가 되어야 하는데 잘못 눌러서 0.9가 나왔으므로 4.5와 0.2를 눌렀거나 0.45와 2를 누른 것입니다.

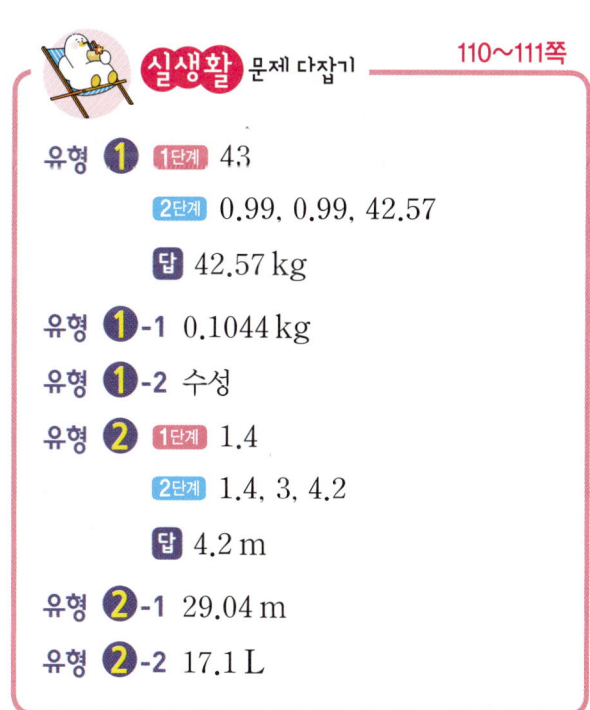

110~111쪽

유형 ❶ 1단계 43
2단계 0.99, 0.99, 42.57
답 42.57 kg

유형 ❶-1 0.1044 kg

유형 ❶-2 수성

유형 ❷ 1단계 1.4
2단계 1.4, 3, 4.2
답 4.2 m

유형 ❷-1 29.04 m

유형 ❷-2 17.1 L

유형 ❶

풀이

1단계 **수호의 몸무게 찾기**

수호의 몸무게는 ☐43☐ kg입니다.

2단계 재석이의 몸무게 구하기

(재석이의 몸무게)

= (수호의 몸무게) × **0.99**

= 43 × **0.99** = **42.57** (kg)

답 42.57 kg

유형 ①-1

(비행 훈련 공간에서 사과 한 개의 무게)

= (사과 한 개의 무게) × 0.87

= 0.12 × 0.87 = 0.1044 (kg)

유형 ①-2

 핵심 체크

금성에서 잰 몸무게를
(지구에서 잰 몸무게) × 0.91을 계산한 값이고,
수성에서 잰 몸무게는
(지구에서 잰 몸무게) × 0.38을 계산한 값입니다.
계산한 값을 어림하여 둘 중 12에 가까운 것을
찾아봅니다.

(금성에서 잰 몸무게) = 33 × 0.91 = 30.03 (kg)

(수성에서 잰 몸무게) = 33 × 0.38 = 12.54 (kg)

따라서 □ 안에 알맞은 행성은 수성입니다.

유형 ②

풀이

1단계 선물 1개를 포장할 때 필요한 끈의 길이 찾기

선물 1개를 포장할 때 필요한 끈의 길이는

1.4 m입니다.

2단계 선물 3개를 포장하는 데 필요한 끈의 길이 찾기

(선물 3개를 포장하는 데 필요한 끈의 길이)

= (선물 1개를 포장할 때 필요한 끈의 길이)

　　× (포장할 선물의 개수)

= **1.4** × **3** = **4.2** (m)

답 4.2 m

유형 ②-1

 핵심 체크

꽃다발 1개를 만드는 데 필요한 색 테이프의 길이
3.63 m와 만들 꽃다발의 개수 8을 곱합니다.

꽃다발 1개를 만드는 데 필요한 색 테이프의 길이는
3.63 m입니다.

(꽃다발 8개를 만드는 데 필요한 색 테이프의 길이)

= 3.63 × 8 = 29.04 (m)

유형 ②-2

(일주일 동안 필요한 식용유의 양)

= (식용유 1통의 양)

　　× (일주일 동안 필요한 식용유 통의 수)

= 1.8 × 9.5 = 17.1 (L)

 서술형 대비 문제　112~113쪽

❶ **대표** 12.4, 11.4, 12.4, 11.4, 141.36
／ 141.36 m²

❶ **연습** 풀이 참조, 7.2 cm²

❷ **대표** 29.12, 31.217, 29.12, 31.217,
30, 31, 2 ／ 2개

❷ **연습** 풀이 참조, 6개

❶ 대표 문제

풀이

새로운 놀이터는 가로가 6.2 m의 2배이므로

6.2 × 2 = **12.4** (m),

세로가 5.7 m의 2배이므로 5.7 × 2 = **11.4** (m)

입니다. …㉠

따라서 새로운 놀이터의 넓이는

12.4 × **11.4** = **141.36** (m²)입니다. …㉡

답 141.36 m²

〈평가 기준〉

㉠ 새로운 놀이터의 가로와 세로를 구합니다.
㉡ 새로운 놀이터의 넓이를 구합니다.

① **연습 문제**

🔧 **힌트 체크**

가로가 2.5 cm이고, 세로가 2 cm인 직사각형을 그렸습니다. 이 직사각형의 가로와 세로를 각각 1.2배씩 늘여 새로운 직사각형을 만들었습니다. 새로 만든 직사각형의 넓이는 몇 cm^{2}인지 풀이 과정을 쓰고, 답을 구해 보세요.

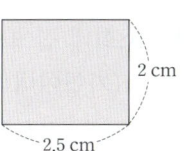
2 cm
2.5 cm

❶ 가로와 세로를 각각 1.2배씩 늘여
➡ (■배로 늘인 길이)=(원래 길이)×■임을 이용해 새로운 직사각형의 가로와 세로를 각각 구합니다.

풀이

⑩ 새로 만든 직사각형은 가로가 2.5 cm의 1.2배이므로 2.5×1.2=3 (cm),
세로가 2 cm의 1.2배이므로 2×1.2=2.4 (cm)입니다. …㉠
따라서 새로 만든 직사각형의 넓이는
3×2.4=7.2 (cm^2)입니다. …㉡

답 7.2 cm^2

〈평가 기준〉

| ㉠ 새로 만든 직사각형의 가로와 세로를 구합니다. |
| ㉡ 새로 만든 식사각형의 넓이를 구합니다. |

② **대표 문제**

풀이

11.2×2.6= 29.12 , 5.89×5.3= 31.217
이므로 29.12 <■< 31.217 입니다. …㉠
따라서 ■ 안에 들어갈 수 있는 자연수는
30 , 31 로 모두 2 개입니다. …㉡

답 2개

〈평가 기준〉

| ㉠ 소수의 곱셈을 계산합니다 |
| ㉡ ■ 안에 들어갈 수 있는 자연수의 개수를 구합니다 |

② **연습 문제**

🔧 **힌트 체크**

□ 안에 들어갈 수 있는 자연수는 모두 몇 개인지 풀이 과정을 쓰고, 답을 구해 보세요.

$$6×8.28<□<11×5.04$$

❶ 6×8.28<□<11×5.04
➡ ▲<□<●로 나타냅니다.

풀이

⑩ 6×8.28=49.68, 11×5.04=55.44이므로
49.68<□<55.44입니다. …㉠
따라서 □ 안에 들어갈 수 있는 자연수는
50, 51, 52, 53, 54, 55로 모두 6개입니다. …㉡

답 6개

〈평가 기준〉

| ㉠ 자연수와 소수의 곱셈을 계산합니다 |
| ㉡ ■ 안에 들어갈 수 있는 자연수의 개수를 구합니다 |

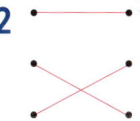 **단원 평가** **114~117쪽**

1 ㉣

2

3 (위에서부터) 0.54, 0.576

4 (1) 0.14 (2) 0.352

5 1000배

6 ㉣, ㉢, ㉡, ㉠

7 11.05에 ○표, 110.5

8 ㉠

9 49.98 g

10 ⑩ 자연수의 곱셈으로 계산하기

48 × 13 = 624
↓$\frac{1}{10}$배 ↓$\frac{1}{10}$배 ↓$\frac{1}{100}$배
4.8 × 1.3 = 6.24

11 10.08 cm^2 **12** 25분

13 **식** 0.5×0.93=0.465   **답** 0.465 kg

14 0.66 km   **15** 3개

16 희철, 1.06 m   **17** 72.25 cm²

18 37.63

19 없습니다, 풀이 참조

20 풀이 참조, 18.02

1 ㉠~㉢은 2.52로 계산 결과가 같습니다.

3 $6 \times 9 = 54 \Rightarrow 0.6 \times 0.9 = 0.54$
$72 \times 8 = 576 \Rightarrow 0.72 \times 0.8 = 0.576$

4 (1) 3.52는 352의 0.01배인데 0.4928은 4928의 0.0001배이므로 □ 안에 알맞은 수는 14의 0.01배인 0.14입니다.

(2) 1400은 14의 100배인데 492.8은 4928의 0.1배이므로 □ 안에 알맞은 수는 352의 0.001배인 0.352입니다.

5 ㉠은 10, ㉡은 0.01이므로 ㉠은 ㉡의 1000배입니다.

6 ㉠ 0.006   ㉡ 0.081   ㉢ 0.095   ㉣ 0.192
$\Rightarrow ㉣ > ㉢ > ㉡ > ㉠$

7 분수를 소수로 나타내는 과정에서 소수점의 위치가 틀렸습니다.

8 ㉠ 3의 3.1배는 3의 3배인 9보다 큽니다.
㉡ 2 × 2.98은 2 × 3인 6보다 작습니다.
㉢ 7의 1.04는 7보다 큽니다.
따라서 계산 결과가 9보다 큰 것은 ㉠입니다.

9 (호랑이에게 준 떡의 무게) = 7.14 × 7
= 49.98 (g)

10 곱해지는 수와 곱하는 수가 각각 $\frac{1}{10}$배가 되면 계산 결과는 $\frac{1}{100}$배가 됩니다.

11 (평행사변형의 넓이)
= (밑변의 길이) × (높이)
= 4.2 × 2.4 = 10.08 (cm²)

12 (마라톤을 하는 데 걸린 시간)
= (수영과 사이클을 하는 데 걸린 시간) × 1.25
= 20 × 1.25 = 25(분)

13 탄수화물 성분이 0.5 kg의 0.93만큼이므로
0.5 × 0.93 = 0.465 (kg)입니다.

14 (소희네 집에서 학교까지의 거리)
= (기영이네 집에서 학교까지의 거리) × 0.75
= 0.88 × 0.75 = 0.66 (km)

15 0.48 × 12 = 5.76, 0.25 × 34 = 8.5이므로
5.76 < □ < 8.5입니다.
따라서 □ 안에 들어갈 수 있는 자연수는
6, 7, 8로 모두 3개입니다.

16 (희철이가 사용한 끈의 길이) = 12 × 0.1
= 1.2 (m)
(선영이가 사용한 끈의 길이) = 14 × 0.01
= 0.14 (m)
따라서 희철이가 사용한 끈의 길이가
1.2 − 0.14 = 1.06 (m) 더 깁니다.

17

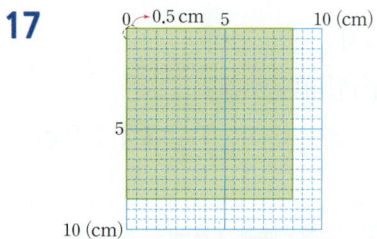

모눈 한 칸의 한 변의 길이는 0.5 cm이므로
색칠한 종이는 한 변의 길이가
0.5 × 17 = 8.5(cm)인 정사각형입니다.
(색칠한 종이의 넓이)
= 8.5 × 8.5 = 72.25 (cm²)

다른 풀이

모눈 한 칸은 정사각형이므로 모눈 한 칸의 넓이는 0.5 × 0.5 = 0.25 (cm²)입니다.
초록색 부분의 넓이는 모눈 17 × 17 = 289(개)의 넓이와 같으므로 색칠한 종이의 넓이는
0.25 × 289 = 72.25 (cm²)입니다.

18 7 > 5 > 3 > 1이므로 곱이 가장 큰 곱셈식을 만들려면 곱하는 두 수의 일의 자리에 가장 큰 수와 두 번째로 작은 수인 7과 5를 각각 넣어야 합니다.
7.1 × 5.3 = 37.63, 7.3 × 5.1 = 37.23
이므로 가장 큰 곱은 37.63입니다.

19

○ **힌트 체크**

선미가 2000원으로 과자를 사려고 합니다. 사려는 과자의 가격표가 찢어져 있을 때 가진 돈으로 과자를 살 수 있을지 알아보고, 그 이유를 써 보세요.

❶ 과자의 가격표 ➡ 1 g당 가격에 과자의 무게를 곱해 과자의 가격을 구합니다.

❷ 살 수 있을지 ➡ 과자의 가격과 가진 돈을 비교합니다.

답 없습니다. …㉠

이유

㉎ 1 g당 9.8원인 과자가 250 g 들었으므로 과자의 가격은 $250 \times 9.8 = 2450$(원)입니다.

따라서 선미가 가진 돈 2000원보다 비싸므로 살 수 없습니다. …㉡

〈평가 기준〉

㉠ 과자를 살 수 있는지 답합니다.
㉡ 이유를 바르게 씁니다.

20

○ **힌트 체크**

어떤 수에 5.3을 곱해야 할 것을 잘못하여 더했더니 8.7이 되었습니다. 바르게 계산하면 얼마인지 풀이 과정을 쓰고, 답을 구해 보세요.

❶ 잘못하여 더했더니 ➡ 어떤 수를 □라고 하고 잘못 더한 식을 세워 □를 구합니다.

풀이

㉎ 어떤 수를 □라고 하면

$\square + 5.3 = 8.7$이므로 $\square = 8.7 - 5.3$에서

$\square = 3.4$입니다. …㉠

따라서 바르게 계산하면 $3.4 \times 5.3 = 18.02$입니다. …㉡

답 18.02

〈평가 기준〉

㉠ 어떤 수를 □라고 하고 어떤 수를 구합니다.
㉡ 바르게 계산한 값을 구합니다.

SPECIAL 연산 다지기

118~119쪽

❹ 소수의 곱셈

1 1.6	**2** 1.56	**3** 20.44
4 14.72	**5** 63	**6** 139.2
7 153.16	**8** 123.69	**9** 6.02
10 5.52	**11** 36.8	**12** 17.48
13 25.06	**14** 19.8	**15** 40.7
16 441.36	**17** 0.201	**18** 0.145
19 0.462	**20** 0.5292	**21** 0.0221
22 0.369	**23** 0.224	**24** 0.688
25 10.64	**26** 24.78	**27** 6.617
28 24.876	**29** 52.896	**30** 6.93
31 39.278	**32** 35.232	

33 6.51, 0.651, 0.0651

34 7.56, 0.756, 0.0756

35 0.944, 0.0944, 0.00944

36 35.7, 3.57, 0.357

37 2.145, 0.2145, 0.02145

38 12.88, 1.288, 0.1288

39 1.547, 0.1547, 0.01547

40 1.005, 0.1005, 0.01005

 **직육면체** 정답 및 풀이

개념 1 **직육면체** 122쪽

1 (○) (○) (   )

2 (   ) (   ) (○)

3 6, 12, 8

4 6, 12, 8

 **개념 체크**

5 6, 직육면체

[1~2] 직사각형 6개로 둘러싸인 도형을 찾습니다.

개념 2 **정육면체** 123쪽

1 (   ) (○) (   )

2 (○) (   ) (   )

3 (   ) (   ) (○)

4 ① 정사각형에 ○표

② 정육면체, 직육면체에 모두 ○표

 **개념 체크**

5 6, 정육면체

[1~3] 정사각형 6개로 둘러싸인 도형을 찾습니다.

개념 3 **직육면체의 겨냥도** 124~125쪽

1 직육면체의 겨냥도

2 (   ) (○) (   )

(   ) (   ) (○)

3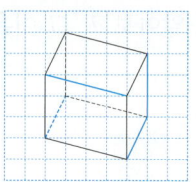

4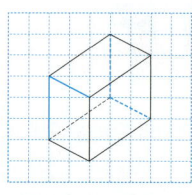

5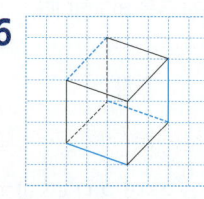

6

7 3개, 3개 **8** 9개, 3개

9 7개, 1개

 **개념 체크**

10 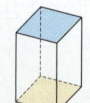 / 실선에 ○표, 점선에 ○표

2 겨냥도에서 보이는 모서리는 실선으로, 보이지 않는 모서리는 점선으로 그립니다.

[7~9]

	면	모서리	꼭짓점
보이는 부분	3개	9개	7개
보이지 않는 부분	3개	3개	1개

개념 4 **직육면체의 성질** 126~127쪽

1 평행하다에 ○표

2   **3**

4 면 ㄱㄴㄷㄹ, 면 ㄱㄴㅂㅁ, 면 ㅁㅂㅅㅇ,
면 ㄷㅅㅇㄹ

5 면 ㄱㄴㅂㅁ, 면 ㄴㅂㅅㄷ, 면 ㄷㅅㅇㄹ,
면 ㄱㅁㅇㄹ

6 (1) 면 ㄴㅂㅁㄱ (2) 면 ㄱㅁㅇㄹ
(3) 면 ㄱㄴㄷㄹ

7 (1) 면 ㅁㅂㅅㅇ (2) 면 ㄹㅇㅅㄷ
(3) 면 ㄱㅁㅇㄹ

8 면 ㄱㄴㄷㄹ / 면 ㄱㅁㅂㄴ, 면 ㄴㅂㅅㄷ,
면 ㄹㅇㅅㄷ, 면 ㄱㅁㅇㄹ

9 면 ㄱㄴㄷㄹ, 면 ㄴㅂㅅㄷ, 면 ㄷㅅㅇㄹ

10 수직에 ○표   **11** 90°

12 90°

13 옆면

---

4 면 ㄴㅂㅅㄷ과 수직인 면은 면 ㄴㅂㅅㄷ과 평행한 면인 면 ㄱㅁㅇㄹ을 제외한 나머지 면입니다.

5 면 ㄱㄴㄷㄹ과 수직인 면은 면 ㄱㄴㄷㄹ과 평행한 면인 면 ㅁㅂㅅㅇ을 제외한 나머지 면입니다.

[6~7] 직육면체에서 서로 평행한 면은 마주 보고 있는 면입니다.

8 • 면 ㅁㅂㅅㅇ과 평행인 면은 면 ㄱㄴㄷㄹ입니다.
   • 면 ㅁㅂㅅㅇ과 만나는(수직인) 면은 모두 옆면이 됩니다.

13 직육면체에서 밑면과 수직인 면을 옆면이라고 합니다.

개념 유형 익히기 128~129쪽

1 꼭짓점, 면, 모서리 / 면, 모서리, 꼭짓점
2 20   **3** 직사각형   **4** 6
5 찬우   **6** 10   **7** ③

---

8 면 ㄴㅂㅁㄱ, 면 ㄱㅁㅇㄹ, 면 ㅁㅂㅅㅇ

9 21 cm   **10** ④

11 면 ㄱㄴㄷㄹ, 면 ㅁㅂㅅㅇ

12 5

---

2 직육면체에서 모서리는 12개, 꼭짓점은 8개입니다. ⇨ 12+8=20

3 직육면체는 직사각형 모양의 면 6개로 둘러싸여 있으므로 종이에 찍힌 모양은 직사각형입니다.

4 정육면체는 모서리의 길이가 모두 같습니다.

5 찬우: 정사각형은 직사각형이라고 말할 수 있으므로 정사각형으로 이루어진 정육면체는 직사각형으로 이루어진 직육면체라고 말할 수 있습니다.

6 ㉠ 6, ㉡ 12, ㉢ 8
⇨ ㉠+㉡-㉢=6+12-8=10

7 보이는 모서리는 실선, 보이지 않는 모서리는 점선으로 그린 것은 ③입니다.

8 직육면체의 겨냥도에서 보이지 않는 면은 3개입니다.

9 정육면체는 모서리의 길이가 모두 같고 보이지 않는 모서리는 3개이므로 보이지 않는 모서리의 길이의 합은 7×3=21 (cm)입니다.

10 ④ 면 ㄴㅂㅅㄷ은 면 ㄱㅁㅇㄹ과 평행한 면입니다.

11 면 ㄱㅁㅂㄴ과 수직인 면은 면 ㄹㅇㅅㄷ을 제외한 4개의 면이고 면 ㄴㅂㅅㄷ과 수직인 면은 면 ㄱㅁㅇㄹ을 제외한 4개의 면입니다. 따라서 색칠한 두 면과 공통으로 수직인 면은 면 ㄱㄴㄷㄹ, 면 ㅁㅂㅅㅇ입니다.

12 2와 평행한 면의 눈의 수의 합이 7이므로 윤아는 7-2=5를 답해야 합니다.

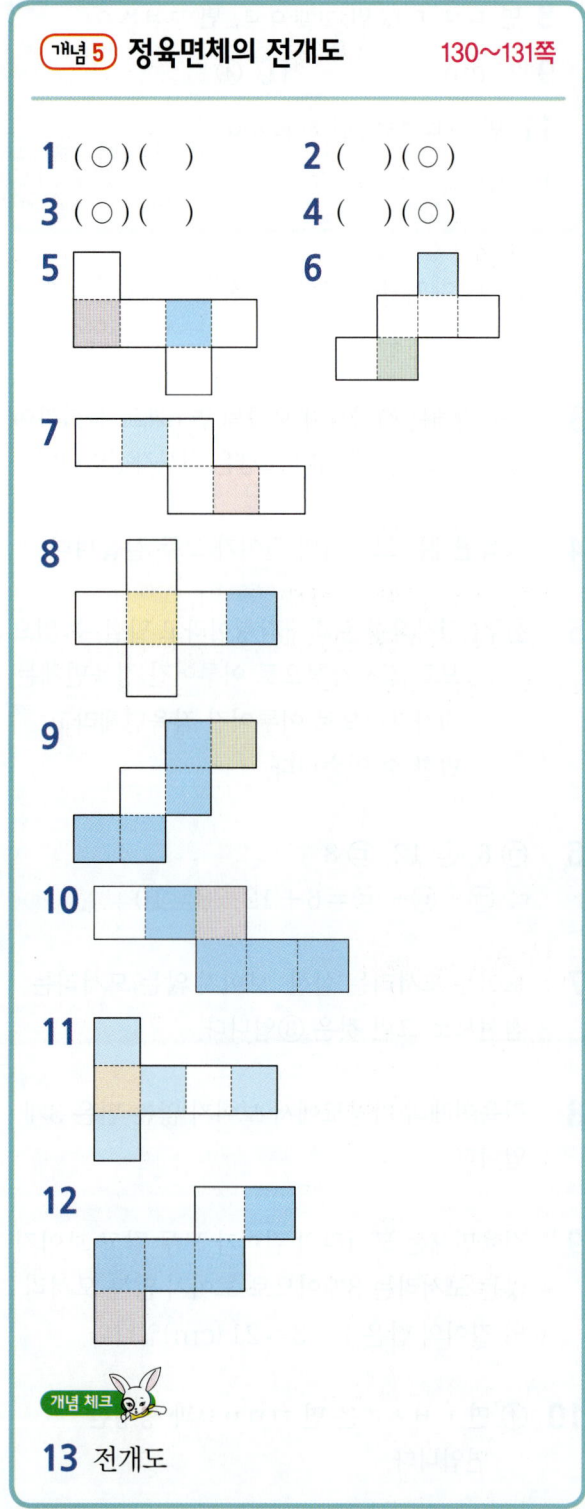

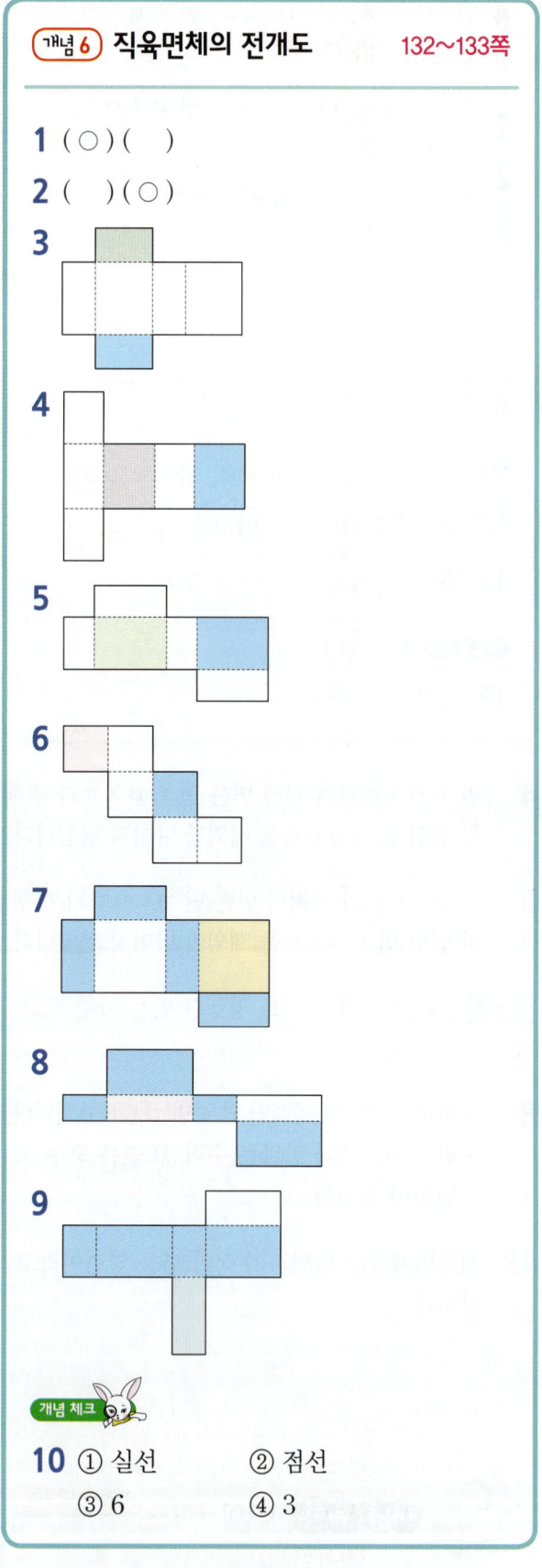

개념 5 정육면체의 전개도　130~131쪽

1 (○)(　)　　**2** (　)(○)
3 (○)(　)　　**4** (　)(○)

5
6
7
8
9
10
11
12

개념 체크

13 전개도

개념 6 직육면체의 전개도　132~133쪽

1 (○)(　)
2 (　)(○)

3
4
5
6
7
8
9

개념 체크

10 ① 실선　　② 점선
　　③ 6　　　　④ 3

3 전개도를 접었을 때 색칠한 면과 마주 보는
　　면을 찾습니다.

[1~4] 전개도를 접었을 때 겹치는 면이 있으면
정육면체의 전개도가 될 수 없습니다.

[5~8] 전개도를 접었을 때 색칠한 면과 마주 보는
면을 찾습니다.

[9~12] 정육면체에서 한 면과 수직인 면은 모두
4개입니다. 전개도를 접었을 때 색칠한 면과 평행한
면을 제외한 나머지 4개의 면을 찾습니다.

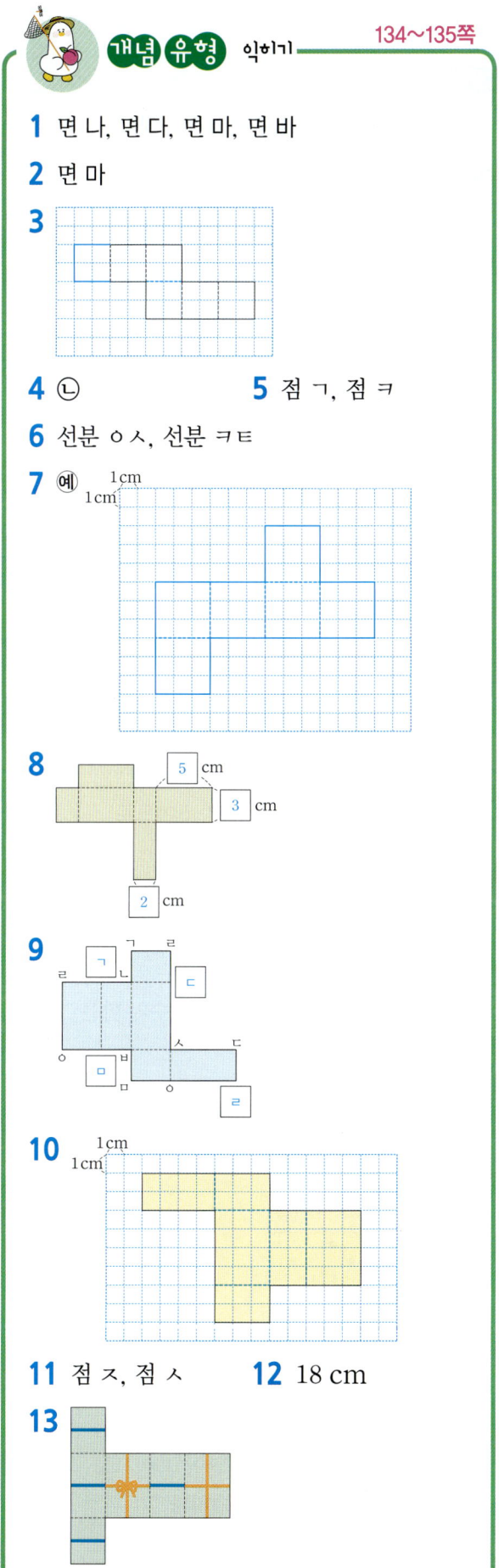

개념 유형 익히기

1 면 나, 면 다, 면 마, 면 바

2 면 마

3

4 ㉡   **5** 점 ㄱ, 점 ㅋ

6 선분 ㅇㅅ, 선분 ㅋㅌ

7 예
1 cm
1 cm

8 5 cm, 3 cm, 2 cm

9

10 1 cm / 1 cm

11 점 ㅈ, 점 ㅅ   **12** 18 cm

13

---

1 전개도를 접었을 때 면 가와 평행한 면을 제외한 나머지 4개의 면은 모두 면 가와 수직입니다.

2 전개도를 접었을 때 면 다와 마주보는 면은 면 마입니다.

4 ㉠, ㉢, ㉣: 수직
㉡: 평행

5 점 ㄷ, 점 ㄱ, 점 ㅋ이 만나 한 꼭짓점을 이룹니다.

6 전개도를 접었을 때 선분 ㄹㅁ은 선분 ㅇㅅ과 만나 한 모서리가 되고 선분 ㄱㅎ은 선분 ㅋㅌ과 만나 한 모서리가 됩니다.

10 잘리지 않는 모서리를 점선으로 표시합니다.

11 점 ㄱ, 점 ㅈ, 점 ㅅ이 만나서 한 꼭짓점이 됩니다.

12 (선분 ㄱㄴ)=6+3+6+3=18 (cm)

13 전개도를 접어 선물 상자를 만들었을 때 리본이 있는 선물 상자의 윗부분과 아랫부분의 끈 사이에 끈이 지나가는 자리가 없습니다. 윗부분과 아랫부분을 연결할 수 있도록 옆면 4곳에 끈이 지나가는 자리를 그립니다.

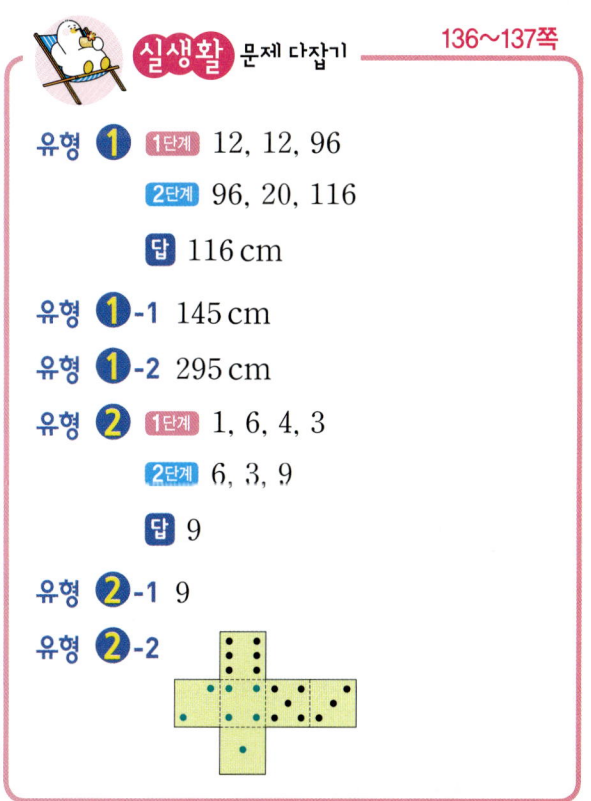

실생활 문제 다잡기

유형 **1** 1단계 12, 12, 96
2단계 96, 20, 116
답 116 cm

유형 **1**-1 145 cm

유형 **1**-2 295 cm

유형 **2** 1단계 1, 6, 4, 3
2단계 6, 3, 9
답 9

유형 **2**-1 9

유형 **2**-2

유형 ①

풀이

1단계 매듭을 제외하고 사용한 끈의 길이 구하기

한 모서리의 길이가 [12] cm이므로

(매듭을 제외하고 사용한 끈의 길이)

= [12] × 8 = [96] (cm)

2단계 사용한 끈의 길이 구하기

(사용한 끈의 길이)

= (매듭을 제외하고 사용한 끈의 길이)

  + (매듭의 길이)

= [96] + [20] = [116] (cm)

답 116 cm

유형 ①-1

👆 **핵심 체크**

직육면체의 모서리와 평행하게 끈을 묶었으므로 끈이 지나간 자리는 20 cm, 15 cm가 각각 2번씩, 10 cm가 4번 사용됩니다.

(매듭을 제외하고 사용한 끈의 길이)

= (20 × 2) + (15 × 2) + (10 × 4)

= 40 + 30 + 40 = 110 (cm)

(직육면체 모양의 상자를 묶는 데 사용한 끈의 길이)

= (매듭을 제외하고 사용한 끈의 길이)

  + (매듭의 길이)

= 110 + 35 = 145 (cm)

유형 ①-2

(매듭을 제외하고 사용한 끈의 길이)

= (25 × 2) + (20 × 2) + (40 × 4)

= 50 + 40 + 160 = 250 (cm)

(직육면체 모양의 상자를 묶는 데 사용한 끈의 길이)

= (매듭을 제외하고 사용한 끈의 길이)

  + (매듭의 길이)

= 250 + 45 = 295 (cm)

유형 ②

풀이

1단계 면 가, 면 나에 알맞은 눈의 수 구하기

면 가와 마주 보는 면의 눈의 수가 [1] 이므로

면 가에 알맞은 눈의 수는 [6] 입니다.

면 나와 마주 보는 면의 눈의 수가 [4] 이므로

면 나에 알맞은 눈의 수는 [3] 입니다.

2단계 면 가, 면 나에 알맞은 눈의 수의 합 구하기

면 가, 면 나에 알맞은 눈의 수의 합은

[6] + [3] = [9] 입니다.

답 9

유형 ②-1

👆 **핵심 체크**

전개도에서 눈이 주어진 면의 눈의 수가 5이므로 이 면과 마주 보는 면을 먼저 찾아봅니다.

ⓛ과 마주 보는 면의 눈의 수가 5이므로

ⓛ + 5 = 7에서 ⓛ = 2입니다.

㉠과 마주 보는 면은 ㉢이고, 마주 보는 면의 눈의 수의 합은 7이므로 ㉠과 ㉢에 알맞은 눈의 수의 합은 7입니다.

따라서 ㉠, ⓛ, ㉢에 알맞은 눈의 수의 합은

2 + 7 = 9입니다.

유형 ②-2

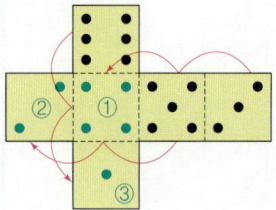

눈의 수가 3인 면과 평행한 면이 ①이므로

눈 7 − 3 = 4(개)를 그려 넣습니다.

눈의 수가 5인 면과 평행한 면이 ②이므로

눈 7 − 5 = 2(개)를 그려 넣습니다.

눈의 수가 6인 면과 평행한 면이 ③이므로

눈 7 − 6 = 1(개)를 그려 넣습니다.

❶ **대표** 아닙니다 / 직사각형, 사다리꼴, 직사각형, 아닙니다

❶ **연습** 풀이 참조 / 민주, 혜리

❷ **대표** ㅁㅂㅅㅇ, 9, 6, 9, 6, 30 / 30 cm

❷ **연습** 풀이 참조, 20 cm^2

---

❶ **대표 문제**

답

직육면체가 (맞습니다 , ⬭아닙니다). …㉠

이유 직육면체는 직사각형 6개로 둘러싸인 도형인데 주어진 도형은 4개의 사다리꼴 과 2개의 직사각형 으로 이루어져 있으므로 직육면체가 (맞습니다 , ⬭아닙니다). …㉡

〈평가 기준〉

㉠ 직육면체인지 아닌지 씁니다.
㉡ 직육면체가 아닌 이유를 바르게 씁니다.

---

❶ **연습 문제**

♻ **힌트 체크**

직육면체에 대해 <u>잘못</u> 말한 사람을 모두 찾아 이름을 쓰려고 합니다. 풀이 과정을 쓰고, 답을 구해 보세요.

> 민주: 서로 평행한 면은 모두 2쌍이야.
> 형관: 한 면과 수직인 면은 모두 4개야.
> 혜리: 한 꼭짓점에서 만나는 면은 모두 4개야.
> 영훈: 한 모서리에서 만나는 두 면은 서로 수직이야.

❶ 서로 평행한 면 ➡ 직육면체는 평행한 면이 3쌍 있습니다.
❷ 한 꼭짓점에서 만나는 면 ➡ 한 꼭짓점에서 만나는 면은 모두 3개이고, 서로 수직입니다.

풀이

㉾ 직육면체에서 서로 평행한 면은 모두 3쌍입니다. 직육면체의 한 꼭짓점에서 만나는 면은 모두 3개입니다. …㉠

따라서 직육면체에 대해 잘못 말한 사람은 민주, 혜리입니다. …㉡

답 민주, 혜리

〈평가 기준〉

㉠ 직육면체의 성질을 설명합니다.
㉡ 잘못 말한 사람을 모두 구합니다.

⑤

---

❷ **대표 문제**

풀이

면 ㄱㄴㄷㄹ과 평행한 면은 면 ㅁㅂㅅㅇ 입니다. …㉠

따라서 평행한 면의 모서리 길이의 합은
9 + 6 + 9 + 6 = 30 (cm)입니다. …㉡

답 30 cm

〈평가 기준〉

㉠ 면 ㄱㄴㄷㄹ과 평행한 면을 찾습니다.
㉡ 평행한 면의 모서리 길이의 합을 구합니다.

---

❷ **연습 문제**

♻ **힌트 체크**

직육면체에서 면 ㄴㅂㅁㄱ과 평행한 면의 넓이는 몇 cm^{2}인지 풀이 과정을 쓰고, 답을 구해 보세요.

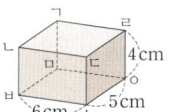

❶ 면 ㄴㅂㅁㄱ과 평행한 면 ➡ 면 ㄷㅅㅇㄹ
❷ 평행한 면의 넓이 ➡ (직사각형의 넓이)=(가로)×(세로)

풀이

㉾ 면 ㄴㅂㅁㄱ과 평행한 면은 면 ㄷㅅㅇㄹ입니다. …㉠

따라서 평행한 면의 넓이는 5×4=20 (cm^2)입니다. …㉡

답 20 cm^2

〈평가 기준〉

㉠ 면 ㄴㅂㅁㄱ과 평행한 면을 찾습니다.
㉡ 평행한 면의 넓이를 구합니다.

1 나, 라

2 가, 다, 바

3 3, 3 / 9, 9 / 7, 7

4 ④

5 ㉢, ㉠

6 ①, ⑤

7 7 cm

8 ②

9 90°

10 ㉢, ㉣

11 예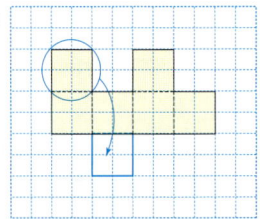

12 ㉠, ㉢

13 예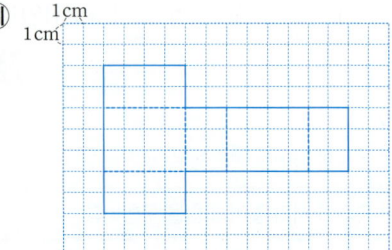

14 점 ㄹ, 점 ㅂ

15 선분 ㅁㄹ

16 19 cm

17 14 cm

18 12개

19 풀이 참조

20 풀이 참조

1 정사각형 6개로 둘러싸인 도형은 나, 라입니다.

2 직사각형 6개로 둘러싸인 도형이 아닌 것은 가, 다, 바입니다.

3 직육면체의 겨냥도에서 보이는 면의 수는 3개, 보이는 모서리의 수는 9개, 보이는 꼭짓점의 수는 7개입니다.
정육면체는 직육면체이기도 하므로 보이는 면의 수, 보이는 모서리의 수, 보이는 꼭짓점의 수는 직육면체와 같습니다.

4 ④ 정육면체는 모서리의 길이가 모두 같습니다.

5 평행한 면은 서로 마주 보는 면이고, 수직인 면은 만나는 면입니다.

6 ① 면의 모양이 각각 직사각형과 정사각형으로 다릅니다.
⑤ 직육면체는 모서리의 길이가 다를 수 있지만 정육면체는 모서리의 길이가 항상 같습니다.

7 정육면체의 모서리의 길이는 모두 같고 모서리는 12개이므로 한 모서리의 길이는
84÷12=7 (cm)입니다.

8 직육면체에는 서로 평행한 면이 2개씩 3쌍이므로 3가지 색의 물감이 필요합니다.

9 면 ㄴㅂㅅㄷ과 면 ㅁㅂㅅㅇ은 수직으로 만나므로 90°입니다.

10 ㉠, ㉢은 전개도를 접었을 때 겹치는 부분이 있습니다.

11 전개도를 접었을 때 겹치는 부분이 없도록 면 1개를 옮깁니다.

12 ㉢ 면 ㄴㅂㅅㄷ에 수직인 면은 면 ㄱㄴㄷㄹ, 면 ㄷㅅㅇㄹ, 면 ㅁㅂㅅㅇ, 면 ㄴㅂㅁㄱ으로 4개입니다.

13 서로 마주 보는 면 3쌍의 모양과 크기가 각각 같고 접었을 때 겹치는 면이 없으며 만나는 모서리의 길이가 같도록 그립니다.

14 전개도를 접었을 때 점 ㄴ과 한 꼭짓점에서 만나는 점을 찾습니다.

15 전개도를 접었을 때 선분 ㅅㅇ과 선분 ㅁㄹ이 만나 한 모서리가 됩니다.

16 보이지 않는 모서리의 길이는 각각 6 cm, 4 cm, 9 cm이므로 길이의 합은
6+4+9=19 (cm)입니다.

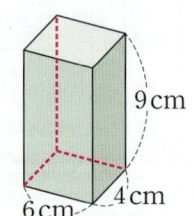

17 면 ㄹㅇㅅㄷ과 평행한 면은 면 ㄱㅁㅂㄴ입니다. 따라서 모서리 길이의 합은
5+2+5+2=14 (cm)입니다.

18 27개의 작은 정육면체 중에서 두 면에 분홍색이 칠해진 정육면체는 큰 정육면체의 모서리의 가운데에 있는 것으로 모두 12개입니다.

19

🔵 **힌트 체크**

직육면체의 겨냥도에 빠진 부분이 있습니다. 빠진 부분을 그려 넣고 어떻게 그렸는지 설명해 보세요.

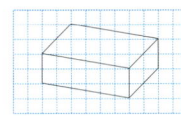

❶ 겨냥도 ➡ 직육면체의 겨냥도에서는 보이지 않는 모서리를 점선으로 그려야 합니다.

설명

예
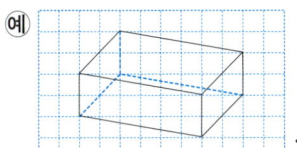
…㉠

보이지 않는 모서리를 점선으로 그렸습니다. …㉡

⟨평가 기준⟩

㉠ 빠진 부분을 그려 넣습니다.
㉡ 어떻게 그렸는지 바르게 설명합니다.

20

🔵 **힌트 체크**

직육면체의 전개도를 바르게 그렸는지 아닌지 쓰고, 그 이유를 써 보세요.

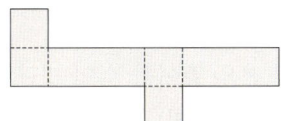

❶ 전개도 ➡ 직육면체의 전개도를 접었을 때 서로 겹치는 모서리와 평행한 모서리의 길이가 각각 같습니다.

답 예 바르게 그리지 않았습니다. …㉠

이유 전개도를 접었을 때 만나는 모서리의 길이가 다릅니다. …㉡

⟨평가 기준⟩

㉠ 직육면체의 전개도를 바르게 그렸는지 씁니다.
㉡ 이유를 바르게 설명합니다.

개념1 평균 알아보기 146~147쪽

1 (1)

방법	○표
각 학급의 학생 수 26, 24, 22, 25, 23 중 가장 큰 수인 26으로 정합니다.	
각 학급의 학생 수 26, 24, 22, 25, 23을 고르게 하면 24, 24, 24, 24, 24가 되므로 24로 정합니다.	○

(2) 24

2 3, 4, 5, 12, 4

3 7, 8, 9, 12 / 36, 9

4 18   **5** 37   **6** 66

7 6개   **8** 8번   **9** 7개

10 46분

개념 체크

11 평균

---

1 학급별 학생 수를 고르게 하면
$26-2$, 24, $22+2$, $25-1$, $23+1$로 모두 24가 되므로 한 학급당 학생 수는 24명이라고 할 수 있습니다.

4 $(15+21+18)\div3=54\div3=18$

5 $(33+39+41+35)\div4=148\div4=37$

6 $(70+67+60+65+68)\div5$
$=330\div5=66$

7 $(5+9+4+6)\div4=24\div4=6(개)$

8 $(10+6+8)\div3=24\div3=8(번)$

9 $(9+4+7+8)\div4=28\div4=7(개)$

10 $(60+50+40+30+50)\div5$
$=230\div5=46(분)$

개념 2 평균 이용하기

148~149쪽

1 (1) 7 　(2) 8 　(3) 민아에 ○표

2 (1) 3, 15, 4, 20, 5, 18
　　(2) 모둠 2

3 (1) 5, 1450
　　(2) 1450, 300, 295, 320

4 (1) 95권 　(2) 13권 　**5** 6명

개념 체크

6 평균

---

1 (1) 인혜의 과녁 맞히기 점수의 평균:
　　$(6+8+6+7+8) \div 5 = 35 \div 5 = 7$(점)
　(2) 민아의 과녁 맞히기 점수의 평균:
　　$(7+8+8+9) \div 4 = 32 \div 4 = 8$(점)
　(3) 7<8이므로 과녁 맞히기를 더 잘한 사람은
　　민아입니다.

4 (1) (아영이의 독서량의 합)=$19 \times 5 = 95$(권)
　(2) (3월 아영이의 독서량)
　　　$=95-(32+20+14+16)=13$(권)

5 (가 반, 나 반, 다 반, 라 반에서 안경을 쓴 학생
　수의 합계)
　$=7 \times 4 = 28$(명)
　(라 반에서 안경을 쓴 학생 수)
　$=28-(3+11+8)=6$(명)

개념 유형 익히기

150~151쪽

1

〈요일별 최고 기온〉

2

〈요일별 최고 기온〉

3 7 ℃ 　　　　　　**4** 3개

5 45분 　　　　　　**6** 은율

7 9, 8, 4, 6 　　　　**8** 모둠 1

9 수호 　　　　　　**10** 모둠 3

11 5880개 　　　　**12** 1750킬로칼로리

---

1 세로의 작은 눈금 한 칸은 1 ℃를 나타냅니다.

2 수요일의 막대 3칸을 월요일로, 금요일의 막대
　2칸을 화요일로 각각 옮겨 보냅니다.
　⇨ 막대의 높이가 7칸으로 고르게 나타납니다.

4 전체를 3등분 한 종이띠에는 칭찬 도장이 각각
　3개씩 있습니다.

5 (평균)=$(30+50+40+60) \div 4$
　　　　　$=180 \div 4 = 45$(분)

6 은율: 두 모둠의 학생 수가 각각 다르기 때문에
　　　 넣은 화살 수의 합계만으로 어느 모둠이
　　　 더 잘했다고 말할 수 없습니다.

7 (모둠 1이 접은 종이학 수의 평균)
　　$=27 \div 3 = 9$(마리)
　(모둠 2가 접은 종이학 수의 평균)
　　$=32 \div 4 = 8$(마리)
　(모둠 3이 접은 종이학 수의 평균)
　　$=16 \div 4 = 4$(마리)
　(모둠 4가 접은 종이학 수의 평균)
　　$=30 \div 5 = 6$(마리)

9 인영: 종이학을 각각 8마리씩 접었을 것 같습
　　　 니다.

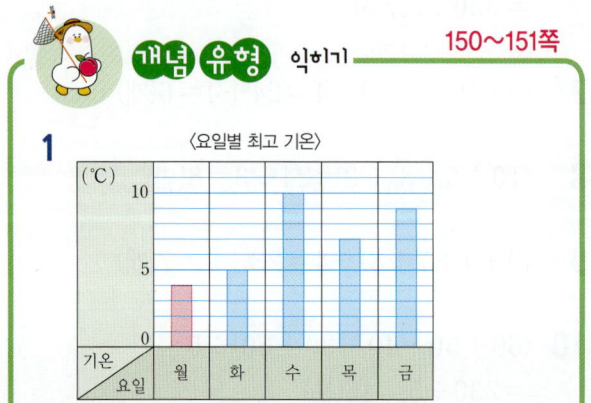

10 (모둠 1이 모은 칭찬 붙임딱지 수의 평균)

＝20÷5＝4(장)

(모둠 2가 모은 칭찬 붙임딱지 수의 평균)

＝30÷6＝5(장)

(모둠 3이 모은 칭찬 붙임딱지 수의 평균)

＝28÷4＝7(장)

11 2주일은 14일이므로

(하루에 수확한 귤 수의 평균)

＝(2주일 동안 수확한 귤의 수)÷14입니다.

따라서 2주일 동안 수확한 귤의 수는

420×14＝5880(개)입니다.

12 (5일 동안 섭취한 열량의 합계)

＝2000×5＝10000(킬로칼로리)

(금요일에 섭취한 열량)

＝10000−(2050＋2150＋1950＋2100)

＝1750(킬로칼로리)

[개념3] 일이 일어날 가능성 152~153쪽

1 불가능하다에 ○표

2 확실하다에 ○표

3 불가능하다에 ○표

4 반반이다에 ○표

5

가능성 / 일	불가능하다	~아닐 것 같다	반반이다	~일 것 같다	확실하다
주사위를 5번 던지면 주사위 눈의 수는 모두 6이 나올 것입니다.		○			
오늘이 금요일이니까 내일은 토요일이 될 것입니다.					○
내일은 오늘보다 더 더울 것입니다.			○		
내년 8월에는 1월보다 비가 자주 올 것입니다.				○	

6

가능성 / 일	불가능하다	~아닐 것 같다	반반이다	~일 것 같다	확실하다
내일 집 앞에서 살아 있는 공룡을 볼 것입니다.	○				
주사위를 던졌을 때 눈의 수가 홀수가 나올 것입니다.			○		
사탕 2개와 초콜릿 5개가 들어 있는 주머니에서 1개를 꺼내면 초콜릿일 것입니다.				○	
올챙이가 자라면 개구리가 될 것입니다.					○

7 ①   **8** ②

9 ③   **10** ⑤

[개념 체크]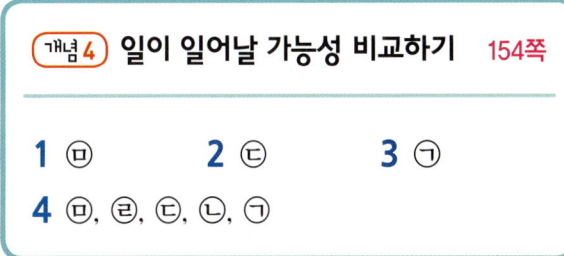

11 가능성

---

1 계산기에 '2＋2＝'를 누르면 4가 나오므로 일이 일어날 가능성은 '불가능하다'입니다.

2 초록색 구슬만 1개가 들어 있는 주머니에서 꺼낸 구슬은 초록색 구슬이므로 일이 일어날 가능성은 '확실하다'입니다.

3 자석의 N극과 S극이 서로 끌어당기고, S극과 S극은 서로 밀어내므로 일이 일어날 가능성은 '불가능하다'입니다.

7 내년에 어린이날은 5월 5일이므로 일이 일어날 가능성은 '불가능하다'입니다.

8 겨울에 반팔티를 입는 사람이 많지 않으므로 일이 일어날 가능성은 '~아닐 것 같다'입니다.

[개념4] 일이 일어날 가능성 비교하기 154쪽

1 ㅁ   **2** ㄷ   **3** ㄱ

4 ㅁ, ㄹ, ㄷ, ㄴ, ㄱ

1 분홍색만 칠해진 회전판을 돌릴 때 화살이 분홍색에 멈출 가능성은 '확실하다'입니다.

2 분홍색과 연두색이 각각 반씩 칠해진 회전판을 돌릴 때 화살이 분홍색에 멈출 가능성은 '반반이다'입니다.

3 화살이 주황색에 멈추는 것이 불가능한 회전판은 전체가 연두색으로 색칠된 회전판입니다.
⇨ ㉠

4 회전판에서 연두색 부분이 좁을수록 화살이 연두색에 멈출 가능성이 낮습니다.
⇨ ㉺, ㉣, ㉢, ㉡, ㉠

참고 회전판에서 연두색 부분의 넓이를 비교하면 가능성을 비교할 수 있습니다.

개념 5 **일이 일어날 가능성을 수로 표현하기**   155~157쪽

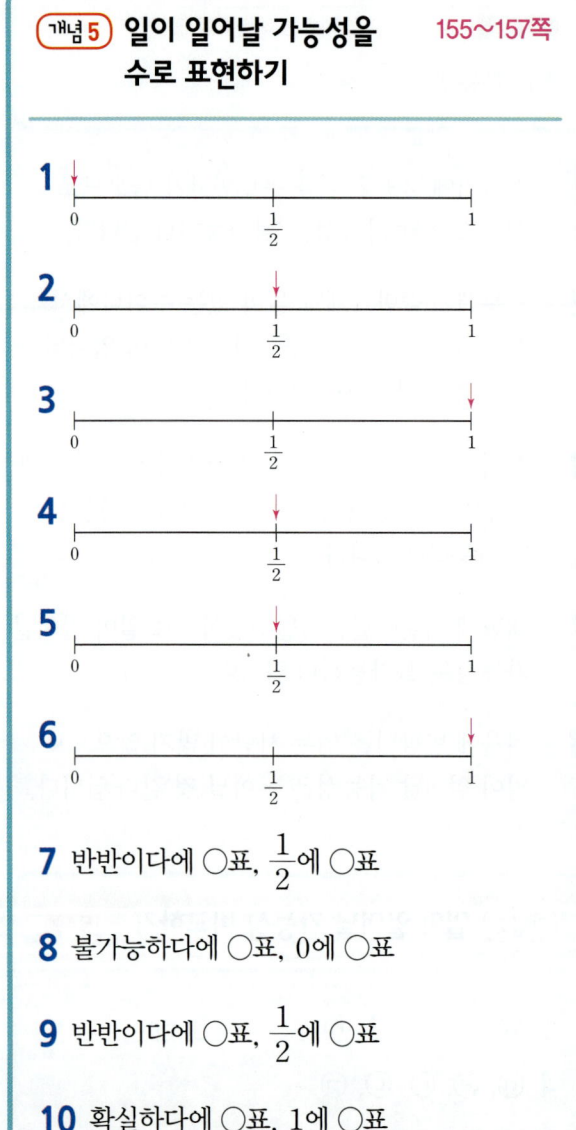

7 반반이다에 ○표, $\frac{1}{2}$에 ○표

8 불가능하다에 ○표, 0에 ○표

9 반반이다에 ○표, $\frac{1}{2}$에 ○표

10 확실하다에 ○표, 1에 ○표

---

11 반반이다에 ○표, $\frac{1}{2}$에 ○표

12 반반이다에 ○표, $\frac{1}{2}$에 ○표

13 $\frac{1}{2}$ **14** 1

15 0   **16** $\frac{1}{2}$

17 1   **18** $\frac{1}{2}$

 개념 체크

19 0, $\frac{1}{2}$, 1

---

1 빨간색 공 2개가 들어 있는 상자에서 공을 한 개 꺼낼 때 파란색 공을 꺼낼 가능성은 '불가능하다'이므로 수로 표현하면 0입니다.

4 연두색과 주황색이 회전판의 반씩 색칠된 회전판을 돌릴 때 화살이 연두색에 멈출 가능성은 '반반이다'이므로 수로 표현하면 $\frac{1}{2}$입니다.

13 ○, × 문제에서 ×라고 답했을 때 정답을 맞힐 가능성은 '반반이다'이므로 수로 표현하면 $\frac{1}{2}$입니다.

14 당첨 제비만 5개 들어 있는 제비뽑기 상자에서 제비 1개를 뽑았을 때, 뽑은 제비가 당첨 제비일 가능성은 '확실하다'이므로 수로 표현하면 1입니다.

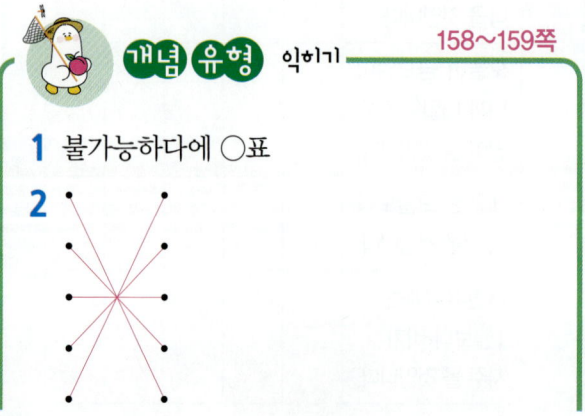

개념 유형 익히기   158~159쪽

1 불가능하다에 ○표

2

---

3 예 아파트가 백두산보다 더 높을 것입니다./
예 내일 저녁에 해가 서쪽으로 질 것입니다.

4 ㉢   **5** ㉡

6 ㉤, ㉡, ㉢, ㉣, ㉠   **7** 해설

8 주영, 지호, 다현, 해설

9 0

10
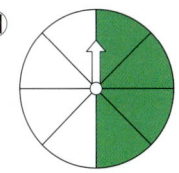 / $\dfrac{1}{2}$

11 반반이다, $\dfrac{1}{2}$

12 예

---

12 회전판에서 8개 칸 중 4칸을 초록색으로 색칠
하면 꺼낸 공깃돌의 개수가 짝수일 가능성과
회전판의 화살이 초록색에 멈출 가능성이 $\dfrac{1}{2}$로
같습니다.

 **실생활** 문제 다잡기   160~161쪽

유형 **1**   1단계 11, 14, 4, 48, 4, 12
     2단계 12, 12, 3, 36
     3단계 36, 12
     답 12번

유형 **1**-1 (1) 22초 (2) 110초 (3) 21초

유형 **2**   1단계 ㉠ 불가능하다 ㉡ 반반이다
     ㉢ 확실하다
     2단계 ㉢, ㉡, ㉠
     답 ㉢, ㉡, ㉠

유형 **2**-1 ㉡, ㉢, ㉠

유형 **2**-2 지연, 진아, 호영

---

1 12월은 31일까지 있으므로 12월 달력에는
32일이 없습니다. 따라서 일이 일어날 가능성은
'불가능하다'입니다.

7 해설: 일요일 다음에는 월요일이 오므로 일요일
다음에 화요일이 올 가능성은
'불가능하다'입니다.

8 다현: ~아닐 것 같다, 주영: 확실하다,
해설: 불가능하다, 지호: 반반이다
따라서 일이 일어날 가능성이 높은 순서대로
친구의 이름을 쓰면 주영, 지호, 다현, 해설입
니다.

9 검은색 바둑돌만 들어 있는 통에서 바둑돌을
한 개 꺼낼 때 흰색 바둑돌이 나올 가능성은
'불가능하다'이고 이를 수로 나타내면 0입니다.

10 동전을 한 번 던질 때 숫자 면이 나올 가능성은
'반반이다'이고 이를 수로 표현하면 $\dfrac{1}{2}$입니다.

11 나올 수 있는 공깃돌의 개수는 1개, 2개, 3개,
4개, 5개, 6개, 7개, 8개로 8가지 경우가
있습니다. 이 중 꺼낸 공깃돌의 수가 짝수인
2개, 4개, 6개, 8개로 나올 가능성은 '반반이다'
이고 이를 수로 표현하면 $\dfrac{1}{2}$입니다.

유형 **1**

풀이

1단계 **명수의 기록의 평균 구하기**

(명수의 팔 굽혀 펴기 기록의 평균)

$=(13+10+\boxed{11}+\boxed{14})\div\boxed{4}$

$=\boxed{48}\div\boxed{4}=\boxed{12}$ (번)

2단계 **재석이의 기록의 합 구하기**

재석이의 기록의 평균도 $\boxed{12}$ 번이므로

(재석이의 팔 굽혀 펴기 기록의 합)

$=\boxed{12}\times\boxed{3}=\boxed{36}$ (번)

3단계 **재석이의 2회 기록 구하기**

(재석이의 2회 기록)

$=\boxed{36}-(15+9)=\boxed{12}$ (번)

답 12번

유형 ①-1

 핵심 체크
두 모둠의 100 m 달리기 기록의 평균이 같은
것을 이용해 식을 세웁니다.

(1) (평균)$=(22+23+19+24)÷4$
　　　　$=88÷4=22$(초)

(2) 하진이네 모둠과 태형이네 모둠의 100 m 달리기
　 기록의 평균이 같으므로 태형이네 모둠의
　 100 m 달리기 기록의 평균은 22초입니다.
　 (태형이네 모둠의 100 m 달리기 기록의 합)
　　$=22×5=110$(초)

(3) (승환이의 100 m 달리기 기록)
　　$=110-(18+26+25+20)$
　　$=21$(초)

유형 ②

 풀이

1단계 일이 일어날 가능성을 각각 말로 표현하기

㉠ (⓪불가능하다 , 반반이다 , 확실하다)
㉡ (불가능하다 , ⓪반반이다 , 확실하다)
㉢ (불가능하다 , 반반이다 , ⓪확실하다)

2단계 일이 일어날 가능성을 비교하기

일이 일어날 가능성이 높은 순서대로 기호를 쓰면
㉢ , ㉡ , ㉠ 입니다.

답 ㉢, ㉡, ㉠

유형 ②-1

 핵심 체크
일이 일어날 가능성의 크기를 비교하면
불가능하다< ~아닐 것 같다< 반반이다< ~일
것 같다< 확실하다
입니다.

일이 일어날 가능성을 각각 말로 표현해 봅니다.
㉠ 불가능하다　　㉡ 확실하다　　㉢ 반반이다
따라서 일이 일어날 가능성이 높은 순서대로 기호를
쓰면 ㉡, ㉢, ㉠입니다.

유형 ②-2

진아: 반반이다
지연: 확실하다
호영: 불가능하다
따라서 일이 일어날 가능성이 높은 순서대로 이름을
쓰면 지연, 진아, 호영입니다.

 서술형 대비 문제　　162~163쪽

❶ **대표**　3, 3, 12, 12, 13, 13, 52, 52, 52,
　16 / 16권

① **연습**　풀이 참조, 34 m

❷ **대표**　6, 2, 4, 6, 3, 반반이다, $\dfrac{1}{2}$ / $\dfrac{1}{2}$

② **연습**　풀이 참조, $\dfrac{1}{2}$

❶ 대표 문제

풀이

(7월부터 9월까지 읽은 책 수의 평균)
$=(9+15+12)÷\boxed{3}=36÷\boxed{3}=\boxed{12}$ (권)
　　　　　　　　　　　　　…㉠

(7월부터 10월까지 읽은 책 수의 평균)
$=\boxed{12}+1=\boxed{13}$ (권)
(10월에 읽은 책 수를 포함한 전체 책 수)
$=\boxed{13}×4=\boxed{52}$ (권) …㉡
따라서 재찬이가 10월에 읽은 책은
$\boxed{52}-(9+15+12)$
$=\boxed{52}-36=\boxed{16}$ (권)입니다. …㉢

답 16권

〈평가 기준〉

㉠ 7월부터 9월까지 읽은 책 수의 평균을 구합니다.
㉡ 10월에 읽은 책 수를 포함한 전체 책 수를 구합니다.
㉢ 10월에 읽은 책의 수를 구합니다.

1 연습 문제

🔾 힌트 체크

서준이네 모둠의 멀리 던지기 기록을 나타낸 표입니다. 전학생 1명이 와서 멀리 던지기 기록의 평균이 처음 평균보다 1 m 더 적어졌습니다. 이 전학생의 멀리 던지기 기록은 몇 m인지 풀이 과정을 쓰고, 답을 구해 보세요.

〈서준이네 모둠의 멀리 던지기 기록〉

이름	서준	태희	근영	빛나
기록(m)	37	40	43	36

❶ 처음 평균보다 1 m 더 적어졌습니다. ➡ 평균이 1 m 더 적어졌으므로 전체 자룟값의 합이 어떻게 변했는지 식을 세워 봅니다.

풀이

⟮예⟯ (전학생이 오기 전 멀리 던지기 기록의 평균)
$= (37+40+43+36) \div 4 = 156 \div 4$
$= 39 \, (\text{m}) \cdots \bigcirc$
(전학생을 포함한 멀리 던지기 기록의 평균)
$= 39 - 1 = 38 \, (\text{m})$
(전학생을 포함한 멀리 던지기 기록의 합)
$= 38 \times 5 = 190 \, (\text{m}) \cdots \bigcirc$
따라서 전학생의 멀리 던지기 기록은
$190 - (37+40+43+36)$
$= 190 - 156 = 34 \, (\text{m})$입니다. $\cdots \bigcirc$

답 34 m

〈평가 기준〉

⊙ 전학생이 오기 전 멀리 던지기 기록의 평균을 구합니다.
ⓛ 전학생을 포함한 멀리 던지기 기록의 합을 구합니다.
ⓒ 전학생의 멀리 던지기 기록을 구합니다.

2 대표 문제

풀이

번호표에 적힌 수는 1, 2, 3, 4, 5, 6으로 6 가지입니다.

이 중 2의 배수인 경우는 2 , 4 , 6 으로 3 가지입니다.

따라서 2의 배수가 적힌 번호표를 꺼낼 가능성은 (불가능하다, 반반이다, 확실하다)이므로 $\cdots\bigcirc$ 2의 배수가 적힌 번호표를 꺼낼 가능성을 수로 표현하면 (0, $\frac{1}{2}$, 1)입니다. $\cdots\bigcirc$

답 $\frac{1}{2}$

〈평가 기준〉

⊙ 2의 배수가 적힌 번호표를 꺼낼 가능성을 말로 표현해 봅니다.
ⓛ 2의 배수가 적힌 번호표를 꺼낼 가능성을 수로 표현해 봅니다.

2 연습 문제

🔾 힌트 체크

상자 안에 1번부터 8번까지의 번호표가 들어 있습니다. 상자에서 번호표를 한 개 꺼낼 때 6의 약수가 적힌 번호표를 꺼낼 가능성을 수로 표현 하려고 합니다. 풀이 과정을 쓰고, 답을 구해 보세요.

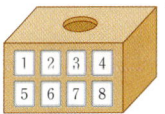

❶ 6의 약수 ➡ 1, 2, 3, 6

❷ 가능성을 0, $\frac{1}{2}$, 1의 수로 표현할 수 있습니다.

풀이

⟮예⟯ 번호표에 적힌 수는 1, 2, 3, 4, 5, 6, 7, 8로 8가지입니다. 이 중 6의 약수는 1, 2, 3, 6으로 4가지입니다.
따라서 6의 약수가 적힌 번호표를 꺼낼 가능성은 '반반이다'이므로 $\cdots\bigcirc$
6의 약수가 적힌 번호표를 꺼낼 가능성을 수로 표현하면 $\frac{1}{2}$입니다. $\cdots\bigcirc$

답 $\frac{1}{2}$

〈평가 기준〉

⊙ 6의 약수가 적힌 번호표를 꺼낼 가능성을 말로 표현해 봅니다.
ⓛ 6의 약수가 적힌 번호표를 꺼낼 가능성을 수로 표현해 봅니다.

1

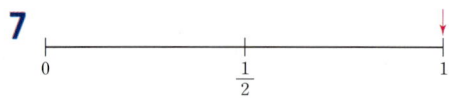

	1회	2회	3회	4회
5				
4				
3	○	○	○	○
2	○	○	○	○
1	○	○	○	○
줄넘기 기록(개) 회				

2 3개

3 불가능하다

4 반반이다

5 150 cm

6 수빈, 이안

7

```
├─────────────┼─────────────┤↓
0             1             1
              2
```

8 불가능하다 / 0

9 용석, 예림, 서형

10 6개, 5개

11 정수네 모둠

12 90번

13 예 빛나는 5회에 90번보다 많은 기록을 얻었을 것입니다.

14 (라), (나), (다), (가)

15 ㉢

16 ㉤

17 예 상자 안에서 13이 적힌 공을 꺼낼 가능성은 '불가능하다'입니다.

18 8개

19 풀이 참조

20 풀이 참조, ㉠, 1

---

1 2회의 ○ 2개를 4회로, 3회의 ○ 1개를 1회로 옮기면 1~4회 모두 ○가 3개로 고르게 됩니다.

2 (평균)=(2+5+4+1)÷4=12÷4=3(개)

3 1년은 12개월이므로 13월까지 있을 가능성은 '불가능하다'입니다.

4 짝은 남학생 아니면 여학생이므로 짝을 바꾸면 남학생일 가능성은 '반반이다'입니다.

5 (평균)=(152+148+154+146)÷4
       =600÷4=150 (cm)

6 수빈이네 모둠 학생들의 평균 키는 150 cm 이므로 키가 평균보다 큰 학생은 수빈(152 cm), 이안(154 cm)입니다.

7 3월이 7월보다 빠르므로 내년에는 3월이 7월 보다 빨리 올 가능성은 '확실하다'이고 이를 수로 표현하면 1입니다.

8 구슬 10개가 모두 초록색이므로 구슬 1개를 꺼낼 때 꺼낸 구슬이 보라색일 가능성은 '불가능하다'이고 이를 수로 나타내면 0입니다.

9 일이 일어날 가능성을 수로 표현하면 용석이는 1, 서형이는 0, 예림이는 $\frac{1}{2}$이므로 일이 일어 날 가능성이 높은 순서대로 이름을 쓰면 용석, 예림, 서형입니다.

10 정수네 모둠: (8+6+4)÷3=18÷3=6(개)
     효리네 모둠: (5+7+3+5)÷4=20÷4
                =5(개)

11 정수네 모둠이 항아리에 넣은 화살 수의 평균은 6개, 효리네 모둠이 항아리에 넣은 화살 수의 평균은 5개이므로 정수네 모둠이 더 잘했다고 볼 수 있습니다.

12 (평균)=(86+90+88+96)÷4=360÷4
       =90(번)

14 (가): 불가능하다, (나): 반반이다
     (다): ~아닐 것 같다, (라): ~일 것 같다
     따라서 화살이 빨간색에 멈출 가능성이 높은 순서대로 기호를 쓰면 (라), (나), (다), (가)입니다.

15 빨간색 공을 꺼낼 가능성과 파란색 공을 꺼낼 가능성이 비슷한 주머니는 빨간색 공과 파란색 공이 각각 2개씩 들어 있는 주머니입니다.
     ⇨ ㉢

16 파란색 공이 더 많이 들어 있을수록 파란색 공을 꺼낼 가능성이 높아집니다.

18 남학생 4명의 기록의 합은 11×4=44(개), 여학생 3명의 기록의 합은 4×3=12(개)입니다. 따라서 주리네 모둠 학생 7명의 기록을 모두 더하면 44+12=56(개)이므로
     (주리네 모둠 학생 7명의 기록의 평균)
     =56÷7=8(개)입니다.

19

명진이네 모둠 학생들이 독서한 시간을 나타낸 표입니다. 명진이네 모둠 학생들의 평균 독서 시간을 두 가지 방법으로 구해 보세요.

〈명진이네 모둠 학생들이 독서한 시간〉

이름	명진	상태	지윤	수정
독서 시간(분)	40	35	50	55

❶ 평균 ➡ 자룟값을 고르게 하여 그 자료를 대표하는 값이 평균입니다.

풀이

방법 1 ⓔ 평균을 45로 예상하고 고르게 하면 45, 45, 45, 45로 나타낼 수 있으므로 명진이네 모둠 학생들이 독서한 시간의 평균은 45분입니다. …㉠

방법 2 ⓔ (평균)＝(자룟값을 모두 더한 수)
　　　　　　　÷(자료의 수)
　　　　　＝(40＋35＋50＋55)÷4
　　　　　＝180÷4＝45(분) …㉡

〈평가 기준〉

㉠ 평균을 예상하고 자료의 값을 고르게 하여 구합니다.
㉡ 자룟값을 모두 더해 자료의 수로 나누어 구합니다.

20

일이 일어날 가능성이 더 큰 것을 찾아 기호를 쓰고 가능성을 수로 표현하려고 합니다. 풀이 과정을 쓰고, 답을 구해 보세요.

㉠ 2와 7을 곱하면 14가 될 가능성
㉡ 표범과 거북이가 달렸을 때 거북이가 이길 가능성

❶ 일이 일어날 가능성 ➡ 가능성은 불가능하다, ~아닐 것 같다, 반반이다, ~일 것 같다, 확실하다 등으로 표현할 수 있습니다.

❷ 가능성을 수로 표현 ➡ 0, $\frac{1}{2}$, 1로 나타낼 수 있습니다.

풀이

ⓔ ㉠ 2×7＝14이므로 일이 일어날 가능성은 '확실하다'이고 수로 표현하면 1입니다.
㉡ 표범의 달리기 속도가 거북보다 훨씬 빠르므로 일이 일어날 가능성은 '불가능하다'이고 수로 표현하면 0입니다. …(1)
따라서 일이 일어날 가능성이 더 큰 것은 ㉠이고 가능성은 1입니다. …(2)

답 ㉠, 1

〈평가 기준〉

(1) 일이 일어날 가능성을 각각 수로 표현합니다.
(2) 일이 일어날 가능성이 더 큰 것을 찾아 기호를 쓰고 가능성을 수로 표현합니다.

🏆 2학기 학업성취도 평가　168~170쪽

1 21, 22, 23, 24에 각각 ○표
/ 25, 26, 27, 28에 각각 △표

2 3490에 ○표

3 7　　　　**4** $\frac{29}{33}$

5 문제 ⓔ 바나나 한 송이의 무게는 $1\frac{2}{7}$ kg 입니다. 똑같은 바나나 5송이의 무게는 얼마인가요?

답 $6\frac{3}{7}$ kg

6 1, 2, 3, 4　　**7** $\frac{3}{40}$

8 2쌍　　　　**9** ④

10 ③　　　　**11** 5.74

12 64.4 L　　**13** 4.65 m²

14 ㉣　　　　**15** ③

16 48 cm　**17** (위에서부터) 2, 8, 5

18 10명　　　**19** ㉡

20 ⓔ

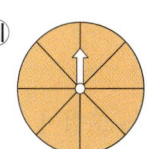

1 24 이하인 수는 24와 같거나 작은 수, 24 초과인 수는 24보다 큰 수입니다.

2 주어진 수를 반올림하여 백의 자리까지 나타내면 다음과 같습니다.
3490 ⇨ 3500, 3600 ⇨ 3600,
　　올립니다.　　　　　버립니다.
3599 ⇨ 3600, 3449 ⇨ 3400
　　올립니다.　　　　　버립니다.

3 버림하여 십의 자리까지 나타내면 60이 된다고 했으므로 버림하기 전의 자연수는 60부터 69까지의 수 중 하나입니다.
이 중에서 상규가 처음에 생각한 자연수에 9를 곱해 나온 수이므로 9의 배수를 찾으면 63입니다.
따라서 $63 \div 9 = 7$이므로 상규가 처음에 생각한 자연수는 7입니다.

4 $\dfrac{6}{11} \times 3\dfrac{5}{8} \times \dfrac{4}{9} = \dfrac{\overset{2}{\cancel{6}}}{11} \times \dfrac{29}{\underset{2}{\cancel{8}}} \times \dfrac{\overset{1}{\cancel{4}}}{\underset{3}{\cancel{9}}} = \dfrac{29}{33}$

5 (바나나 5송이의 무게)
　＝(바나나 한 송이의 무게)×5
　$= 1\dfrac{2}{7} \times 5 = \dfrac{9}{7} \times 5 = \dfrac{45}{7} = 6\dfrac{3}{7}$ (kg)

6 $\dfrac{1}{7} \times \dfrac{1}{\square} = \dfrac{1}{7 \times \square}$ 이므로 $\dfrac{1}{30} < \dfrac{1}{7 \times \square}$,
$30 > 7 \times \square$입니다.
따라서 $7 \times 4 = 28$, $7 \times 5 = 35$이므로 $\square$ 안에 들어갈 수 있는 자연수는 1, 2, 3, 4입니다.

7 (오후에 손질하려고 하는 나무의 양)
　$= \dfrac{1}{10} \times \dfrac{3}{4} = \dfrac{1 \times 3}{10 \times 4} = \dfrac{3}{40}$

8 포개었을 때 완전히 겹치는 도형이 서로 합동이므로 나와 아, 라와 마가 합동인 도형입니다.

9 한 직선을 따라 접어서 완전히 겹치는 도형을 선대칭도형이라고 합니다.

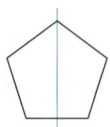

10 ③을 중심으로 180° 돌리면 처음 도형과 완전히 겹칩니다.

11 ㉮ $0.18 \times 7 = 1.26$, ㉯ $0.32 \times 14 = 4.48$
⇨ ㉮＋㉯＝$1.26 + 4.48 = 5.74$

12 (하루 동안 아낄 수 있는 물의 양)
　＝(하루 물 사용량)×0.23
　$= 280 \times 0.23 = 64.4$ (L)

13 (직사각형의 넓이)＝(가로)×(세로)
　　　　　　　$= 5 \times 0.93 = 4.65$ (m²)

14 ㉠ 0.01　㉡ 0.1　㉢ 10　㉣ 100

15 ①, ②, ④, ⑤: 수직
③: 평행

16 보이는 모서리의 길이는 3 cm가 3개,
5 cm가 3개, 8 cm가 3개입니다.
⇨ $3 \times 3 + 5 \times 3 + 8 \times 3 = 9 + 15 + 24$
　　　　　　　　　　　$= 48$ (cm)

17 전개도를 접었을 때 겨냥도의 모양과 같도록 선분의 길이를 써넣습니다.

18 (가 반, 나 반, 다 반, 라 반에서 국어를 좋아하는 학생 수의 합)＝$7 \times 4 = 28$(명)
(나 반에서 국어를 좋아하는 학생 수)
＝$28 - (9 + 3 + 6) = 10$(명)

19 ㉠ 불가능하다　㉡ ~일 것 같다
따라서 일이 일어날 가능성이 더 높은 것은 ㉡입니다.

20 당첨 제비만 6개가 들어 있는 상자에서 제비를 1개 뽑았을 때 뽑은 제비가 당첨 제비일 가능성은 '확실하다'이고 이를 수로 표현하면 1입니다. 따라서 회전판 전체를 주황색으로 색칠합니다.

메모장

메모장

메모장

학교 시험 유형 훈련과 단계별로 서술형 문제 완성!!

자이스토리 중등 수학

QR코드를 통한
생생한 개념 강의와
전문항 동영상 강의 수록

2022 개정 교육과정 적용 출시!!

* 2022 개정교육과정에 꼭 맞춘 자이스토리

자이스토리와 함께 하면 수학 실력이 하루하루 달라지는 놀라운 경험을 하실 수 있습니다.

[자이스토리 중등 수학 시리즈]

중등 수학 1-1, 1-2
중등 수학 2-1, 2-2
중등 수학 3-1, 3-2

01 개념 다지기 + 개념 확인 문제

- 각 단원에서 꼭 알아야 하는 개념을 촘촘히 분류해 이해하기 쉽게 설명하였습니다.
- 개념 확인 문제를 풀어보며 개념을 다시 한 번 점검할 수 있습니다.

02 학교 시험 유형 익히기

- 학교 시험에 출제되는 모든 유형을 정확히 파악할 수 있습니다.
- 최대 유형 훈련으로 개념을 확장시켜 문제를 쉽게 풀 수 있어 수학 실력이 쑥쑥 오릅니다.

03 서술형 다지기

- 어려워 하는 서술형 문제를 단계별로 익힐 수 있습니다.
- 스스로 서술하는 연습을 충분히 하면 학교 시험 서술형 문제가 쉽게 느껴질 것입니다.

04 고난도 도전 문제

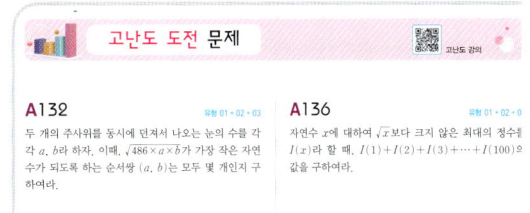

- 여러 개념이 복합된 고난도 문제의 접근 방법을 배우고 익힙니다.
- 수학적 사고력을 확장시켜 학교 시험에서 100점을 받을 수 있습니다.

교과서 개념 학습, 중요 유형 익히기

문제로 수학 실력 100% 충전!!

초등
수력충전

1-1, 1-2 / 2-1, 2-2 / 3-1, 3-2
4-1, 4-2 / 5-1, 5-2 / 6-1, 6-2

---

1 개념 학습, 중요 유형 문제로 실력 향상!

- 교과서 개념을 개념 연산 문제와 다양한 유형 문제로 쉽게 익힐 수 있습니다.
- 개념 체크 문제로 교과서 개념을 한 번 더 체크합니다.

2 실생활·서술형 대비 문제, 단원 평가로 실력 향상!

- 실생활·서술형 문제를 핵심 체크/힌트 체크를 이용해 풀이 박스를 채우며 차근차근 연습할 수 있습니다.
- 학교 시험을 100점 맞도록 단원 평가를 수록했습니다.

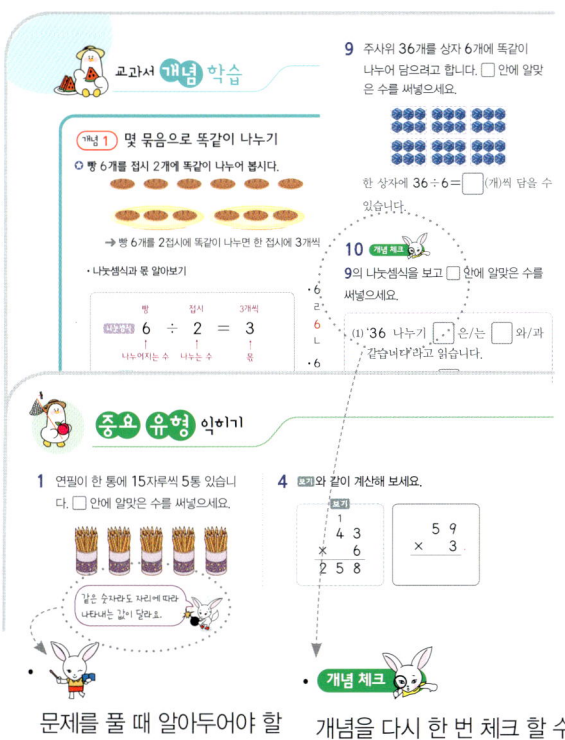

문제를 풀 때 알아두어야 할 내용을 설명하였습니다.

개념을 다시 한 번 체크 할 수 있는 문제입니다.

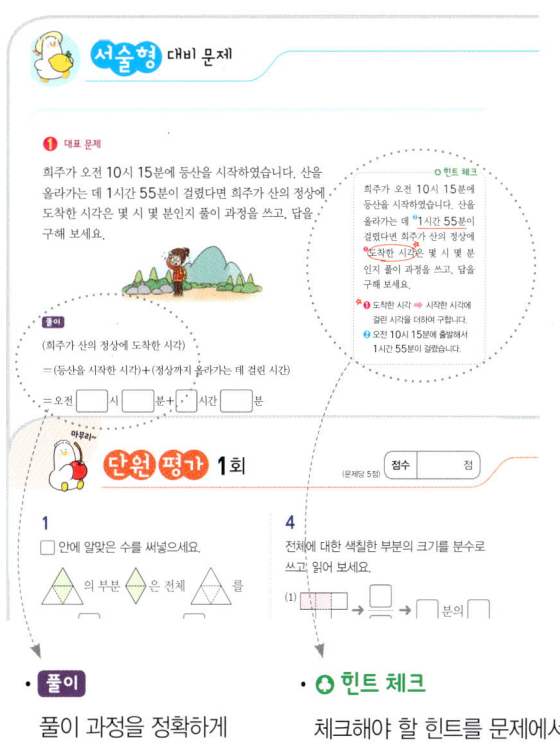

풀이 과정을 정확하게 쓸 수 있도록 도와줍니다.

체크해야 할 힌트를 문제에서 직접 찾는 방법을 익힙니다.

초·중등 자이스토리 국어 비문학, 문학, 문법 시리즈

New 초등

문해력 충전 (0~6단계)

* 독서＋문학＋생활문 – 다양한 지문으로 독해 훈련

[독서 계단] 중심 낱말 찾기, 중심 문장 찾기
→ 문단 요약하기 → 문단 간의 관계 파악하기, 글의
짜임 알기 → 주제 찾기, 제목 찾기

[문학 계단] 〈동시〉 말하는 이 찾기, 중심 대상
찾기 → 말하는 이의 상황, 정서, 태도 파악하기 →
표현상 특징 파악하기

〈동화〉 중심인물 찾기, 배경 찾기 → 중심 사건 찾기, 인물 간의 갈등
파악하기 → 서술상 특징 파악하기

독해력 쑥쑥 (1~6단계)

* 독해 STEP에 따른 단계별 독해 훈련

독해 지문을 바탕으로 효과적인 독해법 훈련

STEP ① 중심 낱말 찾기
STEP ② 중심 문장 찾기
STEP ③ 단락 요약하기
STEP ④ 단락 간의 관계 이해하기
STEP ⑤ 글의 구조 이해하기
STEP ⑥ 주제 알아보기

New 중등

비문학 독해 1, 2 예비 고등

* 독해 STEP에 따른 단계별 독해 훈련

STEP Ⅰ 핵심어 찾기,
　　　　 중심 문장 찾기
STEP Ⅱ 문단 요약하기,
　　　　 문단 간의 관계 파악하기
STEP Ⅲ 글의 구조 파악하기,
　　　　 주제 찾기
STEP Ⅳ 실력 향상 TEST

· 문해력＋어휘 체크 문제

독해력 완성 1, 2, 3

· 재미있게 독해력을 기를 수
　있는 다양한 소재의 지문
· 독해 STEP에 따른 단계별
　독해 훈련
· 지문과 문제 접근법을 알려
　주는 지문 특강, 문제 특강
· 다양한 유형의 어휘
　테스트와 배경지식
· 다시는 틀리지 않게 하는
　꼼꼼한 입체 첨삭 해설

★강남구청 인터넷 수능방송 강의교재

문학 독해＋문학 용어 1, 2, 3

* 갈래별, 단계별 독해 훈련

STEP

시
❶ 화자, 중심 대상 찾기
❷ 상황, 정서, 태도 파악하기
❸ 표현상 특징 파악하기

STEP

소설
·극
❶ 중심인물, 배경 파악하기
❷ 중심 사건, 갈등 파악하기
❸ 서술상 특징 파악하기

★강남구청 인터넷 수능방송 강의교재

2022 개정 신간 중등

국어 문법 기본 / 국어 문법 완성

· 쉬운 개념 설명과 확인 문제로 문법 개념 쑥쑥
· 풍부한 예문과 그림으로 한눈에 개념 학습
· 최다 내신 문제로 학교 시험 100점 완성
· 문법 개념 동영상 강의 QR코드

문해력을 키우는 어휘 1, 2

· 읽기 · 듣기 · 말하기 · 쓰기 교과서의
　어휘＋용어 수록
· 문학 교과서 필수 작품의 어휘 ＋ 개념어 수록
· 영역별 · 주제별 핵심 어휘 ＋ 어휘 실력 테스트